I0565777

Inch layegh e khorhrdavor miantznuhi

Muratsan

ԻՆՉ ԼԱՅԵՂ Է
ԽՈՐՀՐԴԱՎՈՐ ՄԻԱՆՁՆՈՒՀԻ

ՄՈՒՐԱՑԱՆ

**Inch layegh e &
khorhrdavor miantznuhi**

Copyright © 2014, Indo-European Publishing

All rights reserved.

Contact:

IndoEuropeanPublishing@gmail.com

ISNB: 978-1-60444-790-3

ԻՆՉ ԼԱՑԵՂ Է
ԽՈՐՀՐԴԱՎՈՐ ՍԻԱՆՁՆՈՒՀԻ

© Հնդեվրոպական Հրատարակչություն, 2014

Հրատարակված է Ամերիկայի Միացյալ Նահանգներում:

Կապ՝
IndoEuropeanPublishing@gmail.com

ISNB: 978-1-60444-790-3

ԻՆՉ ԼԱՑԵՂ Է

(ՀԱՅՈՑ ԿՅԱՆՔԻՑ)

Ա

Իմ խոսքն այժմ երկրորդ իշխանուհու մասին է, բայց ոչ շինծու կամ կարկատած, այլ բուն ազնվատոհմ իշխանուհու, որի պապերը մի օր նշանավոր մարդիկ էին, համբավ ու կշիռ ունեին և իրենց մեծ խելքով ժողովրդի բախտն էին կառավարում:

Բայց այդ մարդիկը մեռան և իրենց խելքի և հոգվո մեծությունն էլ իրենց հետ գերեզման տարին, թողնելով իրենց ժառանգներին միայն նյութական հարստություն և ազնվական կոչվելու անբռնաբարելի իրավունքը:

Իսկ ժառանգներն ի՞նչ արին: — Իհարկե այն, ինչ որ բնական էր: Նրանք իրենց համար նոր փառք և անուն ստեղծելու հետամուտ չեղան, որովհետև այդ նեղությունը կրել էին արդեն իրենց նախնիքը: Նրանցից մի քանիսը, որոնք դեռ մեծարում էին պետական պաշտոնավարությունը, հետամուտ եղան նրան, և ի շնորհս հին բարեկամական կապերի և ոչ սեփական արժանավորության, ձեռք բերին նրան, իսկ մյուսները նստեցին հայրենական ապարանքում և անհոգությամբ սկսան շռայլել ժառանգած հարստությունները:

Եվ որովհետև հարստությունը, ինչպես դուք էլ գիտեք, դիմացկուն ապրանք չէ, այդ պատճառավ Ազայյան տան խնջույքները, պարահանդեսները և այլ իշխանական հարկիքները կես դար միայն կանոնավոր գոյություն ունեցան՝ սպառելով միևնույն ժամանակ այդ տան թե՛ անշարժ և թե՛ շարժական հարստությունները: Ինչ վերաբերում է այն միջոցին, որտեղից սկսվում է իմ պատմությունը, այդ իշխանական ազնվատոհմին մնացել էին միայն փառավոր անցյալի ավերակները: — Մի ոչ շատ շքեղ տուն, որ յուր արժեքից ավելի ծանրաբեռնված էր պարտքերով, մի քանի սենյակների սարք ու կարգ, որոնք հին իշխանական պաճուճանքների մնացորդներ էին, մի ահագին խոհանոց յուր հին խոհարարական անոթներով, որոնց շատ փոքր մասն էր այժմ գործածության մեջ, մի ծերունի սպասավոր և մի պառավ սպասուհի, որոնք շատ դժգոհ էին ներկայից, բայց անցյալը հիշելով մխիթարվում էին, և վերջապես մի դատարկ իշխանական տիտղոս և նրա հետ էլ հոգեվարք ազնվականության հատուկ մի մեծամտություն, ահա՛ բոլորը, ինչ որ մնացել էր Ազատյան փառավոր ազգատոհմից նրա վերջին ժառանգներին:

Իշխան Լևոնը, որ այս վերջինների մեջ միակ արու զավակն էր, ապրում էր դեռ մի քանի տարի սրանից առաջ: Չնայելով, որ նա ազնվական էր և արդեն պետական պաշտոնակալ, այնուամենայնիվ նա համաձայնվեցավ ամուսնանալ մի ապատոհմիկ աղջկա հետ, որը հայտնի էր քաղաքում միայն յուր եղբոր շնորհիվ:

Գևորգ Սիմբրյանը (այս էր իշխանուհու եղբոր անունը) յուր ժամանակակիցների մեջ հայտնի էր յուր հանդուգն ձեռնարկություններով, որոնք գրեթե միշտ հաջողվում էին նրան: Նա այն մարդիկներից մինն էր, որոնք հասարակական շահուց նախանձախնդրության պատրվակով, անձնական շահերը պաշտպանելու դյուրին ճանապարհը գտին: Այս պատճառով և Գևորգ Սիմբրյանին կարելի էր պատահել բոլոր այն շրջաններում, ուր որ խոսք էր լինում հասարակական խնդիրների կամ պաշտոնավարությանց վերա: Շատ անգամ նա ինքնակոչ խնամակալ կամ փաստաբան էր հանդիսանում հասարակության այս և այն դասի շահերին և այդ նպատակով կատաղի կռիվներ մղում յուր հակառակորդների հետ, մինչև որ վերջապես խլում էր նրանցից իրեն հասանելի արդար բաժինը: Եթե պատահեր, որ նրա հակառակորդը մի զորեղ անձնավորություն լիներ, որին հաղթահարելու համար չբավականանային յուր լեզուն ու ձայնը, նա կարող էր հազար և մի ինտրիգաներ ստեղծել և քաղաքի սինլքոր խուժանը ոտքի հանել այդ հակառակորդի դեմ, իսկ հարկավոր դեպքում մինչև անգամ կործանել տալ այդ հակառակորդի տունը, առանց մազաչափ խղճահարվելու, Գևորգ Սիմբրյանի վրեժխնդրությունից չէին ազատվիլ նույնիսկ մեռելները, եթե նրանք այս անցավոր աշխարհից հրաժեշտ տալու ժամանակ մոռացած լինեին իրենց ունեցածից մի բան նրան թողնելու: Սիմբրյանը կարող էր քանդել նույնիսկ նրանց կտակները և յուր ցանկացած բաժինը հափշտակել, մի գործ, որ բարեկիրթ ժողովուրդների մեջ զարշելի սրբապղծություն է համարվում, իսկ հայերի մոտ Սիմբրյանների շահատակության մրցանակ:

Ահա՛ այսքան զորեղ մարդ էր Գևորգ Սիմբրյանը և չնայելով որ նա ազնվական չէր, այնուամենայնիվ Ազատյան իշխանը բարեհաճեց նրա քրոջ ձեռքը խնդրելու, որովհետև շատ մեծ համարում ուներ նրա վերա և ստացավ առանց դժվարությունների:

Բայց իշխանուհի Դարիան եղբոր չափ բախտավոր չէր: Յուր ամուսնության ութերորդ տարին դեռ չլրացած իշխան Լևոնը վախճանվեցավ, թողնելով նրան անմխիթար այրի և զավակները դեռահաս որբ:

Այդ որբուկների մեջ նշանավոր էր յուր գեղեցկությամբ անդրանիկ

աղջիկը՝ Ամալիան, որին ժողովուրդն առաջին անգամ տեսավ իշխանի հուղարկավորության ժամանակ: Այդ ժամանակ նա մի յոթնամյա աղջիկ էր, որ հոր դագաղից քարշ ընկած դառնապես ողբում էր նրան: Տեսավ ժողովուրդն այդ աղջկանը և հիացավ: Դա մի կատարյալ հրեշտակ էր, որ խոստանում էր ժամանակի ամենալավ հոգեհան լինելու...

Չնայելով, որ իշխանուհին ուրիշ զավակներ էլ ուներ, այսուամենայնիվ նա յուր բոլոր խանդն ու գորովն ամփոփեց այդ անդրանիկ դստեր մեջ: Յուր ամուսնու մահվանից հետո Ամալիան նրա միակ մխիթարությունն էր:

Բայց իշխանուհու եղբայրը թույլ չտվավ, որ յուր քույրը լոկ անձնական հաճության համար պահեր տան մեջ յուր աղջկան:

— Ամալիան մեծանում է, նրան պետք է ուսում և կրթություն — վճռեց հոգատար մորեղբայրը և իշխանուհի օրիորդին հանձնեց օրիորդաց գիշերօթիկ վարժարանին:

Այնուհետև ինչ էր անում այդտեղ Ազապյան գեղեցկուհին, ոչ ոք հաստատը չգիտեր, միայն թե վարդապետ և վարժուհի՝ բոլորն էլ միաբերան գովում էին նրա գերբնական ընդունակությունները, որոնք, նրանց ասելով, մրցում էին օրիորդի մեջ նրա արտաքին գեղեցկության հետ: Այն գովությունները, որոնք մեծ մասամբ շռայլվում էին իշխանուհու տանը, և այն սուրճի կամ շոկոլադի վերա, կատարելապես գոհացնում էին իշխանուհու յուր դստեր վերաբերությամբ ունեցած հետաքրքրությունը: Շատ քիչ էր պատահում, որ նա ինքը անձամբ այցելեր վարժարանը և ստուգեր յուր լածները: Բարոյականի վերաբերությամբ մանավանդ խոսք լինել չէր կարող, որովհետև օրիորդական գիշերօթիկը հռչակված էր այդ կողմից յուր խստությամբ: Այդպես էին ասում գոնե այդտեղի դաստիարակչուհիները: Իշխանուհուն անհանգստացնողը միայն ուսման տարիներն էին, որոնք շատ ծանր էին հոլովվում: Բայց ինչու համար էր նա շտապում, կհարցնեք դուք: — Դրա պատճառները շատ էին: Լինել իշխանուհի և ունենալ մի գեղեցիկ աղջիկ, մի աղջիկ, որի աչքերը կարողանային խելագարացնել երիտասարդներին, դա մի գանձ է: Բայց շատ քիչ մայրեր կան, որոնք կարողանում են օգտվիլ աստվածատուր պարգևից: Իսկ իշխանուհի Դարիան, որ ապատոհմիկ կանանց խորամանկության հետ միասին ուներ և իշխանական կոչման դյուրությունները, գիտեր, թե յուր տան համար որպիսի երջանկության հիմնաքար պիտի պատրաստեր Ամալիան:

Երբ նա տասնութամյա հասակում թողներ վարժարանը, հարկավ պիտի երևար ժողովրդյանը յուր հրեշտակային գեղեցկությամբ՝ զարդարված հոգեկան և մտավոր հարստություններով: Քաղաքի զբոսարանները, ակումբները, թատրոնները, պարահանդեսները, որոնք մինչ այն երևան չէին հանել մի ճշմարիտ գեղեցկություն, վերջապես կտեսնեին նրան իրենց մեջ, ինչպես մի լուսավոր աստղ, որ փայլփլում է խավար հորիզոնի վերա, և հարուստ փեսացուները, որոնք լապտերներով գեղեցկուհիներ էին փնտրում, խելազարված զրոհ կտային նրա ետնից դեպի Ազայան ապարանքը, իսկ այնուհետև ո՛րքան նոր ծանոթություններ, ո՛րքան պատիվներ, ո՛րքան ընծաներ կշրջապատեն տիկին իշխանուհուն և ո՛րքան ստրուկներ կվխտային նրա ոտքերի մոտ՝ գեղեցիկ Ամալիայի ձեռքը խնդրելու համար…

Բայց իշխանուհին, իհարկե, շուտ չի գրավվիլ, նա խելք ունի, նա կուսումնասիրե բոլորին, կշոշափե հարյուրավոր սրտեր և նույնչափ գրպաններ, և երբ կգտնե մի մարդ (գեներալ լինի նա թե իշխանազն), որ յուր հրաշալի դստեր ըստ ամենայնի արժանի լինելուց զատ, կարող կլինի նաև յուր իշխանական տան վաղեմի նիստ ու կացը նորոգել, նա կտա նրան Ամալիայի ձեռքը և ընդնմին յուր անձնական պահանջների մի համեստ ցուցակ...

Ահա սրանք էին իշխանուհի Դարիայի երազները յուր անդրանիկ դստեր վերաբերությամբ և սրա համար էր, որ օրիորդի ուսման տարիները նրան շատ երկար էին թվում: Հակառակ կամ դժբախտ դեպքերի մասին իշխանուհին չէր սիրում մտածել, և ճշմարիտը խոստովանած, շատ լավ էր անում, որովհետև դժբախտություններն իրենց այցելած ժամանակ արդեն մտատանջության համար բավական նյութ են բերում, ի՞նչ անմտություն է, ուրեմն, նրանց երևան գալուց առաջ տխուր մտածմունքներով զբաղվիլ: Բայց թողնենք իշխանուհուն յուր երազների հետ:

Բ

Մի քանի խոսք պարոն Արսեն Մաշտոցյանի մասին:

Ժամանակակից երիտասարդների մեջ նա աչքի ընկնող մի անձնավորություն էր, օժտված՝ այն ամեն բարեմասնություններով, որոնք երիտասարդ մարդու անվանը թե՛ պատիվ և թե՛ փառք են բերում:

Այսպես, օրինակ, մտավոր կողմից նա բավական զարգացած էր, որովհետև ավարտել էր գիմնազիական կուրսը և ըստ պատշաճին պարապել ֆրանսիական լեզվի ուսումնասիրությամբ: Նյութականի կողմից նախանձելի վիճակ ուներ, որովհետև քաղաքի ամենահարուստ վաճառականներից մեկի որդին էր, և չնայելով, որ յուր հայրը մի առատասիրտ մարդ չէր, այնուամենայնիվ յուր երիտասարդական ձգտումները երբեք չէին սահմանափակվում: Ֆիզիկական կազմությանը գալով, այդ կողմից էլ նա հարուստ էր. բարձահասակ, լայն թիկունք, վայելուչ իրան, գեղեցիկ դեմք, գրավիչ աչքեր, և այս բոլորի հետ միասին կազմվածքի ընդհանուր առողջություն:

Ահա ձեզ երիտասարդ Մաշտոցյանը, որին, իհարկե, ամեն մի լավ ընտանիք կցանկանար իրեն փեսա ունենալ:

Բայց Արսենի հայրը մտադիր չէր նրան շուտով ամուսնացնելու. — «Առաջ մարդ եղիր, հետո ամուսին» — ասում էր ծերուկ Մաշտոցյանը, հավատացած լինելով, որ միայն վաճառական լինելուց հետո երիտասարդն իրավունք ունի մարդ անվանել իրեն: Այս պատճառով և Արսենը ստիպված էր գիմնազիոնը թողնելուն պես յուր հոր խանութը տեղափոխվիլ առևտրական անհուն գիտությանց հասու լինելու համար:

Այդ խանութը, որ գտնվում էր Սիոնի փողոցի խոնավ քարվանսարաներից մինում, բնավ վատ ազդեցություն չարավ երիտասարդ ուսանողի վերա, որովհետև նա ինքն էլ յուր մեջ հակումն էր զգում դեպի յուր համար նախասահմանյալ կոչումը: Սկզբներում նա միայն խանութի տետրակներն էր թերթում, որոնք մի փոքր նմանություն ունեին իր մաթեմատիկական դասատետրերի հետ, հետո սկսավ հաճախորդների (մուշտարիների) էլ ու մուտքը քննել և նրանց հետ խոսալու դժվար քերականությունը ուսումնասիրել, իսկ մի քանի ամսից ետ նա այնպես լավ ծանոթացավ իրեն շրջապատող աշխարհի և նրա մեջ գործող հերոսների հետ, և այնքան հմտություն ցույց տվավ իրեն հանձնված մի քանի գործերում, որ նրա հայրը վստահությամբ յուր գործերը հանձնեց նրան և հեռացավ, իրեն վերապահելով երբեմնապես որդուն խրատելու և հարկավոր ժամանակ գործակատարներին հայհոյելու սրբազան իրավունքը:

Ինչ վերաբերում է Մաշտոցյանի բնավորությանը, նա վատ չէր. յուր գիտցած տեղում համեստ, մի-մի գործերում առատաձեռն, բարեկամների հետ բարեսիրտ, ընկերական գործերում հաշվով, հասարակաց շահերին երբեմն նախանձախնդիր, միով բանիվ մի լավ գործնական հայ: Միակ նրա պակասությունն այն էր, որ դեպի յուր թշնամին խիստ էր և անողոք, և թեպետ յուր այդ խստությունը նա քողավորում էր արտաքուստ, այսուամենայնիվ ոչ մի վիրավորանք նա չէր մոռանում առանց վրեժխնդրության: Նա սիրում էր պատժել, բայց չէր սիրում երևալ իբրև պատժող, այդ պատճառով նրա թշնամիներից շատերը կրում էին իրենց հանցանքի պատիժը շատ անգամ առանց գիտենալու, թե որտեղից է հասնում նրանց այդ չարիքը: Այդպիսի վարմանց պատճառը դարձյալ գործնականությունն էր, որ չափից դուրս զարգացած էր երիտասարդ Մաշտոցյանի մեջ: Նա չէր ցանկանում, որ իրենից դժգոհ մնան մինչև անգամ թշնամիները...

Գ

Գարնանային մի գեղեցիկ օր, երբ առհասարակ քաղաքի փափկասուն կանայք դուրս են գալիս սալարկների վերա զբոսնելու, իսկ ավելի բարեպաշտները քարշ են գալիս սուրբ Դավիթի զառիվայրերի վերա կամ Դիդուբայի ճանապարհներում, պարոն Արսեն Մաշտոցյանը գտնվում էր Մթա-Ծմինդայի բարձրանիստ թաղի մեջ: Նա հոր հրամանավ գնացել էր այնտեղ իրենց պարտապան մի վրացի իշխանից փող պահանջելու: (Այդ ժամանակ Արսենը դեռ նոր էր տեղափոխվել հոր խանութը և այնտեղ տակավին գործակատարի պաշտոն էր վարում): Իշխանական տնից, ինչպես սպասելի էր, ձեռնունայն վերադառնալով, նա ցանկացավ բորբոսնած քարվանսարան գնալուց առաջ օգտվել մի փոքր գարնանային հովաշունչ եղանակից: Ուստի յուր ճանապարհը երկարելու համար նա քայլերն ուղղեց դեպի սուրբ Դավթի բարձրավանդակը, որի զառիվայրերի վրայով այդ միջոցին բարձրանում և իջնում էին բազմաթիվ կանայք և աղջկունք, ոմանք զույգ-զույգ, այլք խմբովին, շատերը թևի թև և այլն ըստ կարգին: Նրանցից մի քանիսը, իսկապես, ուխտ էին գնում սուրբ Դավթին, որը յուր փայլուն գմբեթով բազմած էր Մթա-Ծմինդայի կրծքի վերա, ոմանք ուխտից վերադառնում էին, բայց շատերը միայն այդ պատրվակով դուրս էին եկել նրա հովահար դարևանդների վերա զբոսնելու: Արսենը կարևոր համարեց մի երկու քառորդ թափառել այդ ուխտագնացների մեջ, քննել սիրուն աղջիկների և կամ հարսների անցուդարձը, կարդալ նրանց մերթ անմեղ և մերթ խորհրդավոր հայացքները և լսել մինչև անգամ դեղանների բամբասանքներից մի քանի բան, որոնք եթե չհետաքրքրեին նրան, գոնե կզվարճացնեին: Նա գնաց, բարձրացավ, բայց շուտով նկատեց, որ իրենից զատ ոչ մի տղամարդ չէր երևում ուխտագնացների կամ զբոսնողների մեջ և բոլոր անցնողները գրեթե յուր վերա էին նայում և խմբովին ծիծաղում և կամ յուր մասին դեպի իրան նշաններ ու ակնարկություններ անում:

Երիտասարդը խիստ դժգոհ մնաց յուր որոշումից և սկսավ կամաց-կամաց վայր իջնել դեպի մեծ փողոցը: Այդտեղ գալու համար նա անցնում էր Օրհորդական վարժարանի մոտով, որի նախադռան առաջ այդ միջոցին կանգնած էին բազմաթիվ կառքեր, բոլորն էլ ծածկված, չնայելով, որ ոչ անձրևային էր օրը և ոչ տոթագին: Հենց որ նա հասավ կառքերի մոտ, վարժարանից սկսան դուրս թափվիլ նրա բազմաթիվ սանուհիները և խռնվիլ կառքերի շուրջը: Շուտով երևեցավ և վերակացուհին, որ սկսավ չորս-չորս տեղավորել նրանց կառքերի մեջ, հաստ աղջիկներին զգուշությամբ բարակների հետ կցորդելով, որպեսզի կառքերի մեջ բոլորն էլ հավասար հանգստություն վայելեն: Տեսարանը Արսենին հաճելի թվաց, նա կանգնեց կառքի մոտ և սկսավ վանդակի սիրուն թռչնիկները զննել: Բարեբախտաբար այդ նրան չարգիլեցին: Երբ բոլոր սանուհիները տեղավորվեցան կառքերի մեջ, վերակացուհին անհանգստությամբ բացականչեց. «Մեկը պակասում է...»:

— «Այդ ես եմ, իսկո՛ւյն...», — լսվեցավ ներսից մի անուշ ձայն և նախադռան մեջ երևեցավ հրեշտակային գեղեցկությամբ մի տասննհնգամյա աղջիկ, որը յուր կրակոտ աչքերը առաջին անգամ ուղղեց կառքերի մոտ կանգնած երիտասարդի վերա: Նրա թափանցող հայացքից Արսենը այլայլվեցավ. յուր կյանքի մեջ նա առաջին անգամ էր տեսնում մի այսպիսի գերբնական գեղեցկություն: Բայց հազիվ թե նա ժողովեց յուր քաջությունը կրկին անգամ յուր հանդիպակաց գեղեցկուհուն դիտելու, երբ վերակացուհու անհաճո ձայնը լսվեցավ. «Օրիորդ, դուք միշտ ուշանում եք»: Գեղեցիկ աղջիկը այծյամի արագությամբ իջավ նախադռան սանդուղքից և բարձրացավ կառքի վերա: Կառաշարը իսկույն ճանապարհ ընկավ:

Երիտասարդը կանգնած տեղը արձանացած՝ երկար ժամանակ նայում էր հեռացող կառքերին և երբ նրանք անհետացան յուր աչքից, այն ժամանակ միայն ինքն իրեն հարցրեց. — «Ինչո՞ւ մի անգամ էլ չտեսնել նրան...», — և այս ասելով սկսավ շտապեցնել քայլերը կառքերին հասնելու համար: Բայց հազիվ թե մի քանի քայլ փոխեց, երբ հանկարծ հասկացավ այն դժվարիմանալի ճշմարտությունը, որ ինքը չէր կարող ոտքով սլացող կառքերի ետևից հասնել: Ուստի առաջին պատահած կառքի վերա թռչելով — «քեզ մի կլոր մանեթ, եթե այստեղից անցնող կառախմբին կհասնես», — ասաց նա կառապանին և վերջինս այնպիսի ոգևորությամբ մտրակեց ձիաներին, որ կառքի հանկարծական շառաչյունը դղրդեց ամբողջ փողոցը: Մի քանի րոպեից ետ երիտասարդ Մաշտոցյանի սրարշավ կառքը հասավ սանուհիների կառախմբին և սկսավ յուր չափավոր ընթացքով հետևել նրան:

Փառավոր շինություններից մեկի մոտ կառախումբը կանգնեց: Սա այրի իշխանուհիներից մեկի ապարանքն էր, ուր այդ օրը վարժարանի սանուհիները հրավիրված էին: Արսենն այս տեսնելով ցած իջավ կառքից և շտապով հանդիպակաց մուտքի մոտ կանգնեց, որի առջևից սանուհիները պիտի անցնեին իշխանուհու տունը մտնելու համար: Նա ընկրկսավ բոլորին դիտել, բայց ոչ մինը յուր տեսած գեղեցկուհու նման չէր. մի վայրկյան նա կամեցավ հուսահատվիլ կարծելով, որ գեղեցկուհին արդեն ներս է մտել: Բայց նա սխալվում էր: Գեղեցկուհին դեռ կառքից չէր իջել, նա եկավ, բայց էլի ամենից վերջը, Արսենը տեսավ նրան և սկսավ մեծ-մեծ աչքերով նայել նրա վերա, կարծես կամենալով հենց այդ աչքերով էլ կլանել նրան: Սիրուն սանուհին դարձյալ նայեց իրեն դիտող երիտասարդի վերա, բայց այս անգամ զարմացած աչքերով, որոնք կարծես տարակուսում էին հավատալ թե սա ա՞յն երիտասարդն է, որին մի քանի րոպե առաջ տեսել էին վարժարանի մոտ: Վերջապես գեղեցկուհին էլ ներս մտավ և պարոն Արսեն Մաշտոցյանն այլևս հույս չունենալով նորից նրան տեսնելու, գլուխը քաշ գցած ետ դարձավ դեպի յուր հոր ամենասիրելի բնակավայրը — բազմախորոչ քարվանսարան:

Ծերուկ Մաշտոցյանը դժգոհ յուր որդու դատարկաձեռն առաքելությունից և մանավանդ նրա ուշանալուց, մի քանի նախատական խոսքերով պատվեց նրան, բայց վերջինս ուշադրություն անգամ չդարձրեց հոր նկատողություններին. նրա խելքն ու միտքը զբաղված էին յուր տեսած գեղանիով: Ո՞վ էր նա, ում աղջիկն էր, որտեղ կարելի էր տեսնել նրան, կամ ծանոթանալ նրա հետ, այս հարցերը մեծ մտատանջություն էին պատճառում երիտասարդին: Այդ օրը նա մինչև անգամ շատ քիչ ճաշեց և մնացած ժամերն անցկացրեց լռիկ մտախոհությամբ:

Հետևյալ օրը նա կրկին գնաց վարժարանի փողոցը՝ պտտեց նրա շուրջը մի քանի անգամ, նայեց նրա կիսածածկ պատուհաններին, կանգնեց նախադռան մոտ, կրկին ետ եկավ, կրկին պտտեց, բայց յուր գեղեցկուհուն ոչ մի տեղ նշմարել չկարողացավ: Վերջապես նա մոտեցավ ծերուկ դռնապանին, որը սանդուղքների վերա նստած ծխում էր և հարցրեց.

— Չգիտե՞ք արդյոք, ո՞վ էր այն աղջիկը, որ երեկ իշխանուհու տունը գնալու ժամանակ ամենից վերջը դուրս եկավ այստեղից:

— Նրանք բոլորն էլ միասին դուրս գնացին, — պատասխանեց պահապանը, — ոչ ոք այստեղ իրավունք չունի միայնակ դուրս գնալու:

— Ո՛չ, դուք ինձ չհասկացաք, ես այն աղջիկն եմ ասում, որ ամենից գեղեցիկն էր:

— Այստեղ բոլորն էլ գեղեցիկ են, — նկատեց դռնապանն առանց գլուխը բարձրացնելու:

— Ուրեմն, դուք նրանց միմյանցից չեք զանազանում:

— Իհարկե ոչ, դա իմ ի՞նչ գործն է:

— Կնշանակե դուք այստեղ ոչ ոքին չեք ճանաչում:

— Իհարկե ոչ, սատանան ճանաչի նրանց, ես միայն դռնապան եմ և ուրիշ ոչինչ:

Երիտասարդը տեսավ, որ յուր ցանկացած մարդուն չէր հանդիպել և յուր հետազոտությունն ապարդյուն է անցնում, ուստի ցած իջավ նախադռան սանդուղքներից: Մի քանի անգամ էլ նայեց վարժարանի կիսածածկ պատուհաններին, դիտեց ներսից երևացող աղջկերանց գլուխները, նայեց աջ ու ձախ, և ապա ոչ մի շահավոր եզրակացության չգալով՝ գլխիկոր վերադարձավ տուն: Այնուհետև նա դարձյալ մի քանի անգամ զբոսանքի գնաց այդ կողմերը, զանազան հնարներ գործ դրավ յուր անծանոթ գեղեցկուհուն կրկին անգամ տեսնելու, կամ գոնե նրա ազգանունն իմանալու, բայց իզուր, այդ բանի նրան չհաջողվեցավ և երիտասարդը վերջ ի վերջո վճռեց այլևս չմտածել յուր գեղեցկուհու մասին:

Դ

Այս անցքից հետո անցան երեք երկար տարիներ: Երիտասարդ Մաշտոցյանը այդ բոլոր ժամանակում հոգվով և մարմնով նվիրվեցավ հոր գործին: Առաջին տարում արդեն նա տիրապետել էր նրան և յուր աչալուրջ ու հմուտ գործավարությամբ արժանացել էր հոր վստահությանը, այդ պատճառով և վերջինս, ինչպես առաջ էլ հիշեցի, հոժարությամբ տեղի տվավ յուր առույգ և երիտասարդ որդուն, հանձնելով նրան յուր բոլոր գործերը, յուր գույքն ու պարտքը, և յուր առևտրական տան բոլոր իրավունքները:

Այնուհետև երիտասարդ որդու համար բացվում էր գործունեության լայն և ընդարձակ ասպարեզ, իհարկե, ոչ փշալից ու տատասկոտ, որպիսիների մեջ գործում են առհասարակ դժբախտ գրագետները, հեղինակները, մանավանդ խմբագիրները, այլ մի ասպարեզ, ուր առանց ցանելու բուսնում է վարդը, ուր առանց քաջագործությունների հնձում են դափնիներ... Մինքլոր խուժանը սիրում է այն աստծուն, որի հրաշքները աչքով տեսնում է. իսկ ոսկին, որ բուսնում է այդ ասպարեզի վերա, ամենից շատ է հրաշքներ գործում: Ահա թե ինչու հարուստների փառքը աճում է ժամերով:

Կարճ ժամանակի մեջ Արսեն Մաշտոցյանի անունը ընդհանրացավ, նրա գործերը գնալով մեծ ծավալ էին ստանում, քաղաքի մեջ արդեն կրկնապատկվում էին նրա խանութները, և Մաշտոցյան տան ֆիրման, որ մինչև այն միայն Մոսկվայի հետ ուներ հարաբերություն, այժմ հաստատում էր յուր սեփական տան բաժանմունքները և՛ Վիեննայում, և՛ Պարիզում, և՛ Մանչեստրում, և՛ Մարսելում:

Երիտասարդ վաճառականի դրամական ուժը գնալով բազմապատկվում էր, որովհետև նրա բոլոր ձեռնարկություններն էլ հաջողվում էին: Մյուս կողմից էլ ժամանակի արդյունավոր դրությունը նպաստում էր նրա շահերին: Մի քանի հայտնի գործերի մեջ նշանավոր օգուտներ գանձելով, Արսեն Մաշտոցյանը ժողովրդյան բերանը անցավ, և չնայելով, որ նա խիստ խորհրդապահ էր և յուր նյութական կարողության վերաբերությամբ ոչինչ չէր խոսում նույնիսկ յուր ամենամտերիմ բարեկամների հետ և մինչև անգամ յուր հաշվապահները մի որոշ գաղափար չունեին նրա հարստության մասին, այսուամենայնիվ ժողովուրդը պարոն Մաշտոյանին կես-միլիոնատեր էր ճանաչում, մի հարստություն, որ Կովկասի մեջ պատկառելի է համարվում, չնայելով, որ մի եվրոպացի դերասանուհի առանց քաշվելու կարող էր ծիծաղել նրա վերա:

Այսպիսի մի համբավ ստանալուց հետո, հարկ չկա ասել, որ մեր երիտասարդ կես-միլիոնատերը պիտի պաշարվեր բազմաթիվ անկոչ բարեկամներով: Ամեն տեղ նրան գլուխ են տալիս, ամեն տեղ մեծարում են, ամեն տեղից հրավիրում են, հասարակական (ձրիավար) պաշտոններ են առաջարկում և այլ բազմաթիվ փառք ու պատիվներ են ընծայաբերում:

Բայց ինքը՝ պարոն Մաշտոցյանը, շատ ուրախ չէր այդ պատիվները ստանալով, որովհետև այդ բոլոր ոչնչությունների համար նա ստիպված էր փող վճարել: Հոգնեցնում էին նրան մանավանդ բարձրաստիճան պաշտոնակալների մտերմական գրությունները, որոնք անընդհատ նրա քաջառողջության մասին տեղեկություններ էին հարցնում, իսկ ստորագրությունից առաջ կամ Հ. Գ.-ից ետ փող պահանջում երկուօրով կամ շատ-շատ մի շաբաթով — պայմանաժամ, որ երբեք չէր լրանում...

Շատ անգամ պարոն Մաշտոցյանը զայրանում էր ինքն յուր վերա, որ մի դատարկ փառասիրության շնորհիվ կապվել էր այդ բյուրոկրատ մարդիկների հետ, որոնք իրենց անխիղճ պահանջներով հանգստություն չէին տալիս իրեն, բայց երբեմն էլ մխիթարվում էր, երբ նրանց աջակցությամբ խլում էր յուր մի զորեղ հակառակորդներից մի օգտավետ կապալ կամ մի պատվաբեր հանձնարարական:

Առևտրական տեսակետից նայելով գործին, հարկ չկա ասել, որ Մաշտոցյանը վնաս չէր անում այդ զոհաբերությունների մեջ. ըստ որում, մեկի փոխարեն ստանում էր հինգ կամ տասն, մանավանդ պարտավորված աստիճանավորը միշտ երախտահատույց է լինում: Երկյուղը միայն ապագայի մասին էր այսինքն երբ այսօրվա աստիճանավորը վաղը պաշտոնաթող լինելով կշարունակեր ձանձրացնել իրեն առանց փոխարինել կարողանալու:

Բայց ինչնէ, այս բոլոր կողմնակի հաշիվներն ի մի գումար առած, դարձյալ տարվա վերջում Մաշտոցյանի զեն և շահու կշիռը չէին ծանրացնում. հաջողակ առևտրի օգուտը ծածկում էր ընդհանուր ծախուց մեծությունը և դրամագլխի գումարը հաստանում էր օրեցօր:

Այսպիսի հաջողակ հանգամանքներում առհասարակ զարթում է երիտասարդների մեջ ամուսնանալու ցանկությունը, թեպետ նա ձախորդության ժամանակ էլ քնած չէ լինում երիտասարդների սրտերում, այս պատճառով և պարոն Արսեն Մաշտոցյանը վերջին ժամանակները սկսել էր ողորմածաբար ականջ դնել յուր մերձավորների խրատին, որով նրանք ստիպում էին նրան ամուսնանալ: Երիտասարդի հոգին հոժար էր, մարմինն էլ տկար չէր, բայց խնդիրը նրանում էր, թե ի՞նչ աղջիկ պիտի ուզեր, որովհետև ամբողջ Թիֆլիսը յուր բոլոր արտադրություններով չէր կարողանում գրավել մեր հարուստ փեսայացուի սիրտը:

Ե

Աշուն էր. խոնավ և մառախլապատ երեկո: Մի կողմից տեղում էր անձրևը և մյուս կողմից փչում էր քամին և ողողում անցորդներին ոտից մինչև գլուխ: Քաղաքի փողոցները հետզհետե դատարկվում էին, և խանութները սկսում էին խավարվել: Ասպարեզը մնացել էր անհամբեր կառքերին, որոնք սրարշավ թռչում էին աջ և ձախ, մեկ փողոցից դեպի մյուսը, տանելով իրենց մեջ հազար և մի տեսակ արդար ու մեղավոր արարածներ...

Բայց չնայելով եղանակի վատթարությանը, քաղաքային ակումբը տալիս էր այդ երեկո յուր ձմեռային բնակարանի առաջին պարահանդեսը, որի չար բախտից խառնվել էին տարերքը: Ամբողջ փողոցի վերա միայն այդ ժողովարանի տունն էր, որ յուր ներսում կենդանություն էր ցույց տալիս:

Երկու գազեղեն դամբարները լուսավորում էին նրա ընդարձակ մուտքը, որի առաջ հետզհետե գալիս խռնվում էին բազմաթիվ կառքեր, բերելով իրենց հետ ակումբների պատվելի անդամներին, անդամուհիներին, պարահանդեսի ասպետներին և նրանց ազնվազարմ տիրուհիներին: Ակումբի նախագավթի մեջ տիրում էր մեծ իրարանցում: Օրիորդները ու տիկինները արդեն սկսել էին հոգնեցնել սպասավորներին. վերջինները զբաղված էին գլխավորապես նրանց բազմազան վերնազգեստների, շալերի ու փողպատների՝ կախարանների վերա տեղավորելովը: Երիտասարդ ասպետներն իրենց կողմից չարչարում էին միայն նախագավթի մեծ հայելին և նրա առաջ դրած սանդրերն ու խոզանակները: Շտապով և զրեթե միմյանց թևակոխելով՝ նրանք սանրվում ու կոկվում էին, ցավելով միևնույն ժամանակ, որ ակումբի վարչությունը մոռացել էր նախագավթի մեջ մի արդուկ (ութո) էլ հոգալու իրենց մազերն ըստ պատշաճին արդելու համար:

Եվ այսպես, ամենից առաջ պատրաստվողները միմյանց հետևից շտապում էին դեպի վեր, բայց այնպիսի անհանգստությամբ, որ կարծես իրենցից առաջ անցնողները պարահանդեսը կերան, առանց իրենց վերա մտածելու: Հանգիստ սրտով էին մոտենում այդ պատրաստություններին միայն ծերունիները կամ գոնե հիսունից ոչ պակաս աշուն տեսնողները: Նրանք գիտեին, որ վերև իրենց սպասողներ չկան, և որ երաժշտությունն իրենց համար չպիտի նվագե: Շատ-շատ իրենց հասակակիցներից մինը պիտի հրավիրեր նրանցից մինին յուր հետ նարդ խաղալու և մի ուրիշը թավազա պիտի աներ մյուսին Էֆենջյանցի մի պապիրոս կամ մի պտղունց քթախոտ: Բայց թե ինչու նրանք անպատճառ պարահանդես էին եկել, այդ դժվար է իմանալ, մարդիկ միշտ աշխատում են ապրել, իսկ ապրողին չէ կարելի ստիպել, որ նա չզվարճանա:

Բոլորովին ուրիշ տեսարան էր ներկայացնում կանանց

առանձնարանը: Սա ավելի նման էր մի վարսավիրի (պարիկմախերի) խանութին, միայն այն զանազանությամբ, որ սա ավելի ճոխ էր զարդարված: Սենյակի չորս պատերը բռնած էին ոսկեզօծ հայելիներ իրենց մարմարյա սեղաններով, որոնց վերա խառնիխուռն ընկած էին զանազան տեսակ սանդրեր, խոզանակներ և ապակյա տփիկներ, լի զանազան հոտավետ փոշիներով: Իսկ մնացած պարապ անկյուններում շարված էին թավիշյա բազմոցներ ու թիկնաթոռներ՝ պես-պես ոճով ու տարազով: Տիկիններից մի քանիսը, որոնք դեռ նոր էին շնորհ բերել այդտեղ, կրծքերի գեղեցիկ ելևէջով հանգչում էին բազմոցների վերա, մի քանիսը կանգնած հայելիների առաջ զգուշությամբ ուղղում էին իրենց հագուստը, և նրանց վերայի զարդերը, ուրիշները կարգավորում էին գլխի հյուսակները, ծաղիկները և այլ պաճուճանքները: Սակավաթիվ չէին և նրանք, որոնք մի ձեռքով բռնած պուդրայի փնջիկը, իսկ մյուսով փափուկ և սպիտակ դենջակը, անընդհատ փորձում էին սպիտակացնելու իրենց դեմքի կամ պարանոցի այս կամ այն մասը, բարձրաձայն զանգատվելով, որ շուտ-շուտ քրտնելու վատ սովորություն ունին, որին դժբախտաբար միայն օգնում էր անուշահոտ փոշին:

Համեստ օրիորդներից մի քանիսն էլ շուտ-շուտ դահլիճից վերադառնում էին այդտեղ, պատճառաբանելով, որ հյուրերի սակավության պատճառով դահլիճը դեռ ցուրտ է, և ցանկանում էին մի քանի րոպե տաքանալ առանձնարանում, և այդ ժամանակ պատահմամբ նկատելով հայելու մեջ, որ իրենց զարդերի կամ զանգուրների ներդաշնակությունը խանգարված է, իսկույն ուղղում էին նրան և գոհ սրտով հեռանում, շարժելով միևնույն ժամանակ բազմոցների վերա հանգչող տիկնանց ծիծաղը, որոնք միևնույն ժամանակ սրտատրոփ սպասում էին, որ հայելիները զուգվողներից ազատվին և հերթը հասնե իրենց:

Վերջապես երաժշտությունը թնդաց և ամեն կողմ ցրված հյուրերը գունդագունդ հավաքվեցան ընդհանուր դահլիճը, որ լուսավորված էր բյուրեղյա երեք մեծամեծ ջահերով և բազմաթիվ կանթեղներով: Շուտով ընկերները ընկերուհիները պտրտելու ելան, և ասպետները տիրուհիներին պատահեցին: Ջերմաջերմ ողջույններ, քաղցր զրույցներ, հաճոյախոսություններ և մանավանդ նորանոր ծանոթություններ, մի քանի րոպե երաժշտությունը մոռացվեցավ, չնայելով, որ նա անընդհատ որոտում էր:

— Ես վաղուց փափագում էի ծանոթանալ ձեզ հետ, օրիորդ և այժմ օրհնում եմ այն առիթը, որ ինձ հասցնում է նպատակին... — հաճոյաբար խոսում էր ասպետներից մինը:

— Այո, ես այդ գիտեի, շնորհակալ եմ, — ծեքծեքվելով և հակիրճ պատասխանում էր օրիորդը, և ականջ դնում ասպետի մյուս հաճոյախոսություններին:

— Տիկին, դուք հրաշալի եք այս երեկո, միթե Աստղիկը ձեզ հանձնեց յուր դերը, — քաղցր ժպիտով հարցնում էր գրագետներից մինը, հին վարժուհիներից մինին:

— Աստղիկն անձամբ ներկա է այստեղ, — հանձնապաստան կատակով պատասխանում էր տիկինը և շարունակում յուր դիցաբանական զրուցատրությունը:

— Պատիվ ունիմ ներկայացնելու ձեզ, օրիորդ, պարոն Սերովբե Նախլամազյանին, դոկտոր փիլիսոփայության, մասնագետ մանկավարժ և անհաշտ թշնամի բժշկականության...(ու առանձին հոգատարությամբ և բառերի կտրուկ շեշտահանությամբ ծանոթացնում էր կես համալսարանականի մեկը մի ամբողջ համալսարանականի՝ սնաչյա և բարձրահասակ մի աղջկա հետ, իսկ այս վերջինը քնքշաբար հայտնում էր յուր գոհունակությունը այդ նոր ծանոթության համար:

Բայց մենք, իհարկե, բոլորի խոսակցություններից նմուշներ չպետք է բերենք:

Պարերն սկսվում էին: Ասպետները շտապեցին աթոռների վերա վիճակ ձգելու և յուրաքանչյուրը նրանցից մի զույգ իրեն և իր տիրուհուն հատկացնելով, կապեց նրանց միասին յուր սպիտակ թաշկինակով ապագա կադրիլի համար և ինքը պատրաստվեցավ նախերգանք վալսում շահատակելու:

Վալսը սկսվեցավ. սև ֆրակներն ու սպիտակ ձեռնոցները փաթաթվեցան ճկուն ու դյուրաթեք մեջքերին, նրբաստեղծ շրջազգեստներն իրենց փրփրադեզ քղանցքներով մտան ասպարեզ, ակումբի դահլիճը կերպարանափոխվեցավ, մարդ թե կին թիթեռներ դարձած սկսան ճախրել աջ ու ձախ: Վալսը գնալով տաքանում էր, մարդիկ ոգևորվում էին, կանայք հիանում կամ բարկանում. բայց ընդհանրապես երևում էր, որ բոլորն էլ գոհ էին, թե՛ պարող և թե՛ նայող, բոլորի երեսին էլ փայլում էր հրճվանք, կարծես աշխարհում մի քանի րոպեի մեջ վշտերը չքացել էին:

Երկար շարունակվում էր վալսը, ասպետներից յուրաքանչյուրն արդեն հոգնեցրել էր մի քանի տիրուհիներ և ձեռնոցները ձգձգելով դեռ որոնում էր ուրիշները:

Բարեբախտաբար պարոն պարապետն ասպարեզը դատարկ գտնելով լռեցրեց երաժշտությունը և վերջ տվավ ծայրահեղ ոգևորություններին:

Մի փոքր ժամանակից ետ, երբ պարախումբը պատրաստվել էր արդեն առաջին կադրիլի համար և ճակատ առ ճակատ կանգնած սպասում էին պարապետի հրամանին, շտապով ներս մտավ դահլիճը պարոն Գևորգ Սիմբրյանը, որի հետ ընթերցողները առաջին գլխում ծանոթացան, և սկսավ անհանգստությամբ չորս կողմը հածել յուր աչքերը: Ըստ երևույթին նա պտրտում էր մեկին, բայց ո՞վ էր այդ մեկը, հայտնի չէր: Երբ երաժշտությունը սկսավ յուր գործը, և պարողները փութացին միմյանց մեջ խառնվելու, պարոն Սիմբրյանը թթվեցրեց դեմքը և դուրս զնաց: Նա ցանկացած յուր անձը չէր գտել դահլիճի մեջ: Հենց այդ միջոցին, երբ նա անցնում էր նախասենյակից, ակումբի շատախոս անդամներից մեկը զանազան բացականչություններով ողջունում էր սանդուղքներով բարձրացող յուր բարեկամներից մինին: Սիմբրյանը հետաքրքրությամբ ետ նայեց դեպի սանդուղքները և տեսնելով պարոն Արսեն Մաշտոցյանին, որ ծիծաղադեմ բարձրանում էր դեպի վեր, շտապով խույս տվավ նախասենյակից:

— Քո տալոջ աղջիկը իմ գործը պիտի խանգարե, — կամացուկ շշնջաց նա յուր կնոջ ականջում, որը պարսկական ոճով կահավորված մի սենյակում ազատորեն ձգվել էր բազմարանի վերա և ուրախ-ուրախ խոսում էր մի քանի երիտասարդների հետ:

— Ի՞նչ է պատահել, — անհանգստությամբ հարցրեց Ռոզա Անդրեևնան և խոսակիցները թողնելով, առանձնացավ ամուսնու հետ սենյակի անկյունը:

— Ամալիան դեռ չէ երևում, իսկ Մաշտոցյանը արդեն այստեղ է, — խորհրդավոր եղանակով հայտարարեց Սիմբրյանը և աչքերը հարցական ձևով հառեց դեպի ամուսինը:

— Եվ ա՞յդ է Ամալիայի հանցանքը, — արհամարհական ժպիտով հարցրեց տիկինը:

— Իհարկե, և դու երևի դրան նշանակություն չես տալիս:

— Ի՞նչ նշանակություն պետք է տալ:

— Այն, որ գործը կարող չէ հաջողվիլ:

— Բայց ինչո՞ւ համար, ասա խնդրեմ, միթե քո շինելիք գործը այնքան խախուտ հիմք ունի, որ Ամալիայի ուշանալը կարող է նրան խանգարել:

— Ա՛յ կին, նա մինչև անգամ հիմք չունի, ես նոր եմ նրան հիմնարկում, հասկանում ես:

— Էհ, ուրե՞մն...

— Ուրեմն եթե նա ուշանա, Մաշտոցյանը կարող է դուրս գնալ, որովհետև ես նրան հազիվ այսօր համոզեցի մի քառորդ ժամ նվիրել այս գործին և այսպես բանը կդժվարանա:

— Օ՛, հո՛, հո՛, շատ մեծ մարդ է. կարծես Ամալիային փեսաներ են պակասում, — արհամարհանոք նկատեց տիկինը:

— Դու նրա համար ես այդպես խոսում, Ռոզա, որովհետև ապագայի մասին չես սիրում մտածել, և մանավանդ, որովհետև կին ես, — նեղացած խոսեց Սիմբրյանը:

— Երբեք էլ չէի ցանկալ մարդ լինիլ — ընդհատեց տիկինը,

— Հավատում եմ, որովհետև հիմարները ավելի հանգիստ են ապրում աշխարհում:

Մինչդեռ երկու ամուսինները այս վիճաբանության մեջ էին, ներս մտավ Ազապյան գեղեցկուհին յուր իշխանուհի մոր ընկերակցությամբ:

Վարժարանն ավարտելուց ետ այս առաջին անգամն էր, որ օրիորդ Ամալիան մտնում էր հասարակաց պարահանդեսը... Այդ օրը նա արդեն տասննութ տարեկան էր, հետևապես ժամանակն էր, որ նա երբեմնապես վայելեր աշխարհային զվարճությունները և սովորեր զանազանել աշխարհի չարն ու բարին:

Այդպես էր ասում իշխանուհի Դարիան:

Սիմբրյան և Ազապյան տան ներկայացուցիչները մտերմաբար ողջունեցին միմյանց:

— Ամալիա, դու մորեղբորդ շատ անհանգստացրիր, քո պատճառով նա կամենում էր կռվել ինձ հետ, — ասաց տիկին Սիմբրյանը:

— Մի՞թե, և ինչու համար, — հարցրեց օրիորդը հետաքրքրությամբ:

— Դու շատ ուշացար, իսկ նա պատճառ ուներ քեզ ավելի վաղ սպասելու:

— Կատակ է անում Ռոզան, — շտապեց մորեղբայրը ընդհատել կնոջը, վախենալով նրա շատախոսությունից:

— Թողեք, խնդրում եմ, որ նա խոսի, — պահանջեց օրիորդը, — երևի ես մի հանցանք եմ գործել իմ ուշանալովս:

Բայց տիկին Սիմբրյանը, որ ամուսնու խորհրդավոր ակնարկությամբ արդեն զգացել էր յուր լռելու անհրաժեշտությունը, փոխեց յուր խոսքի վերջավորությունը: — Մորեղբայրդ ցանկանում էր, որ այսօր դու մի քանի ժամ ավելի վայելեիր պարահանդեսի զվարճությունները, — ասաց նա, այդ պատճառով նեղացավ ինձանից, որ ես անձամբ չեմ եկել քեզ ավելի վաղ այստեղ բերելու: Բայց ոչինչ, դեռ ժամանակ շատ ունինք. գնանք դահլիճը, ավելացրեց նա և օրիորդին յուր թևն առնելով դիմեց դեպի բուն պարահանդեսը:

Պարոն Սիմբրյանը շտապեց Մաշտոցյանին որոնելու: Նա գտնվում էր յուր հավասարակիցների մի շքեղ շրջանում, ուր տաք-տաք խոսում էին մի անծանոթ գեղեցկուհու մասին, որը այդ երեկո յուր այցելությամբ պատվել էր ակումբի պարահանդեսը: Մաշտոցյանը նրան չէր տեսել, բայց հետաքրքրությամբ լսում էր յուր խոսակիցներին:

Մի երկուսն ասում էին, որ նորեկը ֆրանսուհի էր և երևի դատախազի տեղական հարուստներից մեկի տանը: Ուրիշները՝ թե նա վրաց մի իշխանուհի է, որը երևի ապրում է Թիֆլիսից դուրս, գտնվեցավ մինչև անգամ մի երիտասարդ, որ պնդում էր, թե այդ աղջիկն օպերայի դերասանուհիներից մինն է, և որ ինքը նրան տեսել է «Ֆաուստի» մեջ Մարգարիտի դերում:

Սիմբրյանը իսկույն հասկացավ, թե ինչ աղջկա մասին է խոսքը և ուրախացավ ինքը յուր մեջ: «Բանը ինքն իրեն շինվում է», — մտածեց նա և մոտեցավ Մաշտոցյանին:

— Կամենու՞մ ես տեսնել այդ գեղեցկուհուն, կամացուկ շշնջաց նա նրա ականջին:

— Երևի այդ նա է. այնպես չէ՞:

— Չգիտեմ, եկ և տես:

Մաշտոցյանը իսկույն թևը տվավ Սիմբրյանին և նրանք երկուսը միասին մտան դահլիճը:

Կադրիլը վերջանում էր: Հյուրերի մեծամասնությունը հառել էր յուր աչքերը դեպի դահլիճի ճակատը, ուր ջահերի շլացուցիչ լուսավորության առաջ, ինչպես գերբնական մի դիցուհի կանգնած էր օրիորդ Ամալիան. նրա հարուստ երկնագույն շրջազգեստը, որ զարդարված էր ամենանուրբ հյուսկեններով և միայն կիսով չափ էր քողավորում յուր մարմարյա կուրծքն ու բազուկները, մի առանձին պերճություն էր տալիս նրա ուղղաձիգ հասակին, որի վերա շնորհաշուք կերպով իշխում էր յուր հպարտ և գեղեցիկ գլուխը: Նրա սևորակ ու կրակոտ աչքերը, որոնք հովանավորված էին երկարատեգ արտևանունքներով, մերթ ընդ մերթ նայում էին դեպի դահլիճի չորս բոլորքը, ուստեղ հարյուրավոր աչքեր հիացմամբ դիմում էին իրեն, երբեմն էլ այդ հայացքները ետ մղելու համար գեղանի օրիորդը ծածկում էր յուր դեմքը փղոսկրյա հովհարով, որի քնքշիկ շարժումներից ծածանում էին գեղեցիկ զանգուրները յուր սպիտակափառ ճակատի վերա:

Մանկամարդ իշխանուհին դեռ ժպտադեմ և շնորհաշուք խոսակցում էր տիկին Սիմբրյանի հետ, երբ վերջնույս ամուսինը յուր թևն առած երիտասարդ Մաշտոցյանին, մտավ դահլիճը:

— Ո՞ւր է գեղեցիկ աղջիկը, — հետաքրքրությամբ հարցրեց երիտասարդը:

— Ահա՛, մեր դիմաց, — մատնացույց արավ դեպի նրան Սիմբրյանը:

Երիտասարդը տեսավ գեղեցկուհուն թե չէ, քնից զարթնածի նման խլեց յուր ձեռքը Սիմբրյանի թևից և մի քանի քայլ առաջ անցավ դեպի գեղանին:

— Ի՞նչ պատահեց քեզ, գժվեցար, — ծիծաղելով հարցրեց Սիմբրյանը:

— «Աստված իմ, սա այն աղջիկն է, ճիշտ ա՛յն աղջիկը, — շշնջաց ինքն իրեն երիտասարդը, ուշ չդարձնելով Սիմբրյանի խոսքերին:

— Որ աղջիկը, մի՞թե դու նրան ճանաչում ես, — հարցրեց կրկին Սիմբրյանը:

— Այո, ես այդ աղջկան տեսա երեք տարի սրանից առաջ Օրիորդական գիշերօթիկում, ես տեսա նրան մի օր, և էլ այնուհետև ոչ մի տեղ չկարողացա տեսնել, նրա գեղեցիկ դեմքը ես մինչև այսօր էլ հիշում եմ, նույնն է, ինչ որ էր երեք տարի սրանից առաջ, նա գրեթե չի փոխվել:

— Ուրեմն դու տեսել ես իմ քրոջ աղջկան դեռ իմ ցույց տալուց առաջ:

— Ների՛ր ինձ, խնդրում եմ, այս գեղանին տեսնելուց ետ, ես էլ ոչ մի աղջկա անուն լսել չեմ կարող, ես պետք է իմանամ, թե ով է այս դիցուհին և նրա ետևից պիտի գնամ թեկուզ մինչև աշխարհի վերջը, — ջերմությամբ պատասխանեց երիտասարդը, առանց ըմբռնելու Սիմբրյանից լաածի միտքը և շտապեց դեպի առաջ:

— Ո՞ւր ես վազում, խելագար, — բացականչեց Սիմբրյանը նրա թևից քաշելով, — քեզ ասում եմ, թե դա իմ քրոջ աղջիկն է:

Մաշտոցյանը ետ դարձավ և սկսավ զարմացած աչքերով նայել Սիմբրյանի վերա: Նա կարծես չէր հավատում նրա խոսքերին և պատրաստվում էր հանդիմանել նրան յուր ստախոսության համար:

— Դու դժվարանում ես հավատալ, այնպես չէ՞, — գուշակեց Սիմբրյանը:

— Այո՛, ես չեմ հավատում ձեզ, — պատասխանեց երիտասարդը վստահությամբ:

— Նայի՛ր, ուրեմն, ովքե՞ր են նրա մոտ կանգնած, իմ կինս և քույրս, դու հո ճանաչում ես նրանց:

— Այո, նա խոսում է Ռոզա Անդրեևնայի հետ, իսկ նրա կողքին կանգնած է իշխանուհի Ազապյանը... Ուրեմն, ճշմարիտ որ նա ձեր քրոջ աղջիկն է:

— Այժմ հավատո՞ւմ եք ինձ:

— Այո, բայց մի՞թե այս օրիորդի ձեռքն էիք խոստանում ինձ:

— Նույնիսկ այդ օրիորդի:

— Օ՜հ, եթե արդարև դուք կամենում եք դրանով բախտավորեցնել ինձ, ես հավիտյան երախտագետ կլինեմ դեպի ձեզ, — ջերմությամբ բացականչեց երիտասարդը և ամուր-ամուր սեղմեց Սիմբրյանի ձեռքը:

— Դուք ցանկանում եք Ամալիայի հետ ծանոթանալ, այնպես չէ՞:

— Կյանքս կտայի դրա համար:

— Գնանք ուրեմն, — ասաց Սիմբրյանը, — ես քեզ կներկայացնեմ իմ քրոջը և քեռորդուն: Եվ նրանք երկուսը միասին դիմեցին դեպի նրանց:

Քիչ ժամանակից ետ պարոն Արսեն Մաշտոցյանը ճեմում էր դահլիճի մեջ գեղեցիկ իշխանուհու հետ միասին և քաղցր զրուցատրությամբ զբաղեցնում էր նրան: Իշխանուհի Դարիան հետևում էր նրանց, խոսակցելով յուր եղբոր և նրա կնոջ հետ, բայց միևնույն ժամանակ տեսությունից չհեռացնելով երիտասարդ զույգին, ինչպես մի հմուտ որսորդ, որ քայլ առ քայլ հետևում է միամիտ երեին:

Ինչ վերաբերում է օրիորդ Ամալիային, նա շատ հաճությամբ էր լսում նոր բարեկամի զրույցներն ու հաճոյախոսությունները, ինչպես առհասարակ բոլոր նորավարտ սանուհիները, հետևապես առանց դիմադրության էլ ընդունեց նրա առաջարկությունը երկրորդ կադրիլում յուր հետ պարելու:

Մաշտոցյանի բարեկամները, տեսնելով նրան պարահանդեսի այդ միակ թագուհու հետ մտերմացած, նախանձից մեռնում էին, բայց որովհետև նրան խանգարել չէին կարող, հետևապես ստիպված էին իրենց ճակատագիրը անիծելու:

Պարահանդեսի վերջում պարոն Մաշտոցյանը մի մեծածախ ընթրիքով պատվասիրեց Ազայյան և Սիմբրյան գերդաստանի չորս թանկագին անդամներին ու զոհ սրտով և հոգվո ամենաուրախ տրամադրությամբ վերադարձավ տուն:

Զ

Անհրաժեշտ մի փոքրիկ բացատրություն նախընթաց երեկոյան պարահանդեսի ժամանակ պարոն Գևորգ Սիմբրյանի բռնած ընթացքի համար:

Այն օրից սկսած, որ օրիորդ Ամալիան թողեց օրիորդական գիշերօթիկը, նրա ապագայի խնդիրը ծանրացավ պարոն Սիմբրյանի սրտի վերա: Ինչպես հարազատ մորեղբայր և շատ չար ու բարի տեսած մարդ, նա գուշակում էր, թե ինչ թշվառ վախճան կունենար այդ աղջկա վերաբերությամբ այսօրվա ունեցած ամենափոքր անհոգությունը:

Նա գիտեր, որ գեղեցկությունը երկսայրի սուր է մի կնոջ ապագայի համար, նա կարող է բարձրացնել նրան մինչև երջանկության գագաթնակետը կամ գլորել թշվառության անհատակ անդունդը: Մի առաքինի և հաստատուն բնավորության տեր կնոջ համար գեղեցկությունը թանկագին զարդ է. նա ստիպում է մարդկանց ճանաչել իրմով առաքինությունը և պաշտել նրան, նա հարգանք է ծնեցնում նույնիսկ ապառաժ սրտերում, ճշմարիտ արժանավորությունը երկրպագվում է նրա շնորհիվ: Բայց նույն այդ գեղեցկությունը մի դժբախտություն է թեթևամիտ և սնափառ կնոջ համար: Այդ գեղեցկությամբ, ճշմարիտ է, նա խմբում է յուր չորս կողմն անթիվ երկրպագուներ, բայց դրանցից ամեն մեկը մոտենում է նրան յուր որոշ նպատակով, առանց ներքին հարգանքի, առանց ազնիվ զգացմունքների... Մի քանի գողտրիկ հաճոյախոսություններ, մի քանի քաղաքավար շարժմունքներ, որոնք մեր շատ երիտասարդների միակ արժանավորությունն են կազմում և որոնք սակայն բավականաչափ զգվում են թեթևամիտ գեղեցկուհիների ինքնասիրությունը, կարողանում են այս վերջինների սիրտն ու զգացմունքը հաղթահարելու և նրանց գերելու: Այնուհետև վտանգը դառնում է անխուսափելի և կորուստը տեղի է ունենում յուր բնական ճանապարհով: Զղջումը վերա է հասնում հենց այն ժամանակ, երբ արդեն կորուստը անդառնալի է...

Այս ամենը քաջ գիտենալով, պարոն Սիմբրյանը շտապում էր գտնել յուր քեռդստեր համար մի արժանավոր փեսացու և ամուսնացնել նրան որքան կարելի է շուտ, այսինքն քանի որ դեռ Ամալիան շատ չէր ծանոթացել աշխարհի հետ և քանի որ նա ազատ էր անսիրտ և անհոգի երիտասարդության դավադրություններից: Բացի այս, պարոն

Սիմբրյանին հարկավոր էր Ամալիայի շնորհիվ բարեկամանալ այնպիսի մի մարդու հետ, որ նյութական մեծ ուժ ունենար և որ հարկավոր ժամանակում բարեհաճեր իրեն թև ու թիկունք դառնալու: Հենց այս էր, եթե չեմ սխալվում, և իշխանուհի Դարիայի ցանկությունը: Բայց ո՞վ էր Թիֆլիսի մեջ այն անձը, որ թե՛ գեղեցիկ, թե՛ առողջ և թե՛ զարգացած լիներ Ամալիային հաճելի լինելու համար և թե հարուստ պարոն Սիմբրյանին և յուր քրոջը գրավելու համար: Այդպիսին միայն Արսեն Մաշտոցյանն էր, որին ճանաչում են ընթերցողները:

Եվ ահա պարոն Սիմբրյանը մոտենում է նրան, տեղեկանում է նրա ամուսնանալու ցանկությանը և իշխանուհի Ամալիային արժանի գովեստներով առաջարկում է Մաշտոցյանին նրա ձեռը: Վերջինս չէր ճանաչում այդ աղջկանը և պնդում էր, որ չէր տեսել նրան ոչ մի տեղ, հետևապես անկարող էր ընդունել Սիմբրյանի առաջարկությունը, նախքան աղջկա հետ ծանոթանալը: Այդ պատճառով նա խոստացավ նրան Ակումբի առաջին պարահանդեսին ներկա գտնվիլ մի փոքր ժամանակով և այդտեղ օրիորդի հետ ծանոթանալուց ետ, հայտնել Սիմբրյանին յուր վերջնական որոշումը:

Այնուհետև արդեն հայտնի է ընթերցողներին, թե այս ժամադրությունը ինչպես տեղի ունեցավ և ինչ վախճան ստացավ:

Բայց որքան մեծ եղավ պարոն Սիմբրյանի զարմանքը, երբ պարահանդեսի հաջորդ օրը հայտնելով յուր այս դիտավորությունը իշխանուհի Դարիային՝ նրանից մերժումն ստացավ:

— Իմ աղջիկը ես այդպես շուտ մարդու տալ չեմ կարող, և այն առաջին պատահած երիտասարդին, — նկատեց իշխանուհին. — Ամալիան այնքան երիտասարդ և այնքան գեղեցիկ է, որ Մաշտոցյանից ավելի հարուստ և ավելի պատվավոր մարդիկ կարող են խնդրել նրա ձեռքը, բացի այս. Մաշտոցյանը մի վաճառական է և ուրիշ ոչինչ, իսկ մի վաճառականը Ամալիայի համար շատ քիչ է. իմ աղջիկը իշխանազն է և իշխանի հետ էլ պիտի ամուսնանա, եթե այդ չհաջողվեցավ, գոնե մի գեներալի հետ, և ոչ թե մի հասարակ վաճառականի, որի հայրը տասնյակ տարիներ առաջ մի փերեզակ էր:

— Դարիկո, եկ ես ու դու մեր մեջ անկեղծությամբ խոսենք, այստեղ մեզ ոչ ոք չի լսում, — մի փոքր վրդովված խոսեց Սիմբրյանը. — այդ բոլորն ինչ որ դու ասացիր, միայն դատարկ խոսքեր են, ես ինքս շատ լավ եմ ճանաչում ձեր իշխանական տան արժեքը, ձեր իշխանազնությունը դեռ չէ ապացուցանում, որ դուք մեծ մարդիկներ եք. կամենում ես այդ իշխանազն ցեղից ես լակեյներ կբերեմ քեզ համար: Բայց բանը նրանումն է, թե արդյոք այդ իշխանական տիտղոսի և նրա համար ունեցած ձեր մեծամտության արժանավայել կարողություն էլ ունիք դուք: Կարող ես արդյոք մի քանի տարի շարունակ այնպես պատվավոր պահել քո աղջիկը, որ քո ցանկացած իշխաններն ու գեներալները հետամուտ լինին նրա ձեռքը խնդրելու: Պատիվն էլ եթե մյուս կողմը դնենք, փող ունիս դու նրան երեկվա պես միշտ զուգված ու զարդարված պահելու, կամ գոնե խեղք սրիկաների որոգայթներից նրան միշտ ազատ պահելու:

Եվ վերջապես ինչու համար ես իշխան ու գեներալ պտրտում, մեր կյանքի միակ նպատակը երջանիկ ապրելը չէ՞, էհ, ո՞ր իշխանի տանը կարող է Ամալիան այնքան բախտավոր լինել, որքան Արսեն Մաշտոցյանի տանը: Իշխանությունն էլ, ուժն էլ, պատիվն էլ այժմ փողի մեջ է, իսկ Մաշտոցյանն այնքան փող ունի, որ քո աղջկանը ոչ թե իշխանուհու, այլև պրինցեսի պես կարող է պահել: Ի վերջո ինչ ես դու շատ իշխանազնությունից խոսում, քո եղբայրը ես չեմ, մեր հայրը մի աղքատ կոշկակար չէր, և եթե մեր հարևան Ղարսոյի ողորմությամբ ես մի քիչ ուսում չառնեի ու իմ խելքի ուժով անուն չաշխատեի, դուն Ագապյանների հարսը կդառնայիր: Մի քանի տասնյակ տարի առաջ երազումդ էլ չէիր տեսնում, թե ինչ բան է իշխանազնությունը, բայց հիմա քո մեծամտությունն ինձ վերա ես ուզում ծախել: Թող, քույրիկս, այդ հիմարությունները, մենք իրար ճանաչում ենք և միմյանց չպետք է խաբենք:

Իշխանուհին տեսավ, որ էլ ընդդիմանալու տեղը չէ. յուր առաջ նստած էր այն եղբայրը, որ ճանաչում էր յուր անցյալը և ներկան և որին ինքը պարտական էր յուր բոլոր գոյությամբ, պետք էր լսել նրան: Բայց ով չգիտե, որ տարիներով պաշտած ու գուրգուրած իդեալը մի օրում ուրանալ հեշտ չէ:

Դեռ Ամալիան մի փոքրիկ աղջիկ էր, որ իշխանուհին պարծենում էր նրա ապագայով, նա մտածում էր նրա բախտի վերա պատվաստել յուրը և նոր իշխանական տան խնամությամբ բարձրացնել Ագապյանի տան ընկած անունը: Այսօր այդ բոլորը ցնդվում էր օդի մեջ, որովհետև տխուր իրականությունը գալիս էր նրան համոզելու, թե պետք է հնազանդվել յուր եղբոր վճռին: Այսուամենայնիվ իշխանուհին վերջին միջոցը գործ դրեց անուղղակի ճանապարհով յուր եղբոր դիտավորությունը խանգարելու:

— Ես համաձայն եմ քեզ հետ, — ասաց նա եղբորը, — առաջարկիր այդ Ամալիային իրեն, նա չափահաս աղջիկ է և պետք է որ ինքը վճռե յուր ապագայի խնդիրը: Այդ դեպքում ես ցանկանում եմ պատասխանատվությունից ազատ լինել:

Սիմբրյանը համաձայնվեցավ:

Այդ միջոցին օրիորդ Ամալիան գտնվում էր մի ուրիշ սենյակում յուր ձայնագրության ուսուցիչ Պլատոն Ջոմարջիձեի հետ: Այս պարոնը հասարակ մահկանացուներից չէր, նա էլ օրիորդ Ամալիայի նման իշխանական ծագումն ուներ: Բայց վարժապետություն էր անում օրիորդին մի բախտավոր դիպվածով: Մի անգամ օրիորդ Ամալիան յուր մոր հետ միասին հրավիրվեցավ վրաց մի արիստոկրատ ընտանիքի հացկերույթին: Բախտի բերմամբ այդտեղ գտնվում էր և իշխան Զոմարջիձեն, որը հենց նոր էր վերադարձել Իտալիայից, ուր նա գնացել էր իր ձայնը կատարելագործելու: Հացկերույթի ժամանակ օրիորդ Ամալիային ճանաչող տիկիններն ու օրիորդները ստիպեցին նրան երգելու և նա մի քնքշիկ ընդդիմությունից հետո երգեց, բայց երգեց այնպես հրաշալի, որ նույնիսկ իշխան Զոմարջիձեն հիացավ:

— Այս աղջիկը մեծ ապագա ունի, — բացականչեց նա և ապա մոտենալով իշխանուհի Դարիային, ասաց. — իշխանուհի, թույլ տվեք, որ ես մի քանի ամիս պարապեմ ձեր իշխանուհի դստեր հետ և ուսուցանեմ նրան յուր ձայնը մշակելու արհեստը:

— Ի՞նչ վարձատրություն կպահանջեք ձեր այդ նեղության համար, — ծիծաղելով հարցրեց իշխանուհին, կարծելով, թե իշխանը կատակ է անում:

— Ոչինչ, ինձ բավական է այն հոգեկան զվարճությունը, որ ես կզգամ մի նշանավոր տաղանդ զարգացնելով, — անկեղծությամբ պատասխանեց իշխան Պլատոնը:

Իշխանուհին տեսնելով, որ երիտասարդ երգիչը ձրիաբար առաջարկում է իրեն մի արժանավոր ծառայություն, ուրախությամբ ընդունեց և հետևյալ օրից արդեն իշխան Պլատոնը սկսավ հաճախել օրիորդի մոտ և երգեցողության դասեր տալ նրան:

Բայց ինչպես որ բնական էր՝ իշխան Պլատոնի յուր աշակերտուհու վերաբերությամբ ունեցած պլատոնական հարաբերությունը միշտ նույնը չմնաց, շուտով նա տեսավ, որ իշխանուհին գեղեցիկ աչքեր ունի, և որ նրանց մեջ այրվում է մի աստվածային կրակ... Մի երեսնօրյա դասախոսությունից ետ, վարժապետի և աշակերտուհու զրույցները մտերմական կերպարանք առին, առանց մայր իշխանուհու գիտության:

Այն միևնույն միջոցին, երբ Սիմբրյանը խոսում էր քրոջ հետ յուր քեռդստեր ապագա ամուսնության մասին, Ամալիան դաշնամուրի առաջ նստած պատմում էր Զոմարջիձեին նախընթաց ավուր պարահանդեսի մանրամասնությունները: Ի միջի այլոց նա պատմեց նրան յուր ծանոթանալը Արսեն Մաշտոցյանի հետ, նրա հետ պարելը և նրա հյուրասիրությունը: Պատմության այս կտորն ուսուցչի ուշադրությունը գրավեց, մանավանդ երբ իմացավ, որ ծանոթացնողը Սիմբրյանն է եղած, որը մի քանի օր առաջ հայտնել էր իրեն յուր աշակերտուհուն ամուսնացնելու դիտավորությունը:

— «Այս մարդիկ ինձ դեմ հզոր հակառակորդ են հանում», — մտածեց նա ինքն իրեն և մտքումը դրավ մինչև վերջը մաքառելու:

— Ամալիա, կարողացել եք արդյոք գուշակել ձեր մորեղբոր՝ Մաշտոցյանի հետ ձեզ ծանոթացնելու դիտավորությունը, — խորամանկությամբ հարցրեց նա օրիորդից:

— Ոչ, մի՞թե դուք կարծում եք, թե դա մի առանձին դիտավորությամբ է եղած:

— Այո՛, ձեր մորեղբայրը ցանկանում է յուր իշխանուհի քեռդուստրը ամուսնացնել այդ ապատոհմիկ վաճառականի հետ:

Վերջին բառերը նա արտասանեց արհամարհանքով: — Այդ անկարելի է, — վիրավորված բացականչեց օրիորդը, — իմ մորեղբայրը չի մտածիլ այդքան նվաստացնել ինձ: Իշխանը ինքն իրեն ուրախացավ օրիորդի այդ պատասխանով, բայց շարունակեց գրգռել նրան.

— Ձեր մորեղբայրը հայ չէ միթե, այդ հայերից ամեն բան սպասելի է, միթե նրանք կարող են գնահատել արյան ազնվությունը, նրանցը փողն է, փողի հետ էլ կամուսնացնեն ձեզ:

— Իմ մորեղբորից, ընդհակառակը, ես այդ աստիճան ստորություն չեմ սպասում, նա թույլ չի տալ իրեն աղարտել իմ հայրական տան պատիվը:

— Այդ հետո կտեսնենք, — ծիծաղելով պատասխանեց իշխանը, լսելով Սիմբրյանի ձայնը, որ յուր քրոջ հետ խոսելով մոտենում էր Ամալիայի սենյակին, ստիպեց աշակերտուհուն մի բան երգելու, որպեսզի իրենց մտերմական խոսակցության վերա չպատահեն, իսկ ինքը ձախ կողմից սկսավ մեղմով զարկել դաշնամուրի ստեղունքները, կեղծելով, իբր թե ձայնակցում է երգին:

— Ամալիա, երևի դու ցանկանում ես Շտոլցի1 հացը խլել — ծիծաղելով նկատեց Սիմբրյանը, քրոջ հետ միասին մտնելով նրա սենյակը:

— Գուցե մի օր նրան կգերազանցե, — շողոքորթեց օրիորդին ուսուցիչը, — այժմ դեռ վաղ է:

Ես էլ այդ հավատն ունիմ Ամալիայի վերա, մանավանդ, երբ իշխանն է նրա վարժապետը, — պատասխանեց Սիմբրյանը և բազկաթոռն առաջ քաշելով նստեց դաշնամուրի մոտ: Բայց վարժապետը կարծես գուշակեց, որ քույր ու եղբայր խոսելիք ունեին յուր աշակերտուհու հետ, ուստի դասը կարճ կտրելով հեռացավ:

— Քեզ մի շատ լավ նորություն ունիմ հայտնելու, Ամալիա, — սկսավ խոսել Սիմբրյանը, — Ի՞նչ ես խոստանում ինձ, որ հայտնեմ:

— Առաջ հայտնիր, որ արժեքը տեսնեմ, — սառնությամբ պատասխանեց օրիորդը, գուշակելով մորեղբոր հառաջաբանության հետևանքը:

— Մենք, այսինքն ես և մայրդ, որոշել ենք քեզ ամուսնացնել, ինչ ես կարծում, լավ որոշում ենք արել, թե վատ:

— Կարծում եմ դեռ իմ ամուսնանալու ժամանակը չէ սիրելի մորեղբայր, ուրեմն ձեր որոշման մասին կարծիք հայտնել չեմ կարող:

— Սխալվում ես, սիրելիս, ուրիշները ամուսնանում են դեռ տասնիհինգ կամ տասնվեց տարեկան հասակում, իսկ դու արդեն տասնութ տարեկան ես և շուտով տասնինը կմտնես: Այդ բավական մեծ հասակ է կովկասցի աղջկա համար:

— Լա՛վ, թողնենք հասակը, ո՞վ է իմ փեսացուն — ժպտալով հարցրեց Ամալիան:
— Քո փեսացո՞ւն, ա՛յ, դրա համար կարող ես հարցնել ես ոչինչ ասելիք չունիմ: Քո փեսացուն մի շատ առողջ, գեղեցիկ, զարգացած և հարուստ երիտասարդ է, նա Թիֆլիսի բոլոր երիտասարդների մեջ ընտրվածը և միակն է:
— Բայց ո՞վ է, — անհանգստությամբ ընդհատեց օրիորդը:
— Պարոն Արսեն Մաշտոցյանը, — ծանրությամբ պատասխանեց քեռին, — այն պատվական երիտասարդը, որի հետ երեկ ծանոթանալու պատիվը ունեցար:
Ամալիան հոնքերը կիտեց և նրա աչքերը բարկությունից սկսան փայլել:
— Մորեղբայր, կատա՞կ եք անում ինձ հետ, — հարցրեց նա խորհրդավոր եղանակով:
— Կատա՞կ, ինչու համար, սիրելիս, շատ լրջությամբ եմ խոսում:
— Ավելի վատ. ուրեմն դուք գիտակցաբար ստորացնում եք ինձ:
— Ստորացնե՞լ, ինչու համար, Ամալիա, մի՞թե այդպիսի առաջարկություն անելը քեզ ստորացնել կնշանակե:
— Իհարկե, ինչ լայեղ է ինձ ամուսնանալ մի որևէ վաճառականի հետ... — խորին արհամարհանքով բացականչեց իշխանուհի օրիորդը և ձեռքում բռնած նոտաները բարկացած շպրտեց դաշնամուրի վերա:
— Ամալիա, այդ վարմունքը քեզ չի վայելիր, — դառնությամբ նկատեց Սիմբրյանը, — դու երիտասարդ ես և արածդ չես հասկանում:
— Ավելի կանեմ, եթե երկրորդ անգամ թույլ կտաք ձեզ այդպես կոպիտ կերպով ինձ անպատվելու:
— Ամալիա, դու քո բախտը հեռացնում ես քեզանից, հետո շատ կզղջաս, բայց արդեն ուշ կլինի:
— Ավելի կգերադասեմ ազնվական պատվով մեռնել, քան թե վաճառականի կին դառնալով հարյուր տարի ապրել: Մի խոսեք ինձ հետ այլևս այդ նյութի վերա, ես չեմ կամենում լսել:
— Դուք ինչ եք ասում, տիկին, — դարձավ Սիմբրյանը յուր քրոջը, որ թեպետ լուռ, բայց ներքին հաճությամբ լսում էր յուր դստերը — դուք էլ նույն մտքին եք, ինչ որ ձեր աղջիկը:
— Ամուսնացողը նա է, եթե նա չէ հավանում, ես ի՞նչ կարող եմ ասել, — պատասխանեց իշխանուհին անտարբերությամբ:
Սիմբրյանը տեսավ, որ յուր քրոջ հիմարությունը գերազանցում էր աղջկանը, ուստի վերին աստիճան վրդովված, «արյունն ձեր ի գլուխ ձեր» ասաց ավետարանի խոսքերով և բարկացած դուրս գնաց սենյակից:

Է

Առաջիկա կյուրակե օրը պարոն Մաշտոցյանը հարմար գտավ այցելել Ագապյաններին, յուր ծանոթությունը հաստատելու և յուր ապագա հարսնացվին ի մոտո ճանաչելու համար: Նա ոչինչ տեղեկություն չուներ այն դժգոհությունից, որ տեղի էր ունեցել Ագապյանների և պարոն Սիմբրյանի մեջ: Երբ ծերուկ սպասավորը հայտնեց օրիորդ իշխանուհուն մի անծանոթ հյուրի գալուստը, նա հրամայեց առաջնորդել նրան յուր մոտ, որովհետև մայր իշխանուհին դեռ եկեղեցումն էր: Ինքը օրիորդը այդ ժամանակ նստած էր դաշնամուրի առաջ և երգում ու նվագում էր: Մտնելով դահլիճը, պարոն Մաշտոցյանը լսեց օրիորդի դաշնահարության և երգի ձայնը, նա մի քանի րոպե կանգ առավ դահլիճում, չհամարձակվելով խանգարել իշխանուհու մուսաներին: Օրիորդը երգում էր ոգևորված, նրա անուշ և ոլորուն ձայնը միախառնվելով դաշնամուրի բեկբեկուն և սրտաշարժ հնչյունների հետ ստեղծում էր մի հրաշալի մեղեդի, որով բանաստեղծը երգել էր յուր սիրո անմահությունը:

Քանի-քանի գեղեցիկ պատկերներ նկարվեցան այդ րոպեին երիտասարդի երևակայության առաջ: Նա հանկարծ մտաբերեց այն բախտավոր օրը, երբ Ամալիան յուր սիրելի ամուսինը կլինի և յուր տան մեջ էլ նույնպիսի ոգևորությամբ կերգի և կնվագի դաշնակը, այն ժամանակ նա կհիշեցնե նրան այս միևնույն օրը, երբ ինքը դահլիճի մեջ կանգնած զմայլմամբ լսում էր իրեն առանց համարձակվելու խանգարել նրա մենավոր ոգևորությունը:

«Այսօր ես այստեղ կանգնած եմ անվստահ հույսով՝ թե արդյոք պիտի հաջողեմ քեզ ժառանգելու, — մտածում էր ինքն իրեն երիտասարդը, — բայց կգա երևի մի օր, երբ ես առանց քո գիտության կկանգնեմ իմ սեփական դահլիճում և այսպես կլսեմ քո դաշնահարությունը. բայց ով երջանկությունս, այն ժամանակ այսպիսի կասկածներ չեն տանջիլ ինձ, այն ժամանակ հանգիստ սրտով կսպասեմ քեզ հետ զրկախառնվելու րոպեներին»: Բայց նա երկար չկարողացավ այս երազներով զբաղվել:

— Դուք կարող եք ներս գնալ, — լսեցրեց յուր անհաճո ձայնը ծերուկ առաջնորդը, — երգելուն մի նայեք, մեր իշխանուհին ամեն օր է երգում:

Մաշտոցյանը կարծես քնից արթնացավ, նա չէր սպասում սպասավորի նկատողությանը, որովհետև չգիտեր էլ թե նա յուր հետևում կանգնած է. այժմ ստիպված էր առաջ գնալու: Երբ ներս մտավ, իշխանուհի օրիորդը դեռ երգում էր. նա այնպես ձևացրեց, իբր թե չէ նշմարում Մաշտոցյանին: Վերջինս մնաց կանգնած, մինչև որ օրիորդը յուր նվագը վերջացրեց: Դարձնելով յուր դեմքը, նա տեսավ Մաշտոցյանին:

— Օ՛հ, դուք այստեղ, հազար ներողություն, ինչպես պատահեց, որ ես ձեր գալը չիմացա, — զարմացմամբ բացականչեց օրիորդը և քաղաքավարությամբ առաջարկեց նրան նստել հանդիպակաց բազկաթոռի վերա:

— Իշխանուհի, դուք ա՛յնպես գեղեցիկ և ա՛յնքան հրաշալի եք երգում, որ ես կցանկանայի ամբողջ օրն աննկատելի մնալ ձեզանից, միայն թե լսեի ձեր կախարդող մեղեդին:

— Շնորհակալ եմ ձեր հաճոյախոսության համար, ես հազիվ թե արժանի եմ նրան, — ժպտալով պատասխանեց օրիորդը:

— Հաճոյախոսությո՛ւն, եղբե՛ք, ես ճշմարտությունն եմ ասում, օրիորդ, հաճոյախոսելու բնավ տեղիք չունիմ:

— Ավելի լավ. ուրեմն ինձ մնում է ուրախանալ, որ մի բանով կարողացել եմ ձեզ զվարճացնել, — նկատեց օրիորդը ինքնագոհ ժպիտով:

Այնուհետև Մաշտոցյանը և իշխանուհին, որոնք խոսակցության մի կարևոր նյութ չունեին, բայց պարտավոր էին միմյանց զբաղեցնել, սկսան, ինչպես բնական էր խոսել իրենց ծանոթության սկզբնապատճառ պարահանդեսի, նրա մեջ տեղի ունեցած անցքերի, մի քանի աչքի ընկնող անձնավորությունների և այլ այսպիսի աննպատակ բաների վերա: Վերադարձավ եկեղեցուց և մայր իշխանուհին, որը յուր կողմից նույնպես քաղցրությամբ ողջունեց երիտասարդի գալուստը, և սկսավ ընկերակցել նրանց խոսակցությանը, ավելացնելով մի քանի նոր պատմություններ երկու երիտասարդներին անծանոթ անցյալից: Այդ պատմություններից երևաց, որ Մաշտոցյանի պապը շատ սրտակից բարեկամ էր եղած իշխանուհու հոր հետ, իսկ հայրը դրացի ընկեր նույնիսկ իշխանուհու հետ, թե մի ժամանակ նրանց տունը գրեթե մեկ էր, թե ամեն օր այդ երկու դրացիները միասին էին ժամանակ անցուցանում, միասին ուտում, խմում և քեֆ անում, թե ինչպես հիմա ժամանակները փոխվել են, ինչպես դրացության բարեկամությունը մոռացվել և նրա օրենքները խախտվել են և այլ այսպիսի հին ու անպետք ճշմարտություններ:

Այս բոլոր աննպատակ խոսակցության ժամանակ երեք խոսակիցներն էլ մի որոշ նպատակ ունեին իրենց համար: Երիտասարդ Մաշտոցյանն ուշի ուշով դիտում էր օրիորդ Ամալիային, որ յուր կարծիքով յուր անբռնաբարելի սեփականությունն էր: Վաճառականին հատուկ սրամտությամբ նա քննում էր նրա արտասանած ամեն մի խոսքը, նրա յուրաքանչյուր հայացքը, ժպիտը և շարժումները: Նա կարծում էր, թե այդ ճանապարհով կարող էր ուսումնասիրել յուր ապագա հարսնացուին և նախքան առաջարկություն անելը՝ ճանաչել նրան: Սա, իհարկե, մի տղայական խորամանկություն էր, որ նրան մի ճշմարիտ եզրակացության հասցնել չէր կարող: Մի կին ճանաչելու համար շատ քիչ են ոչ միայն վայրկենական այցելությունները, այլև տարիների կենակցությունը: Կինը մի գաղտնիք է, որի բանալին յուրաքանչյուր անգամ նորից պետք է ստեղծել, ըստ որում նրա բարոյական կազմությունը ոչ մի տեսական օրենքի չէ ենթարկվում: Նույնիսկ փորձառու մարդիկ ընդհանրապես կանանց մասին խոսելու ժամանակ զգուշանում են որոշ կարծիքներ հայտնելուց, որովհետև մի կնոջ վերաբերությամբ ունեցած փորձառությունը անպետք է լինում մյուսի համար: Հետևապես մի երիտասարդ Մաշտոցյանի համար շատ վաղ էր օրիորդ Ագապյանին ճանաչել՝ դեռ յուր առաջին ծանոթության ժամանակ: Իսկ վերջինս, չնայելով որ արդեն մերժել էր Մաշտոցյանի հետ ամուսնանալու առաջարկությունը, այսուամենայնիվ ոչինչ ջանք չէր խնայում նույն երիտասարդի ներկայությամբ ավելի գեղեցիկ և շնորհալի, ավելի խելոք և զարգացած երևալու, քան ինչ որ էր իսկապես: Սա մի բնական ձգտում էր՝ հատուկ ցուցամոլության, բայց քննիչ երիտասարդը չէր տեսնում այդ բանը. Ամալիայի գեղեցիկ աչքերը խանգարում էին նրան... ինչ մայր իշխանուհուն էր վերաբերում, նա առաջ աշխատում էր գտնել երիտասարդի մեջ մի աչքի ընկնող պակասություն, խելքի մեջ լիներ այդ, թե դեմքի վերա, որպեսզի կրկին անգամ յուր եղբորից առաջարկություն ստանալուց այդ պակասության առարկությամբ ազատվեր նրանից: Բայց երբ տեսավ երիտասարդը անբիծ էր (ըստ յուր քննության), այժմ մտածում էր ունենալ նրան ի նկատի, որ եթե իշխանների ու գեներալների բանը չհաջողվի, գոնե այս հարստությունն էլ մնա իրենց, որովհետև իշխանուհին փորձով գիտեր, որ հարսնացու աղջիկներին միայն մի անգամ են հետամուտ լինում, խելք ունեցողը այդ մի անգամը չպետք է ձեռքից տա:

Բայց պարոն Մաշտոցյանը զգաց, որ հակառակ ընդունված սովորության, երկարացան յուր այցելության ժամերը: Նա պատրաստվում էր արդեն դուրս գալու, երբ ներս մտավ իշխան Ջոմարջիձեն: Մաշտոցյանի ներկայությունը պարոն ուսուցչի վերա վատ տպավորություն արավ. — «Ուրեմն սրանք կատակ չեն անում, — մտածեց նա ինքն իրեն, — այս բուրժուան կամենում է հափշտակել իմ սեփականությունը…»:

Երբ Մաշտոցյանը դուրս գնաց, ուսուցիչը խորամանկությամբ մոտեցավ մայր իշխանուհուն և կեղծավոր ժպիտով հարցրեց.

— Կարող եմ արդյոք շնորհավորել իշխանուհուն յուր սիրելի դստեր արժանավոր նշանադրությունը:

— Նշանադրությո՞ւն, — զարմացմամբ բացականչեց իշխանուհին, — այդ առաջին անգամ ձեզանից եմ լսում:

— Մի ծածկեք ձեր բարեկամից այն, ինչ որ բոլոր քաղաքն արդեն գիտե, — շարունակեց Ջոմարջիձեն խորամանկությամբ, — ես միայն կարող եմ ուրախանալ ձեր դստեր բախտավորության համար:

— Այդպես բան չկա դեռ, իշխան, ձեզանից ծածկելու ոչինչ չունինք:

— Ուրեմն ինձ սխալեցրե՞լ են:

— Անպատճառ: Բայց ո՞ւմ համար են ասում, թե Ամալիայի փեսացուն է:

— Ահա այս երիտասարդ վաճառականի: Եվ եթե թույլ կտաք ինձ անկեղծ լինելու, կասեմ, որ մեր իշխանների շրջանում շատ արհամարհանքով են նայում ձեր այս ընտրությանը: Իշխանուհիներից շատերը ափսոսանքով են խոսում օրիորդ Ամալիայի մասին, և խիստ զարմանում են, որ նա թույլ է տվել իրեն այդպես անխղճաբար յուր անունը անպատվելու:

— Ուրեմն գտնվել են մարդիկ, որ հավատացել են այդ շինծու լուրերի՞ն, — հեգնական ժպիտով հարցրեց իշխանուհին,

— Այդ դեռ բոլորը չէ, — շարունակեց ուսուցիչը, — մեր երիտասարդ իշխաններից մեկը, որ հայտնի է մեր մեջ յուր զարգացմամբ և կալվածների մեծ հարստությունով և որը տեսել է Ամալիային պարահանդեսում, պատրաստվում է եղել այս օրերս օրիորդի ձեռքը խնդրելու, բայց լսելով այդ դժբախտ լուրը, հուսահատվել է, և ինչպես ասում են՝ վճռել է հեռանալու քաղաքից, այդ անհավասար ամուսնության հարսանիքը չտեսնելու համար:

— Աստված իմ, աստված իմ, այդ քո եղբայրը, մայրիկ, մեզ պիտի խայտառակե աշխարհքում. — վրդովված բացականչեց Ամալիան դեպի մայրը դիմելով, — անպատճառ նա է այդ մասին խոսացել փողոցում և լողները տարածել են ամեն տեղ.

— Հանգիստ եղի՛ր, աղջիկս, իմ եղբայրը այդ մասին խոսել չէր կարող, քանի որ այդ առթիվ մեզ մոտ խոսք ու զրույց չէ եղել, — խորհրդավոր ձայնով և ակնարկությամբ խրատեց մայրն աղջկան, — ինչ հարկ կա վրդովվելու մի հնարած լուրի համար, բոլոր աշխարհքն էլ գիտե, որ իշխան Լևոն Ազապյանի աղջիկը մի փերեզակի որդուն ամուսին չի դառնալ, որքան էլ որ նա հարուստ լինի: Իսկ ձեզ, իշխան, — դարձավ նա դեպի ուսուցիչը, — խնդրում եմ հերքել ձեր շրջաններում այդ լուրի ճշմարտությունը: Մենք թշնամիներ շատ ունենք և այդ զրպարտությունն անշուշտ նրանցից մեկի գործն է:

Այս ասելով իշխանուհին հեռացավ, կամենալով ժամանակ տալ սրտացավ ուսուցչին պարապել յուր աշակերտուհու հետ:

Անցյալ դասերի մի քանի կրկնություններից ետ, որոնք տեղի ունեցան մայր իշխանուհուն ապահովեցնելու համար, իշխան Պլատոնը կրկին հետամուտ եղավ իրեն հետաքրքրող ճշմարտությանը:

— Ամալիա, ստո՞ւյգ է արդյոք իմ լածների վերաբերությամբ ձեր մոր տված հերքումը, ասացեք ինձ ճիշտը, որովհետև ինքներդ գիտեք, որ ձեր ապագա բախտավորության խնդիրը վաղուց իմ հոգածության առարկան է դարձած:

Ամալիան չպատասխանեց:

— Օրիորդ, մի ծածկեք ինձանից ճշմարտությունը, — թախանձեց ուսուցիչը, — անհրաժեշտ է, որ ես ա՛յն այսօրնեթ իմանամ, որովհետև կա մի վճիռ, որի լավ կամ վատ վախճանը պիտի որոշե ձեր բախտը:

Օրիորդը սկսավ տարուբերվիլ, նա վախենում էր, թե մի գուցե յուր համառությամբ փչացներ մի գործ, որ արդարև մեծ բախտ պիտի ստեղծեր յուր համար:

— Իմ մոր հերքումը ճշմարիտ է միայն իմ վերաբերությամբ, — պատասխանեց վերջապես Ամալիան, — բայց ճշմարիտ չէ իմ մորեղբոր վերաբերությամբ: Նա արդարև առաջարկել է ինձ ամուսնանալ Մաշտոցյանի հետ և ես բացն ի բաց մերժել եմ նրա առաջարկությունը:

(Տեսաք, որ իմ գուշակությունը սխալ չէր, ես ասացի, որ մորեղբայրդ այդ դիտավորությամբ է ծանոթացրել ձեզ Մաշտոցյանի հետ, իսկ դուք չէիք կամենում հավատալ:

— Իրավունք ունիք, ես սխալվում էի, — պատասխանեց օրիորդը, և տեսնելով, որ արդեն բացվել է ուսուցչի առաջ, կամեցավ օգուտ քաղել այդ դեպքից: — Այժմ դուք ասացեք ինձ, ով է այն հարուստ իշխանը, որ պատրաստված է եղել այս օրերս իմ ձեռքը խնդրելու, — հարցրեց նա ուսուցչին:

— Այն իշխանը... ներեցեք, նրա անունը տալ չեմ կարող, — ժպտալով պատասխանեց վերջինս:

— Խնդրում եմ, աղաչում եմ, մի մերժեք ինձ այդ, — թախանձեց օրիորդը, — գոնե ասացեք ինձ միայն նրա անունը:

— Նրա անո՞ւնը...

— Այո՛, միայն անունը:

— Իշխան Պլատոն Ջոմարջիձե, ձեր ամենախոնարհ ծառան:

Օրիորդը շառագունեց և աչքերը խոնարհեց դեպի գետինը:

— Երևի դուք այս պատասխանին չէիք սպասում այնպես չէ, — հարցրեց ուսուցիչ իշխանը:

— Ես չէի կարծում... թե դուք այսպես կամաչեցնեիք ինձ... ես ձեր մասին երբեք չեմ մտածել... — կակազեց օրիորդը: Բայց մի խորհրդավոր հայացք, որ նա զաղտագողի ձգեց յուր ուսուցչի վերա, արդեն մատնեց այն ներքին գոհունակությունը, որ նա զգում էր այս հայտնության վերաբերությամբ:

— Երբեք, ինչ եք ասում, Ամալիա, միթե թույլ կտաք ինձ հավատալ, որ դուք երբեք իմ մասին չեք մտածել:

— Այսինքն ես կամենում եմ ասել, թե երբեք չեմ մտածել, որ դուք այդպիսի առաջարկություն կանեիք ինձ: Ես արդարև հարգում եմ ձեզ, իբրև իմ ուսուցչին, բայց...վերջապես ես չեմ կարող բոլորը ասել:

— Ես հասկանում եմ, օրիորդ, դուք կամենում եք ասել թե ես ձեզ հարգում եմ, բայց չեմ սիրում, այնպես չէ՞:

— Ոչ, այդ էլ չէ — ես չեմ ասում, թե չեմ սիր... ա՛խ, բայց գիտեք... ախ, ես ամաչում եմ...

— Ուրեմն դուք ինձ սիրում եք, աստված իմ, ասացեք, Ամալիա, ասացե՛ք, որ դուք արդարև սիրում եք ինձ, — ոգևորված բացականչեց երիտասարդ իշխանը և հանկարծ, առանց քաշվելու, գրկեց օրիորդի փափուկ մեջքը, ամուր սեղմելով նրան յուր կուրծքի վերա:

— Ախ, դուք անխոհեմ մարդ, — շշնջաց օրիորդը և արագությամբ դուրս խլվելով երիտասարդի գրկից, շառագունած դեմքով նստեց սենյակի անկյունում դրված բազմարանի վերա:

— Ամալիա, իմ հրեշտակ, մի զայրանաք իմ վարմունքի վերա, — աղաչավոր ձայնով մոտեցավ իշխանը օրիորդին, — դուք այնքան գեղեցիկ և այնքան հրաշալի եք, որ ես չեմ կարող անտարբեր սրտով նստել ձեր առաջ, մի նեղանաք իմ վարմունքից, նեղացեք ձեր աստվածային աչքերի ազդեցությունից. ապառաժն անգամ կփշրվեր նրա առաջ, ո՞ւր մնաց ես, մի թույլ և զգայուն արարած, որ ստեղծված եմ միմիայն սրբելու համար:

Օրիորդը լուռ էր. նա չէր կարողանում նայել յուր երկրպագուի կրակոտ աչքերին, որոնց մեջ այդ րոպեին վառվում էր մի կատարյալ հուր:

— Դուք չեք խոսում, Ամալիա, բայց գոհ եմ, որ գոնե լսում եք ինձ, — շարունակեց երիտասարդը նույն եռանդով. — ես կամենում եմ ասել ձեզ բոլորը, ինչ որ ամփոփված է այս անուժ սրտի մեջ: Ես ձեզ սիրում եմ, Ամալիա, սիրում եմ հոգվո բոլոր զորությամբ, իմ սրտի բոլոր կարողությամբ: Այն օրից սկսած, որ ես ձեզ առաջին անգամ տեսա այն հացկերույթի վերա և առաջին անգամ լսեցի ձեր հրեշտակային ձայնը, մի հրեղեն շանթ խլվելով այդ դիցական աչքերից՝ պլըլվեցավ իմ խեղճ ու տկար սրտին, և այն օրից սկսած նա այրվում, խորովվում է ձեր սիրո անշեջ կրակով... Գթացե՛ք ինձ վերա, օրիորդ, գթացեք իմ խեղճ սրտին, նա արժանի է ձեր կարեկցության...

Օրիորդը դարձյալ լուռ էր:

(Ուրեմն թող հուսամ, որ դուք գոնե ինձ լսում եք, — քաղցրությամբ կրկին շարունակեց երիտասարդը, — ես ձեզ անկեղծությամբ խոստովանեցի բոլորը, ինչ որ զգում էի. այսինքն մնում է ինձ ասել միայն մի երկու խոսք: Սիրելով ձեզ, օրիորդ, ես չեմ բավականանում միայն այս դատարկ խոստովանությամբ. ես միևնույն ժամանակ խնդրում եմ ձեր ձեռքը և սիրտը և դրանց փոխարեն տալիս եմ ձեզ իմ իշխանական անունը և պատիվը, և դնում եմ ձեր ոտքերի մոտ իմ բոլոր կարողությունը, հարստությունը, կալվածները և հազարավոր հպատակները: Կառավարեցեք նրանց ինչպես գիտեք, ինչպես կամենում եք, միայն թե այդ բոլորի փոխարեն տվեք ինձ ձեր սերը:

Օրիորդը այս անգամ բարձրացրեց յուր աչքերը, և քաղցրությամբ նայեց իշխանի վերա:

— Դուք խոստանում եք ինձ այդ սերն, այնպես չէ, — ջերմությամբ հարցրեց երիտասարդը:

— Գնացեք. դուք շատ ուշացաք. իմ մայրը կարող է կասկածել, — հանդարտ ձայնով խոսեց օրիորդը և պարզեց յուր ձեռքը դեպի նրան:

— Գնալ, բայց առանց ձեզանից մի խոստովանության խոսք լսելու, — բացականչեց երիտասարդը տենդայիս հուզմամբ օրիորդի ձեռքը բռնելով:

— Գնացե՛ք, աղաչում եմ. ձեր բոլոր խոսածները ես հանդարտ սրտով լսեցի և այս բավական է. գնացե՛ք....

Երիտասարդը հասկացավ օրիորդի միտքը, և ավելի չդիմադրեց. նա ջերմությամբ համբուրեց նրա ձեռքը և շտապով դուրս գնաց սենյակից:

Մի քանի րոպեից ետ Ամալիան կրկին ձեռքն առավ նոտաները և հանդարտ սրտով նստեց դաշնամուրի առաջ:

Իշխանուհի Դարիան յուր աղջկանը գտավ բնական դրության մեջ:

Ը

Առաջին այցելության քաղցր ընդունելությունից քաջալերվելով, պարոն Մաշտոցյանը սկսավ այնուհետև հաճախել Ազապյանների տունը և շատ անգամ իբրև մերձավոր բարեկամ ժամերով նստել օրիորդ Ամալիայի մոտ, խոսակցել նրա հետ, լսել նրա քաղցր երգեցողությունը և երբեմն էլ զմայլիլ նրա հափշտակող դաշնահարությամբ:

Բայց և այնպես այս առավելությունները չէին գոհացնում երիտասարդ Մաշտոցյանին, նա ցանկանում էր ավելին: Յուր բոլոր այցելությունների ժամանակ նա Ազապյաններից ստանում էր միմիայն մի քաղաքավարի ընդունելություն, որը նրանք շատ անգամ հասցնում էին ծայրահեղ նրբության: Բայց, իհարկե, այդ բավական չէր. սիրահար փեսացուն վայրկյան առ վայրկյան սպասում էր լսել նրանցից մի խոսք, մի ակնարկություն, որ կապ ունենար յուր դիտավորության հետ. նա սպասում էր, որ մայր իշխանուհին մի օր իրեն յուր փեսա անվաներ, կամ օրիորդ Ամալիան՝ յուր սիրահար: Իսկ այդպիսի ակնարկություններ տեղի չէին ունենում:

Վերջապես նա վճռեց դիմել պարոն Սիմբրյանին և խնդրել նրա աջակցությունն այս կարևոր գործի մեջ:

— Դուք մի հուր վառեցիք իմ սրտում և հեռացաք, — ասաց նա մի օր Սիմբրյանին այլաբանորեն, — այժմ կարևոր է, որ այդ հուրի համար փայտն էլ ինքներդ մատակարարեք:

— Պատրաստ եմ ձեզ ծառայելու, — պատասխանեց նա ժպտալով, — միայն թե ասացեք՝ ինչումն է խնդիրը:

— Միթե դեռ պետք է բացատրել ձեզ, չէ որ դուք էիք առաջինը, որ ինձ հիշեցրիք:

— Հասկանում եմ, Ամալիայի մասին է ձեր խոսքը, բայց ի՞նչ եք կամենում, որ ես անեմ:

— Առաջարկեցեք իմ կողմից ձեր քույր իշխանուհուն հանձնել ինձ այն, ինչ որ ինձ է պատկանում:

— Ամալիայի ձեռքը, այնպես չէ՞:

— Այո իմ միակ զանձն աշխարհի վերա: Սիմբրյանը մի վայրկյան լռեց:

— Ի՞նչ է պատահել, դուք լռում եք, — անհանգստությամբ հարցրեց Մաշտոցյանը:

— Ոչի՛նչ, սիրելիս, ես մտածում եմ այն հանձնարարության վերա, որը դուք անում եք ինձ, և գտնում եմ, որ ես նրան կատարել չեմ կարող:

— Ի՞նչպես, դուք ուրեմն ընդդեմ եք իմ ցանկությանը:

— Ընդհակառակը, ես եմ առաջինը, որ փափագում եմ ձեր այդ միությանը, որովհետև հավատում եմ նրա երջանիկ ապագային: Եվ խոսքիս ապացույց այն է, որ ես ինքս ծանոթացրի ձեզ իմ քրոջ և քեռադստեր հետ և հիշեցրի ձեզ Ամալիայի հետ ամուսնանալու անզուգական առավելությունը:

— Ուրեմն ինչու չեք ցանկանում ձեր ձեռքով էլ պսակել գործը:

— Այ, թե ինչու համար: Դուք հո գիտեք, սիրելիս, որ ժամանակները փոխվել են և մանավանդ ամուսնական խնդիրներում էլ առաջին տեղը չեն բռնում բարեկամների, խնամակալների և նույնիսկ ծնողների խորհուրդները: Լուսավորության շնորհիվ այժմ գործն այն տեղն է հասել, որ ամուսնացողներն իրենք են ընտրում իրենց ընկերները, իրենք են ընդունում, կամ մերժում առաջարկությունները և իրենք էլ վերջավորում գործը: Ամալիան ինքը հասած ու զարգացած աղջիկ է, նա մինչև անգամ կարող է վիրավորվել, եթե ես ձեռներեց լինեմ այդ գործում, և նույնիսկ նրա մայրը հազիվ թե համաձայնվի մի դրական պատասխան տալ ձեզ, եթե դուք դիմեք նրան: Ուրեմն ավելի լավ է և հարմար, եթե դուք ինքներդ անեք այդ առաջարկությունը նույնիսկ իրեն Ամալիային, փառք աստծո, դուք այժմ միմյանց ավելի քան ծանոթ եք և միմյանցից քաշվելու բան չունեք: Արեք նրան ձեր առաջարկությունն ազատորեն և երբ նրա հաճությունը կառնեք, հարսանյաց ուրախությունը մենք միասին կկատարենք: Այս վերջին դեպքում ես ձեր երկուսիդ խոնարհ ծառան եմ:

Մաշտոցյանն այս խորհրդին ընդդիմանալու պատճառ չուներ: Միայն չգիտեր ի՞նչ ձևով անել յուր առաջարկությունը: Չնայելով հաճախակի այցելություններին, նա վերջին օրն էլ այնպես անծանոթ էր Ամալիային, ինչպես և առաջ: Նա չէր ճանաչում ո՛չ նրա սիրտը, ո՛չ նրա հոգին, ո՛չ զգացումները, և ո՛չ ձգտումները, որովհետև օրիորդը միշտ կոճկված էր լինում նրա մոտ: Կընդունե՞ր արդյոք յուր առաջարկությունը, թե ոչ, հայտնի չէր:

Եվ արդարև այսպիսի դիպվածում, ոչինչ այնքան դժվար չէ, որքան ամուսնական մի առաջարկություն, այդ կնշանակի ուղղակի պահանջել մարդիկներից, որ հավատան յուր աներևույթ բարեմասնություններին, յուր հոգեկան արժանավորությանը և կամ հավանեն յուր արտաքին կերպարանքին, ինչպես մի ծախու հանվող արձանի, որին քանդակագործը հանում է հրապարակ, ի տես ժողովրդյան: Բոլորովին ուրիշ պայմաններ ունի այն մարդու գործը, որ այս կամ այն հանգամանքի շնորհիվ սիրվել է մի աղջկանից, նրա գործը ստեղծում և պսակում է նույն ինքն սերը, առանց նեղություն պատճառելու մեկին, կամ մյուսին:

Բայց ինչպես էլ որ լիներ, Մաշտոցյանը պիտի վերջ տար այդ տարտամ դրությանը. նա որոշեց անմիջապես դիմել իրեն օրիորդին:

Օրը կիրակի էր, բայց դեռ ոչ ոք չէր այցելել Ազապյաններին:

Օրիորդ իշխանուհին միայնակ նստած գիրք էր կարդում, երբ ներս մտավ Մաշտոցյանը: Սովորական ողջույնից ևս երիտասարդը նկատեց.

— Առաջին անգամ է, որ պատահում եմ մի աղջկա, որը դաշնակահար լինելով հանդերձ՝ սիրում է ընթերցանություն:

— Փոփոխություններն առույգացնում են կյանքը, միօրինակությունն է, որ անշարժություն և հետևապես մեռելություն է առաջացնում, — ժպտալով պատասխանեց օրիորդը:

— Այդ ճշմարիտ է, բայց ես կարծել եմ, որ երաժշտությունը նույն ինքը մարմնացյալ փոփոխություն է:

— Գուցե միայն լսողների համար, բայց նվագողներն այդ կարծիքը չունեն նրա մասին:

— Ինչ եք կարդում դուք:

— Մի ռոման, ուր ինչպես միշտ երգվում և չարչարվում է սերը:

— Դուք ուրեմն սիրում եք սիրահարական ռոմաններ:

— Այո՛, ինձ զվարճացնում են սիրային արկածները:

— Բայց չէ՞ որ շատ անգամ էլ նրանք կլացացնեն ձեզ:

— Ես առհասարակ այդքան դյուրազգաց չեմ:

— Մի՞թե, — զարմացմամբ բացականչեց երիտասարդը, — ձեզ նման մի գեղեցկուհին պետք է, որ ամբողջապես ստեղծված լինի զգացմունքներից:

— Այդ ես կարծում եմ օգուտ կբերի ուրիշներին, բայց ոչ ինձ:

— Ուրեմն դուք երբեք ուրիշների համար չե՞ք մտածում:

— Ինչո՞ւ չէ եթե միայն այդ ուրիշն էլ ինձ համար է մտածում:

— Հասկանում եմ. դուք ուրեմն ավելի ինքնասեր եք, քան մարդասեր:

— Այդ վերջին բառը ես կարծում եմ այն մարդիկներն են ստեղծել, որոնք ուրիշին տալու ոչինչ չեն ունեցել, — ծիծաղելով նկատեց օրիորդը:

— Գուցե, — մի առանձին անվստահությամբ շեշտեց Մաշտոցյանը, կարծելով, թե օրիորդի ակնարկությունն իրեն է վերաբերում: Բայց ցանկանալով միևնույն ժամանակ մոտենալ յուր նպատակին, հարցրեց.

— Ինչ չափով եք առհասարակ մտածում դուք այն մարդկերանց վերա, որոնք միայն ձեզ համար են մտածում:

— Միայն ինձ համար:

— Այո, միայն ձեզ համար:

— Այդ ես չեմ հասկանում, միթե՞ կարող է գտնվել մի մարդ, որի հոգածության առարկան միայն ես լինիմ:

— Ինչու չէ, եթե մեկը սիրում է ձեզ, նա չէ կարող ուրիշ բանի վերա մտածել:

— Այո: Եթե սիրում է. բայց ես դեռ այդպիսի մարդ չեմ ճանաչում, հետևապես, չեմ կարող այժմյանից ասել, թե փոխադարձաբար ինչ կանեմ ես նրա համար:

— Բայց եթե այդ մարդը գար և ուղղակի խոստովաներ ձեզ յուր սրտի զգացմունքը, մի՞թե դուք կզայրանայիք նրա վերա:

— Երբեք. ինչու համար վիրավորել մի մարդու, որի միակ հանցանքը ինձ սիրելն է. թող սիրե՝ ով կամենում է. սիրեն՝ որքան ցանկանում են:

— Թույլ կտա՞ք ուրեմն, որ բոլոր մարդիկ սիրեն ձեզ,-զարմացմամբ հարցրեց Մաշտոցյանը և յուր նախանձոտ աչքերը հառեց օրիորդի վերա:

— Զարմանալի հարց, — ծիծաղելով պատասխանեց օրիորդը, — կարելի էր միայն թույլ չտալ, որ մարդիկ ատեն ինձ, ապա թե չէ սիրելուն ինչ կա. նրանց սիրելը հո չէ ապացուցանում, թե ես էլ նրանց եմ սիրում:

— Հասկանում եմ, ուրեմն դուք ընդհանրապես բարեկամական սիրո մասին եք խոսում:

— Մի՞թե թշնամական սեր էլ կա աշխարհում:

— Ոչ թշնամական սեր չկա, բայց կա մի սեր, որ հասարակ բարեկամական չէ. այդ սերը մինչև անգամ մարդկային էլ չէ. նա աստվածային է...

— Բայց ում են սիրում այդ աստվածային սիրով:

— Նրան, ով արժանի է այդ սիրուն:

— Օրինակի համար, ցույց տվեք ինձ մի այդպիսի անձնավորություն:

— Իշխանուհի Ամալիան, մահկանացուների մեջ գեղեցկագույնը...

— Կա՛ն, ուրեմն, այնպիսի մարդիկ, որոնք այդ աստվածային սիրով սիրում են նրան, — ծիծաղելով հարցրեց օրիորդը:

— Չգիտեմ կա՛ն, թե ոչ, բայց գիտեմ, որ կա մեկը, որ սիրում է և որ պատրաստ է ամեն ինչ զոհելու միմիայն նրա փոխադարձ սիրուն արժանանալու համար:

— Հետաքրքիր է տեսնել այդ մարդուն, — հեգնական ժպիտով պատասխանեց օրիորդին:

— Այդ մարդը ձեր առջևն է, օրիորդ, — ջերմեռանդությամբ պատասխանեց երիտասարդը:

Ամալիան աշխատեց շառագունել, բայց այդ չհաջողվեց նրան, վերջապես նա յուր գեղեցիկ աչքերը խոնարհեց գետին:

— Արդյոք թո՞ւյլ եք տալիս նրան սիրելու ձեզ, — հարցրեց Մաշտոցյանը:

— Ես ոչ ոքին չեմ արգելում... — ցած ձայնով պատասխանեց օրիորդը: Բայց նա կարող է հուսալ, որ փոխադարձաբար կսիրվի ձեզանից:

— Չգիտեմ:

— Այդ իրավացի պատասխան է. արդարև դուք այժմյանից իմ այդ հարցին դրական պատասխան տալ չեք կարող, պետք է սպասել գոնե մոտիկ ապագային: Բայց ես մի ուրիշ առաջարկություն ունեմ, նրան որոշակի պատասխանելը ձեր իրավունքն է...

— Խոսեցեք, ես ձեզ լսում եմ:

— Օրիորդ, նոր չէ, որ ես ճանաչում և սիրում եմ ձեզ, երեք տարուց ավելի է, որ ես առաջին անգամ տեսա ձեզ ձեր վարժարանի դռներում, դուք ձեր ընկերուհիների հետ միասին պատրաստվում էիք գնալու ձեզ հյուրասիրող մի իշխանահու տունը: Այն ժամանակ դուք նույնչափ գեղեցիկ և հրաշալի էիք, որչափ և այսօր: Երբ առաջին անգամ տեսա ձեզ, գրեթե հափշտակվեցա, մանավանդ երբ դուք ուղղեցիք ինձ ձեր կախարդող հայացքը, եթե շրջապատողներից չվախենայի, այդ րոպեին ես կընկնեի ձեր առաջ և կերկրպագեի ձեզ բայց դուք ձեզ սպասող կառքը հեծաք և ձեր ընկերուհիների հետ միասին հեռացաք: Ես նույնպես կառքով հետևեցի ձեզ: Կրկին անգամ մեր հայացքները պատահեցան իրար իշխանուհու տան մուտքի առաջ և այնուհետև էլ ես չտեսա ձեզ: Բայց այդ օրից սկսած ես անդադար մտածում էի ձեզ վերա: Ով գիտե, գուցե դուք էլ մի բան հիշում եք իմ այս պատմածներից:

— Գրեթե ոչինչ:

— Հասկանալի է. ուրիշ կերպ լինել չէր կարող: Բայց այս բոլոր հիշածներս մի նպատակ ունին, օրիորդ, և այդ նպատակի համար ես կամենում եմ ազատորեն խոսել, հավատալով, որ դուք այնքան զարգացած եք, որ կարող եք հասկանալ ինձ և անկեղծորեն պատասխանել իմ առաջարկությանը:

— Խոսեցեք, խնդրեմ, ազատ եք:

— Իմ խոսքը կարճ է, օրիորդ, ես խնդրում եմ ձեր ձեռը, կարող եք արդյոք չմերժել ինձ այն:

— Իմ ձե՞ռը:

— Այո:

— Դուք սիրում եք անկեղծությունը:

— Ինչպես իմ աստծուն:

— Եվ չեք ցավիլ, եթե այդ անկեղծությունը վնասե ձեզ:

— Գուցե կցավիմ, բայց և անտրտունջ կհնազանդվիմ նրան:

— Որովհետև դուք այդքան քաջություն ունիք, հարգելի բարեկամ, ուրեմն ես կարող եմ անկեղծաբար խնդրել ձեզ, որ չվշտանաք, ես մերժում եմ ձեր խնդիրը:

Մաշտոցյանը կարծես շանթահար եղավ, բայց և իսկույն զսպեց յուր այլայլությունը, նա փորձեց մինչև անգամ ժպտալ՝ օրիորդի մերժման ազդեցությունը անզգալի անելու համար, սակայն այդ ջանքը ապարդյուն անցավ, բնությունը մի քանի րոպե հաղթանակեց և նրանք երկուսն էլ սկսան լուռ ու մունջ նայել իրար:

Երբ մի քանի վայրկյան անցավ, երիտասարդը առաջինը ընդհատեց լռությունը:

— Չեմ կարող չխոստովանվել, օրիորդ, որ ձեր մերժումը ինձ մեծ ցավ է պատճառում: Ես, որ այսքան ժամանակ միայն ձեզ վերա էի մտածում, ձեզ երազում և ձեզ հետ կենակցելու հույսով ուրախանում, այժմ անկարելի է, որ հոգվով չափ չվշտանամ իմ գողտրիկ երազները օդի մեջ ցնդած տեսնելով: Բայց և այնպես, ես հետաքրքրվում եմ իմանալ, թե ինչու համար եք մերժում ինձ: Եթե դուք ինձ չեք սիրում այժմ, այդ որքան էլ ինձ համար ցավ է, այսուամենայնիվ հարգելի պատճառ չէ իմ խնդիրը մերժելու համար, ես կարծում եմ և հավատացած եմ, որ մի օր դուք կսիրեք ինձ, եթե համաձայնվեք միայն տալ ինձ ձեր ձեռը: Դուք էլ կարող եք վկայել, որ սերը մի օրվա մեջ չէ ծնունդ առնում և ոչ աճում, ամեն մի անձնանվիրություն զարթուցանում է սեր. իսկ ես կարող եմ արժանի լինել ձեզ կատարյալ անձնվիրությամբ:

— Սերը, իհարկե ոչ, սերը չէ իմ մերժման պատճառը. ընդհակառակը, ես հավատացած եմ, որ դուք կարող եք սիրել տալ ձեզ՝ ինչպես և ում որ կամենաք:

— Ուրեմն իմ արտաքին կերպարանքն է ձեզ համար հակակրականը:

— Ամենևին ոչ. դուք գեղեցիկ տղամարդ եք, և ձեր ապագայի ամուսինն իրավմամբ կարող է ձեզմով պարծենալ:

— Ուրեմն իմ հարստությունը ձեզ համար շատ փո՞քր է երևում. և դուք երևի վախենում եք ազնվական տան արժանավայել ապրուստ չունենալ:

— Ընդհակառակը, ինձ ասել են, և ես հավատում եմ, որ ամբողջ Թիֆլիսի մեջ եթե ոչ առաջինը, գոնե երկրորդն եք դուք ձեր հարստությամբ, հետևապես կասկածելու էլ տեղիք չունեմ, թե ձեր ամուսինը կարող է երբևիցե ամեն ամենահարուստ ազնվականից պակաս կյանք վարել: Աստված իմ, ուրեմն ինչումն է իմ պակասությունը, ինչով եմ ես անարժան ձեր սիրուն, — զարմացմամբ բացականչեց երիտասարդը:

— Կամենո՞ւմ. եք, որ ես անկեղծ լինեմ:

— Այո՛, աղաչում եմ:

— Դուք վաճառական եք:

— Եվ ա՞յդ է իմ հանցանքը, — հեգնական ժպիտով հարցրեց Մաշտոցյանը:

— Այո՛, և այդ դժբախտաբար բավական մեծ արատ է մի իշխանական տան աղջկա համար:

— Հասկանում եմ, ուրեմն դուք կցանկանայիք, որ ձեր ամուսինն անպատճառ մի հայտնի իշխանազն, կամ գոնե տոհմիկ ազնվական լիներ:

— Այո, բայց ներեցեք, որ ես անկեղծաբար խոսեցի, դուք այնքան զարգացած եք, որ ինձ կհասկանաք:

— Կատարելապես, այդ կողմից միամիտ եղեք: Բայց և այնպես թույլ տվեք ինձ էլ անկեղծաբար մի քանի խոսք ասելու:

— Շնորհ արեք խնդրեմ, ուրախությամբ կլսեմ ձեզ:

— Մեր իշխանների և ազնվականների մասին շատ սխալ գաղափար ունիք դուք, օրիորդ, այն նշանակությունը, ինչ որ լուսավորյալ ազգերը տալիս են իրենց հին ազնվականությանը — անկարելի է մեր ազնվականությանը հատկացնել: Նրանք նախահայրերն արդարև մի օր մեծ մարզիկներ են եղել, դյուցազնական սիրտ և հոյակապ հանճար են ունեցել, հայրենիքի համար ապրել և հայրենիքի համար են մեռել, իրենց մեծ գործերով սերունդներ են ոգևորել և վերջապես որդվոց որդի ճշմարիտ ազնվականության պատկառ մնալով խորշել են թզուկներ ծնելուց և սնուցանելուց, որպեսզի նրանց ապիրատ գործերով տոհմական ընդ նմին և հայրենական արժանապատվությունը չարատավորվի: Ամբողջ դարեր ազնվականությամբ ապրող մի տոհմի հետ արդարև մեծ փառք է կապել և՛ անուն, և՛ կյանք, և այդ փառքը ձեռք բերելու համար՝ գովության արժանի է մի կնոջ ջանքը, եթե միայն այդ կինն էլ զգում է յուր մեջ այդ փառավոր տոհմին արժանի լինելու կոչումն:

Բայց միթե միևնույն գովությամբ կարող ենք խոսել և մեր ազնվականներից շատերի վերա, որոնց նախահայրերն այդ կոչումը ձեռք են բերել ոչ թե հայրենիքին մի նշանավոր ծառայություն անելով, այլ շատ անգամ...

— Մեր հայ իշխանազուների մասին, կարծեմ, չեք կարող այդ տեսակ կարծիք հայտնել, — ընդհատեց օրիորդը հանկարծ հայասեր դառնալով (չնայելով, որ այդ առաջին անգամն էր հայության ապավինում):

— Հայ իշխանազուննե՛ր, որտեղ են նրանք, — ծիծաղելով հարցրեց Մաշտոցյանը: — Չլինի թե այս Սլկունիները, Ռշտունիները, Արշակունիները և այլ բազմաթիվ շինծու ունիները դուք ճշմարիտ իշխանազուններ եք կարծում և կամ Մելիք Պողոսյաններն ու Սողոսյանները ազնվականներ: Շատ սխալվում եք: Եթե դուք մի օր մտածած լինեիք հայերեն սովորելու, դուք մեր գրքերից կիմանայիք, որ այդ Սլկունիների, Ռշտունիների, Արշակունիների և այլոց ցեղերը հարյուրավոր տարիներ սրանից առաջ ջնջվել, անհետացել են և նրանց գերեզմաններն անհայտության մեջ կորել են: Այս նոր Սլկունիներն ու

Ռշտունիները ոչ այլ ինչ են, եթե ոչ՝ Խոյից, Ջուղայից, Լամադանից, Վանից և հայոց երկրի ուրիշ կողմերից շատ տարիներ առաջ Վրաստան գաղթած փինաչիների ու ջրեպանների և այլ այս տեսակ մարդկանց սերունդներ: Նորեկ մարդիկ առհասարակ հանդուգն և ձեռներեց են լինում, և ահա դրանք Վրաստան մտնելով շտապել են մի վկայաթղթով իշխանազուններ հրատարակվիլ... Ինչ մեր Մելիք Պողոսյաններին ու Սողոսյաններին է վերաբերում, դրանք էլ հայ գյուղերի խեղճ տանուտերերի որդիք են, շատ սակավ բացառությամբ, հայոց գյուղերում մի ժամանակ ամեն տանուտեր մելիք էր կոչվում, չնայելով, որ այդ խեղճ մարդուն մեկն էր լինում նա, բայց այսօր այդ մարդկանց սնափառ սերունդը ինքն իրեն ազնվական է երազում և չէ սխալվում, որովհետև, հավատացողներ կան: Բայց այն ժամանակվա բնիկները, վաճառականներ լինեին նրանք, թե արհեստավորներ, իհարկե, կարիք չունեին նոր անուն և պատիվ ձեռք բերելու, որովհետև այն ժամանակ նրանք արդեն սեփական անուն և պատիվ ունեին: Միակ նրանց սխալմունքն այն է եղել, որ չեն մտածել, թե իշխանազուն օրիորդները մի օր կարհամարհեն նրանց թոռներին...

— Վերջապես այս բոլորից հետո, օրիորդ, մի փոքրիկ բացատրություն ևս և մենք հավիտյան կբաժանվենք միմյանցից: Ձեր պաշտած ազնվականության վերա այնքան խոսելով, ես երբեք միտք չունեի ձեզ համոզելու՝ ընդունել իմ առաջարկությունը, քավ լիցի, ազնվականի ամուսին լինելու ձեր փառամոլ ցանկությունը արդեն բավական էր մի անգամ ընդմիշտ իմ սիրտը ձեզանից սառեցնելու, ես միայն ցանկացա ծանոթացնել ձեզ այն ոչնչության հետ, որին կուրորեն պաշտում եք դուք: Իսկ այսուհետև կմնա մեզ ապացուցանել՝ թե մեզանից որն է ճշմարիտ ազնվականը:

Այս ասելով երիտասարդը վերցրեց գդակը և քաղաքավարությամբ գլուխ տալով իշխանուհուն, դուրս գնաց սենյակից:

Թ

— «Օրիորդ Ազապյանը մերժել է յուր ձեռը Արսեն Մաշտոցյանին»: Այս լուրը շուտով քաղաքի մեջ տարածվելով՝ մեծ խոսակցության և շատ տեղ էլ վիճաբանության առարկա դարձավ: Կային մարդիկ, որոնք գովում էին իշխանուհի օրիորդի վարմունքը: Դրանք գլխավորապես իշխանազուն ընտանիքներից էին, որոնք ասում էին, թե մեծ հանդգնություն է մի վաճառականի համար ձգտել իշխանական տան փեսայության, եթե նա զուրկ է ազնվական անարատ արյունից: Հասարակաստեղծ մարդիկ, ընդհակառակը, պախարակում էին օրիորդի և նրա մոր սնափառությունը, որին նրանք տգիտությամբ զոհում էին իրենց թե՛ ներկան և թե՛ ապագան: Որովհետև ոչ ոքի համար գաղտնիք չէր, որ Ագապյանները նյութական կողմից աննախանձելի դրության մեջ էին: Այսուամենայնիվ ոչ ոք սիրտ չարավ նրանց վարմունքը դեմ հանդիման դատապարտելու, այդպիսին միայն Սիմբրյանն էր, որ օրիորդի այս քաջագործությունը լսելուն պես, շտապեց մի որևէ միջոցով գործը շտկելու, բայց գտնելով թե՛ նրան և թե՛ յուր մորը անուղղելի համառության մեջ, զայրացած հեռացավ նրանցից, երդվելով չտեսնել այլևս նրանց հիմար երեսը:

Շատ պատվական երիտասարդներ էլ, որոնք մի անգամ տեսել էին իշխանուհի օրիորդին և իրենք իրենց արժանի համարելով նրա հետ ամուսնանալուն՝ մտադրվել էին խնդրել նրա ձեռը, լսելով օրիորդի այս մեծամիտ վարմունքը, ետ կեցան իրենց դիտավորություններից, որովհետև չկամեցան բախտակից լինել երիտասարդ Մաշտոցյանին, որը թեպետ ամեն բանով բարձր էր իրենցից, բայց և այնպես մերժվել էր հպարտ իշխանուհուց: Իշխանազունների մեջ էլ չկային այնպիսիները, որոնք նյութական կարողությամբ ապահովված լինեին, այդ պատճառով հարսնացու օրիորդը երկար ժամանակ մնաց առանց խնամախոսության: Եվ թեպետ հետզհետե շատանում էին նրա ծանոթներն ու բարեկամները, բայց դրանք բոլորն էլ այնպիսի մարդիկ էին, որոնք միայն նրա գեղեցկությամբ զվարճանալու համար էին նրա շուրջը խմբվում: Ապա թե ոչ յուր անունը և պատիվը նրա հետ կապել ցանկացող մի մարդ չէր մոտենում նրան:

Այս հանգամանքը սկսում էր մտատանջություն պատճառել մայր իշխանուհուն, և կարծես մոտենում էր զղջման ժամանակը: Բայց իշխան Ջոմարջիձեն կարողացավ հարմար դեպքից օգուտ քաղել: Նա առաջարկեց օրիորդին ճանապարհորդել յուր հետ Իտալիա, յուր նշանավոր ձայնը այնտեղ կատարելագործելու համար: Ամալիան, որ կարծես թե սկսում էր սիրել իշխանին, իբրև մի մարդու, որ անկեղծաբար հոգում էր յուր առաջադիմության համար, ուրախությամբ համաձայնվեցավ: Մի գաղտնի նպատակ էլ, որ նա խնամքով ծածկում էր յուր սրտում, նրան ավելի գրգռեց շտապեցնել գործը: Այդ այն էր, որ նա հավատալով Ջոմարջիձեի խոստումներին, ինքն յուր մտքում որոշել էր նրա հարստության, կալվածների, հպատակների և այլ կարողությանց տիրուհի դառնալ: Այս ճանապարհորդությունը նրանց ավելի կմոտեցներ իրար և շուտով կբացվեր յուր ապագա ամուսնու առաջ: Դժվարությունը միայն նրանումն էր, թե ինչպես համոզել մայր իշխանուհուն: Բայց որքան մեծ եղավ թե օրիորդի և թե իշխանի զարմանքը, երբ իշխանուհին այս առաջարկություն լսելուն պես տվավ յուր համաձայնությունը: Բայց մայր իշանուհու նպատակը ոչ ոք չիասկացավ: Նա պարզ տեսնում էր, որ բախտը օրըստօրե յուր երեսը դարձնում էր գեղեցիկ Ամալիայից. ամուսնացող և հարուստ երիտասարդները հեռու էին փախչում նրանից, իշխաններն ու գեներալները ոչ մի տեղ չէին երևում, իսկ դատարկապորտ և զվարճասեր մարդիկ հետզհետե ձանձրացնում էին իրենց: Հետևապես Ամալիայի միաժամանակ քաղաքից հեռանալը ամեն կողմից էլ շահավետ էր: Առաջին՝ այդ առիթով նա յուր ձայնը կկատարելագործեր, որը գուցե նրան կհարկավորվեր որևէ ձախող բախտի ժամանակ, երկրորդ՝ Մաշտոցյանի առաջարկությունը մերժելու առթիվ քաղաքի մեջ տարածված լուրերն ու խոսակցությունները, որոնք իրեն չափով գրգռում էին լսողների զայրույթը, կմոռացվեին շուտով և ապազա փեսացուները խաղաղ սրտով կմոտենային Ազայյաններին. երրորդ. Ամալիայի առժամանակյա բացակայությունը կնպաստեր կրկին անգամ հետաքրքրելի դառնալուն, երբ նա վերադառնար Իտալիայից, որովհետև հին ճշմարտություն է, որ միշտ մի տեղ մնացող ջուրը հոտում է. և վերջապես չորրորդ՝ Ազայյանների տունը կազատվեր դատարկապորտ և զվարճասեր երիտասարդների անկոչ բարեկամությունից ու անօգուտ այցելություններից, որոնք վերջ ի վերջո արատ պիտի բերեին այդ տան անվանը:

Մի կողմից այս բանավոր պատճառները և մյուս կողմից մայր իշխանուհու Զոմարջիձեի վերաբերությամբ ունեցած մեծ հավատը համոզեցին նրան ընդունել Ամալիայի առաջարկությունը՝ յուր ուսուցչի հետ միասին Իտալիա ճանապարհորդելու: Այս նորությունը պարոն Սիմբրյանը լսեց կատարյալ անտարբերությամբ, որովհետև գեղեցիկ Ամալիայի միջոցով շահվելու հույսը նա մի անգամ ընդմիշտ կորցրել էր:

Եվ այսպես՝ մի գեղեցիկ օր օրիորդ իշխանուհին յուր երիտասարդ ուսուցչի հետ միասին ճանապարհ ընկավ դեպի մուսաների պատմական աշխարհը բանաստեղծությամբ հարուստ Իտալիան:

Ժ

Բայց Արսեն Մաշտոցյանի փառքը գնալով մեծանում էր և նրա առևտրական հաջողությունները հաջորդում էին միմյանց: Ազայյանների մերժումը ոչ միայն ազդեցություն չունեցավ աղջկատեր ծնողների վերա, ընդհակառակը, նրանք ուրախացան, որ գեղեցկության մի հզոր հակառակորդ հեռացավ ասպարեզից: Շուտով ճարպիկ միջնորդները սկսան շրջապատել հարուստ փեսացվին իրենց բազմազան և բազմախոստում առաջարկություններով:

Սակայն Մաշտոցյանը արդեն փորձված էր: Նա այժմ խոստովանում էր, որ աղջկա գեղեցկությունը, օժիտը և հարստությունը միայն նրա առաքինության մեջ պետք է որոնել, որ գեղեցկությունը և հարստությունը մի-մի չարիքներ են, եթե լծորդված չեն առաքինության հետ: Այդ պատճառավ նա մերժեց ամեն մի փարթամ առաջարկություն և ընտրեց իրեն հարսնացու այնպիսի մի աղջիկ, որ հարուստ ընտանյաց զավակ լինելով հանդերձ՝ զարդարված էր նաև առաքինական բարեմասնություններով: Նրա հարսանյաց հանդեսը թեպետ ավելի համեստ, քան յուր հարստության վայել շուքով անցավ, բայց նա համեմված էր այնպիսի ուրախությամբ, որին երբեք չէ հաջորդում զղջումը: Այսպիսով երիտասարդի նյութական հարստության վերա ավելացավ և ուրիշ անգուգական հարստություն, որ իսկական հիմնաքար դարձավ նրա տան հարստության համար:

Բայց իշխանուհի Դարիան լսեց այս բոլոր պատմությունը վրդովված հոգվով: Եվ չնայելով, որ ինքն եղավ առաջինը, որ մերժեց յուր եղբոր առաջարկությունը — Ամալիային Մաշտոցյանի հետ ամուսնացնելու, այսուամենայնիվ նա տխրում էր, որ դեպքերն այդ ընթացքն առին: Դժբախտաբար մի բարեկամ էլ չկար, որ սփոփեր նրան ապագայի վարդագույն խոստումներով: Երբեմն-երբեմն նա քաջալերում էր ինքն իրեն, մտածելով, որ շուտով Ամալիան կվերադառնա, որ նա նրան կամուսնացնե, որ նրանով կուրախանա, բայց երբեմն էլ չարագուշակ մտածմունքները տանջում, կեղեքում էին նրա սիրտը և հոգին, «Գուցե իմ Ամալիան էլ չվերադառնա, գուցե նոր բախտի հանդիպելով մոռանա, կամ գուցե...»: Եվ նա այլևս չէր կարողանում շարունակել յուր սարսափելի գուշակությունը:

Բայց Ամալիան յուր ուսուցչի առաջարկությամբ հասնելով Իտալիա՝ կանգ առավ հռչակավոր Նեապոլում, ուր գտնվում էր հայտնի երաժշտական դպրոցը: Այնուհետև հաճախում էր նա այնտեղ, թե ոչ, ուսանում էր մի բան, թե զվարճանում էր անգործությամբ, ճիշտը հայտնի չէր ոչ միայն նրա մորը, այլև նրա կովկասցի բարեկամուհիներից և ոչ մինին: Միայն ստեպ-ստեպ ստացվում էին նրա նամակները, որոնց մեջ նա հուսալիր խոստումներ էր գրում յուր հռչակավոր ապագայի մասին, գեղեցիկ գույներով դրվատում էր յուր աշխատասիրությունը, հառաջադիմությունը, դպրոցի վարչության յուր վերա ունեցած սերն ու համակրանքը, և այլն, և այլն: Պատահում էր, որ երբեմն էլ նա հիշողություններ էր անում յուր նախկին ուսուցիչ և բարերար Զոմարջիձեի մասին, երախտագետ սրտով գովելով նրա խնամատարությունը. — «Իշխան Պլատոնը, — գրում էր նա յուր մորը, — թեպետ վաղուց գտնվում է Հռոմում, բայց երբեմն այցելում է Նեապոլ, խրախուսում է ինձ յուր խորհուրդներով և բարեխոսում Կոնսերվատվարի վարչությանը՝ հոգածու աչք ունենալ ինձ վերա: Ցավալի է միայն, որ իշխանի պաշտոնը չի ներում նրան ավելի շուտ-շուտ ինձ այցելելու, կամ յուր տեսակցությունը գեթ մի օրով երկարելու, որովհետև առավոտյան գնացքով նա գալիս է Նեապոլ և կեսավուր գնացքով վերադառնում: Բայց նա այնքան բարի և այնքան ազնիվ է, որ ես կկամենայի ամսվա մեջ գոնե մի օր նրա ընկերակցությամբ անցուցանել:

Եվ մի՞թե այս էր ճշմարտությունը: Իհարկե ոչ: Իշխան Պլատոնը Իտալիա մտնելու օրից սկսած անբաժան էր մնում օրիորդ Ամալիայի հետ Նեապոլում: Վերջինս մի քանի անգամ միայն այցելեց Կոնսերվատվարը և այն լոկ զվարճության, կամ նրա ներքին կյանքին մասամբ ծանոթանալու համար: (Որովհետև նա յուր նամակների մեջ երբեմնապես զանազան հիշողություններ էր անում այդ հաստատության մասին, հետևապես նրան հարկավոր էր գեթ մի հարևանցի ծանոթություն նրա հետ): Իսկ մնացյալ ժամանակը անցուցանում էր իշխան Պլատոնի հետ զանազան զվարճություններով, որովհետև վաղուց արդեն նրանք անձնատուր էին եղած սիրահարության արբեցության... Երբ Նեապոլի մեջ կյանքը ձանձրալի դարձավ, երկու սիրահարները սկսան ճանապարհորդել դեպի Իտալիայի ուրիշ հետաքրքիր կողմերը: Սիրահարներն առհասարակ զգուշավոր են լինում իրենց ծնողների և բարեկամների շրջանում. անծանոթ քաղաքներում ընդհակառակը՝ զգուշությունը ավելորդ բեռն է համարվում նրանց համար, բայց դա մի սխալմունք է՝ դարձյալ անփորձության հատուկ: Զգուշությունը հարկավոր է ամեն տեղ, ուր որ բաց երկինք կա: Հակառակ կարծիք ունեցողը անպայման կպատժվի:

Այդպես էլ պատահեց մեր սիրահար զույգին: Դեռ մինչև այժմ էլ գաղտնիք է մնացել, թե ո՞վ էր այն անձը, որ իտալական մի քաղաքից գրել էր իշխանուհի Դարիային նրա դուստր Ամալիայի՝ իշխան Պլատոնի հետ ունեցած սիրակցության մանրամասն պատմությունը, սկսած այն օրից, որ նրանք այնտեղից փոխադրվեցան Հռոմ և ապա Վենետիկ՝ Ադրիատական ծովափանց գեղեցկություններով զվարճանալու համար:

Շուտով մի չարագուժ նամակ հասավ Կովկասից Ամալիային, որի մեջ նրա թշվառ մայրն անիծում էր այն օրը, որի մեջ յուր անդրանիկ դուստրը աշխարհ եկավ՝ Ազգայյան տան անունը խայտառակելու համար... «Մինչև այժմ իմ վերջին կոպեկները ես խնայելով ղրկում էի քեզ, ապերախտ զավակ, — գրում էր նրան վշտահար մայրը, — և սպասում էի, որ իմ խնայողությամբ հավաքած այդ լումաներով դու կհարստացնես այն գանձը, որ անարատ հանձնեցի քեզ, և որ իմ և քո միակ պարծանքն էր աշխարհում, բայց դու այդ անգին գանձը, — որ քո կուսական պարկեշտությունն էր, արատավորեցիր... Այսուհետև դու իմ աղջիկը չես, Ամալիա, դու անպատվությամբ մեռար, և ես չեմ կամենում, որ դու այլևս կենդանանաս...»:

Այսպիսի մի տխուր հիասթափությունից հետո, կարծիք չկար, որ մայր իշխանուհին այլևս պիտի մերժեր Ամալիային յուր դրամական օժանդակությունը: Իշխան Պլատոնի պարտքով վերցրած փողերից շատ քիչ բան էր մնացել, այնպես որ սիրահարները ստիպված էին վաղընդփույթ վերադառնալ Կովկաս, օտար երկրում սովամահ չկորչելու համար: Բայց ինչ երեսով գալ:

Իշխան Ջոմարջիձեի համար ասենք մի դժվարություն չկար, նրա միակ հոգսը յուր պարտատերերն էին, որոնցից Իտալիա գալու համար նա բավական պարտք էր վերցրել: Բայց մեր ժամանակում ով է պարտքի համար անքուն գիշեր անցուցանում: Դժվար դրությունը Ամալիայինն էր. նա չէր կարողանում հաշտվել այն մտքի հետ, թե երբնիցե կարող է յուր մոր աչքին երևալ: Նա պատվավոր թողել էր հայրենի քաղաքը և անպատիվ մուտ պիտի գործեր այնտեղ: Սա մի հեշտ ձեռնարկություն չէր: Բայց սիրահար իշխանը ստիպված էր նրան համոզելու, որովհետև ապրուստի միջոցները սպառվում էին. մի քանի օր ևս և ճանապարհի փող էլ չէր մնա խեղճ Պլատոնի գրպանում: Բայց նա իրեն մեծ հարուստ էր ցույց տվել Ամալիայի մոտ, կալվածների և հպատակների տեր… ինչպես կարող է այժմ հայտնել, որ ապրելու փող չկա: Այս պատճառով նա գործ դրեց յուր բոլոր ճարպկությունը, համոզելու Ամալիային վերադառնալ Կովկաս, ազնվաբար խոստանալով Թիֆլիս ժամանելուն հետևյալ օրը պսակվել նրա հետ և բառնալ նրա վրայից ամեն արատ և անվանարկություն:

Ամալիան համոզվեցավ. և ահա մի գեղեցիկ օր սիրահար զույգը մուտք գործեց հայրենի քաղաքը և իջևանեց տեղական հյուրանոցներից մինում:

ԺԱ

— Ինձ պետք է տանես իմ մոր մոտ, — ասաց Ամալիան Պլատոնին, երբ նրանք մի քանի ժամ հանգիստ առին հյուրանոցում, — ես միայնակ չեմ կարող գնալ, դու անպատճառ պիտի ընկերակցես ինձ:

— Ես նույնպես, Ամալիա, նրան տեսնել չեմ կարող: Դու գիտես, որ քո մոր ականջը հազար ու մի զրպարտություններ են հասցրել մեր թշնամիները: Ուրեմն անխոհեմություն է ինձ համար երևալ նրա աչքին, քանի որ դու չես նախապատրաստել նրան՝ ինձ իբրև յուր փեսա ընդունելու:

— Զարմանում եմ, թե դու արդեն այդ կոչումը քեզ վերա ես առնում, ի՞նչ հարկ կա այլևս քաշվելու, միթե դու իրավունք չունեիր ինձ վերա իբրև իմ ամուսին...

— Ես քեզ հասկանում եմ, Ամալիա, բայց քո մայրը հազիվ թե հասկանա ինձ: Նա առաջին անգամից իսկ կսկսի հանդիմանել ինձ: Իսկ ես չեմ ուզում նրանից հանդիմանություն լսել, որովհետև ես արժանի չեմ դրան: Առայժմ ինքդ գնա նրա մոտ. դու կարող ես ամոքել նրա սիրտը, իսկ երեկոյան, երբ դու կիմացնես ինձ գործի դրությունը, ես նույնպես կգամ ձեզ մոտ:

Ամալիան լռեց, բայց դա համաձայնության նշան չէր. նա

տարուբերվում էր անվճռականության, հուսո և երկյուղի մեջ: Ամոթը առաջին անգամ սկսում էր տանջել նրան և նա զգում էր յուր հանցանքի բոլոր ծանրությունը... Բայց և այնպես անհրաժեշտ էր մի որոշ եզրակացության գալ: Եվ նա վճռեց միայնակ գնալ մոր մոտ: Ուստի փողոց իջնելով նստեց առաջին պատահած կառքի մեջ և շտապեց դեպի հայրենական տունը, որից նա բացակա էր մի ամբողջ տարի:

Մայր իշխանուհին տխուր և մտախոհ ճեմում էր դահլիճի մեջ, երբ Ամալիան ներս մտավ: Տեսնելով աղջկանը, նա առաջին անգամ չհավատաց յուր աչքերին և կարծես թե ինքն իրեն երազի մեջ էր զգում: Բայց լսելով Ամալիայի ձայնը, նա խելագարի նման վազեց դեպի նրան:

— Աստվա՛ծ իմ, Ամալիա, մի՞թե այդ դու ես, — բացականչեց նա ուրախությամբ և երկու բազուկները տարածելով ջերմությամբ գրկեց նրան և կաթոգին համբույրներով երեսը ծածկեց:

— Oh, սիրելի մայրիկ, ես այսպիսի ընդունելություն չէի սպասում քեզանից, ես այնքան հանցավոր եմ քո առաջ, որ այս քո խանդաղատանքը մեծ շնորհ եմ համարում ինձ համար... — ասաց Ամալիան:

Բայց նա դեռ խոսքը չէր վերջացրել, երբ մայրը հանկարծ ետ քաշվեցավ նրանից, կարծես մի թունավոր օձից խայթված:

— Ի՞նչ պատահեց քեզ, մայր իմ, — զարմացմամբ հարցրեց Ամալիան և մոտեցավ նրան:

— Հեռո՛ւ, Ամալիա, հեռո՛ւ ինձանից, Oh ինչպե՛ս հիմարացա ես, աստված իմ. դու իմ աղջիկը չես, Ամալիա. հե՛ռացիր այստեղից, դու արատավորեցիր քո անբիծ անունը, դու կործանեցիր ինձ...

— Բայց մայր իմ...

— Մի՛ խոսիր, ես չեմ ուզում քեզ լսել, և ոչ քո երեսը տեսնել, ես հիմարացա և գրկեցի քեզ, բայց դու, ապերախտ զավակ, դու արժանի չես քո մոր զգվանքին:

— Oh, մայր իմ, մայր իմ, ներիր ինձ, ես հանցավոր եմ քո առաջ, — աղաչավոր ձայնով մոտեցավ դեպի նրան Ամալիան և ծունկ չոքեց մոր առաջ:

— Ներել քեզ, և մի՞թե այդ հնարավոր է. ներե՛լ մի աղջկա, որ յուր անառակությամբ անպատվեց հայրենի տան անունը և յուր ծնողի հիշատակը...

— Բայց ես, մայր իմ, նույնչափ գոնե հանցավոր չեմ, որքան կարծում ես դու. ես սիրել եմ մի մարդու, որ ամեն կերպ անձնվեր է եղել դեպի ինձ, որին ես արժանի եմ գտել իմ սիրուն... և վերջապես մի՞թե ես իրավունք չունեի իմ ապագա ամուսնուն սիրելու:

— Ամուսի՞ն, ի՞նչ ասացիր, դուք ուրեմն ամուսնացե՞լ եք, — կարծես ուրախանալով հարցրեց մայրը:

— Ոչ, բայց մենք պիտի ամուսնանանք. մենք եկանք առաջ քո օրհնությունն ստանալու:

— Օրհնությո՞ւն, բայց ինչու համար, միթե դու մոռացել ես, որ դու հայ ես, իսկ քո փեսացուն վրացի:

— Ոչ, մայր իմ, չեմ մոռացել, բայց այսպիսի դեպքում, երբ մենք արդեն սիրել ենք միմյանց...

Իշխանուհին կարծես հասկացավ աղջկա միտքը, և չկամենալով, որ նա յուր միտքը շարունակե, ընդհատեց նրան:

— Բավական է, աղջիկս, ես իրավունք չունեմ այժմ դավանության հարցերով զբաղվելու: Վեր կաց, ես քեզ ներում եմ, միայն թե ամուսնանաս և չխաբես ինձ...

— Խաբե՞լ, աստված չանե, ի՞նչպես կարող եմ ես այդքան հանդգնությամբ ստախոսել:

— Որտե՞ղ է ուրեմն Պլատոնը:

— Նա հյուրանոցումն է և սրտատրոփ սպասում է, թե ինչ լուր կուղարկեմ ես նրա համար: — Ի՞նչ լուր է սպասում նա:

— Թե արդյոք դու ներում ես մեզ և թույլ ես տալիս մեզ ամուսնանալու:

— Նույնիսկ այս երեկո, եթե այդ կարող եք դուք: Ձեր ամուսնությունն այսուհետև իմ սրտի միակ բաղձանքը պիտի լինի:

— Oh, մայր իմ, ինչպես կուրախանար Պլատոնը, եթե նա լսեր քեզ այս րոպեին:

— Ուղարկիր ծառային նրա ետևից և թող նա շուտ գա մեզ մոտ:

Ամալիան իսկույն վազեց յուր առանձնարանը, նա նրան նույն դրության մեջ գտավ, ինչպես թողել էր. բայց դեռ նրան ողջունելու և նրանով զբաղվելու ժամանակ չուներ, նա շտապով վերցրեց գրիչ և թուղթ և գրեց իշխանին հետևյալ նամակը.

«Սիրելի Պլատոն.

Մորս գտի տան մեջ միայնակ, սկզբում նա կատարյալ ուրախությամբ ընդունեց ինձ, գրկեց և համբուրեց, բայց հետո հիշելով մի քանի բան իմ անցյալից, նա հուզվեց, արտասվեց և հանդիմանեց ինձ: Բայց այդ անախորժ փոփոխությունը երկար չտևեց, վերջ ի վերջո նա հանդարտվեցավ և ներեց մեզ. մանավանդ նա ուրախ է, որ մենք պիտի ամուսնանք: Այժմ նա սպասում է յուր սիրելի փեսային, շտապիր, ժամանակը թանկ է:

Քո Ամալիա»:

Վերջացնելով նամակը նա զանգահարեց:

Ծերունի սպասավորը ներս եկավ, բայց զարմանքից սառեցավ դռան մոտ:

— Հա, ի՞նչ պատահեց քեզ, Բաբո, զարմանո՞ւմ ես, որ ես այստեղ եմ:

— Օ՜հ, տիրուհի, սա մի հրաշք է մի՞թե դուք այստեղ եք...

— Ինչպես տեսնում ես:

— Բայց մի՞թե կարելի է...

— Լավ, բացատրությունը հետո, վերցրու այս նամակը, հասիր շուտով «Կովկաս» հյուրանոցը և տուր իշխան Պլատոնին, նա գտնվում է վեցերորդ համարում:

Սպասավորը կրկնել չտվավ տիրուհու հրամանը և նամակը վերցնելով շտապեց դեպի հյուրանոցը:

Ամալիան վերադարձավ մոր մոտ և սկսեց զբաղեցնել նրան զանազան պատմություններով, աշխատելով որքան կարելի է, մեղմել նրա սրտմտությունը, և նախապատրաստել նրան շատ սիրով Պլատոնին ընդունելու:

Բայց որքան մեծ եղավ խեղճ Ամալիայի զարմանքն ու երկյուղը, երբ ծառան վերադառնալով հայտնեց, որ իշխան Պլատոնը «Կովկաս» հյուրանոցում չէ գտնվում:

— Երևի ծառան լավ չէ հասկացել իմ պատվերը, կամ սխալ հարցմունք է արել հյուրանոցից, — ասաց Ամալիան մորը, — ավելի լավ է ես կերթամ նրան այստեղ բերելու:

Մայրը չընդդիմացավ, և Ամալիան կառքը բերել տալով նստեց և շտապեց հյուրանոցը:

Հասնելով վեցերորդ համարին, նա ամուր-ամուր բախեց դուռը, բայց ներսից բացող չեղավ: Շուտով երևեցավ հյուրանոցի ծառան:

— Ո՞ւմն եք կամենում, տիկին, — հարցրեց նա Ամալիային:

— Իշխան Ջոմարջիձեն, միթե նա այստեղ չէ:

— Ոչ, տիկին, նա այսօր դուրս գնաց այստեղից:

— Դուրս գնաց, ինչ եք ասում, այդ անկարելի է:

— Այո՛, նա դուրս գնաց:

— Բոլորովի՞ն:

— Բոլորովին:

— Բայց նրա իրեղենները երևի այստեղ են:

— Ոչ, տիկին:

— Անկարելի է. նա չէր կարող հեռանալ այստեղից:

— Կարող եք ինքներդ համոզվել, — ասաց ծառան և հանելով գրպանից սենյակի բանալին, բացավ դուռը և դատարկ համարը ցույց տվավ թերահավատ տիկնոջը:

Ամալիան անզգայաբար ներս մտավ և աչք ածեց սենյակի չորս կողմը, կարծես աշխատելով գտնել յուր փախստականին մի որևէ անկյունում պահված: Բայց երբ սենյակի դատարկությունը տեսավ, գլուխը սկսավ պտտիլ, և նա նստեց աթոռներից մեկի վերա:

— Բայց միթե դուք չգիտեք, թե ուր գնաց իշխանը, — կրկին հարցրեց նա ծառային:

— Ոչ, տիկին, մենք միայն նրա կառքում նստելը տեսանք:

— Եվ նա ձեզ ոչ մի խոսք չապսպրեց:

— Ոչ մի խոսք:

— Միգուցե նա փոխվել է մի ուրիշ հյուրանոց, կամ գնացել է յուր տունը:

— Դարձյալ չգիտեմ:

Հուսահատությունը տիրեց երիտասարդ իշխանուհուն և նրա հետ միասին հազար և մի տխուր գուշակություններ ընկան պտտվիլ նրա գլխում: Արդյոք Պլատոնը խաբեց, արդյոք նա թողեց իրենց, արդյոք հավիտյան հեռացավ նա, թե դեռ պիտի վերադառնար, ոչինչ հայտնի չէր: Այժմ նա չգիտեր անգամ, թե ուր պիտի գնար, արդյոք յուր մոր մոտ, թե յուր գայթակղեցնողի ետևից:

Առաջինից ամաչում էր երկրորդի ուր լինելը չգիտեր: Այժմ էլ խելաբերում, թե որպիսի հիմարությամբ էր կապվել նա յուր սիրահարի հետ. նա չէր ճանաչում մինչև անգամ նրա բնակարանը, և չգիտեր իսկ, թե այդ իշխան փեսացուն սեփական տուն ուներ, թե ոչ, որ գոնե այդ տունը պտրտելով կարողանար նրա տիրոջը գտնել: Բայց հյուրանոցի ծառան սպասում էր տիկնոջը, նա պետք էր հեռանար այդ ժամանակավոր ապաստարանից: Եվ Ամալիան վեր կացավ աթոռից և երերալով դուրս գնաց սենյակից: Իջնելով փողոց՝ նա տեսավ յուր կառապանին, որ սպասում էր իրեն.

— Բարեկամ, ճանաչո՞ւմ ես դու իշխան Ջոմարջիձեի տունը, — հարցրեց նա նրան:

— Ոչ, տիկին, այդպիսի տուն ես չեմ ճանաչում, — պատասխանեց կառապանը:

— Եվ ոչ իրեն իշխանին:

— Եվ ոչ իշխանին:

— Լավ, վերադարձիր այն տունը, որտեղից ինձ բերիր, — հրամայեց նա և նստավ կառքի մեջ:

Հասնելով տուն, նա գտավ սեղանի վերա յուր հասցեով մի նամակ: Ձեռքը, որով գրված էր հասցեն, նա ճանաչեց, դա իշխան Պլատոնինն էր. Ամալիան կես ուրախությունից և կես տխրությունից դողացող ձեռքերով սկսավ բանալ ծրարը, իշխանը նրան գրում էր մի քանի տող.

«Հարգելի օրիորդ.

Անձնական մի քանի գործերի պատճառով, որոնց մասին հենց նոր տեղեկություն առի, ստիպված եմ այժմ ևեթ քաղաքից դուրս գնալու: Շտապում եմ այս մասին տեղեկացնել ձեզ, որ իզուր տեղը հյուրանոց չգաք ինձ պտրտելու: Մի քանի օրից ես կաշխատեմ վերադառնալ քաղաք: Այն ժամանակ, իհարկե, ես կայցելեմ ձեզ, և այն գործի համար հարկ եղածը կխոսանք:

Ձեր խոնարհ ծառա
Պլատոն Զոմարջիձե»:

Վերջացնելով նամակը, նա անզգայաբար ձգեց նրան սեղանի վերա և ինքը նրա առաջ մնաց արձանացած: Յուր մեծ և սևորակ աչքերը անթարթ նայում էին չարագուժ թերթի վերա և յուր ուղեղը աստիճանաբար ընդարմանալով կարծես դադարում էր մտածելուց: Ամալիայի համար այլևս զաղտնիք չէր մնում, որ յուր սիրահարը թողնում էր իրեն, նամակի ոճն ու խոսքերն այդ ճշմարտությունն էին արտահայտում: Բայց ավա՜ղ, որքա՜ն ծանր է մի կին մարդու համար համոզվիլ, թե ինքը դժբախտ է արդեն... ինչպես մի ջրամույն, որ մահը աչքի առաջ տեսնելով, կռվում է ալիքների դեմ, այնպես էլ խեղճ աղջիկը հետզհետե խելաբերելով ոգորում էր յուր զգացմունքների հետ. նա չէր կամենում հավատալ յուր գուշակություններին, նա աշխատում էր չհուսահատվել... «Անկարելի է, որ Պլատոնը այդ աստիճան անազնիվ լինի, — ինքն իրեն երազում էր նա, — ես չեմ կարող հավատալ, թե նա կդավաճանե ինձ. նա, որ այնքան շատ էր սիրում ինձ, նա՝, որ այնքա՜ն զոհաբերություններ արավ ինձ համար...»:

Բայց տխուր իրականությունը նրա աչքերի առաջին էր. նա իրավունք չուներ նրան չտեսնելու...

Բացի այդ նա պարտավոր էր գոհացնել յուր մոր ակնկալությունը, բերելով նրա մոտ իշխան Պլատոնին և նրա բերանով ապացուցանել, որ նրանք արդարև պատրաստ են օրինավոր պսակով ամուսնանալու, միայն թե սպասում են մայր իշխանուհու սրտագին օրհնությանը…

Ի՞նչ անե ուրեմն, ինչ պատասխանե սպասող մորը:

Բայց նույնիսկ Ամալիային այսքան մտատանջություն պատճառող Պլատոնի նամակը՝ նրան այդ հոգսերից միաժամանակ ազատվելու էլ պատճառ դարձավ: — «Արի ես խորամանկության գործ դնեմ, — մտածեց նա ինքն իրեն, — մայրս կարդալ չգիտե. ես մի ուրիշ նամակ կգրեմ դարձյալ Պլատոնի կողմից և կկարդամ նրա մոտ, այսպիսով թե՛ ես ազատ կլինեմ կրկնակի խայտառակությունից և թե՛ ժամանակ կվաստակեմ Պլատոնին գտնելու համար: Եվ նա նստելով սեղանի առաջ, շարադրեց հետևյալ գրությունը.

«Հոգվույս անգին հատոր, սիրեցյալդ իմ Ամալիա.

«Մի անակնկալ դեպքով ստիպված եմ այս րոպեին հեռանալ քաղաքից: Գորիի մոտ գտնված իմ երկու գյուղերի բնակիչների մեջ մեծ կռիվ է ծագել, որի մասին այսօր հեռագրել են իմ հավատարմատարին: Վերջինի ինձ տված զեկուցումից երևում է, որ գործը շուտով սուր կերպարանք կստանա, եթե ես շտապով չհասնեմ անկարգության տեղը:

Որքան էլ որ ինձ համար տանջանք է մի քանի օրով քեզանից հեռու գտնվիլ, այսուամենայնիվ ապագա անհաճոյություններից ազատ մնալու համար՝ ստիպված եմ կրել այդ նեղությունը: Ես մեծ հույս ունեմ, որ մայր իշխանուհին արդեն ներումն է շնորհել մեզ: Հայտնիր նրան իմ որդիական խորին հարգանքը և ջերմագին ողջունիր իմ կողմից, խնդրիր նույնպես նրան իմ կողմից օգնել քեզ հոգալու մեր հարսանյաց համար կարևոր պատրաստությունները: Ես կամենում եմ մի քանի օրից ետ անպատճառ տեղի ունենա մեր այդ իշխանական ուրախությունը: Անշուշտ եմ, որ մայր իշխանուհին չի ընդդիմանալու յուր փեսայի այդ կարևոր ցանկությանը:

Ջերմագին համբույրներով
մնամ քեզ անկեղծ երկրպագու
Պլատոն Ջոմարջիձե»:

Վերջացնելով նամակը, Ամալիան փակեց նրան ծրարի մեջ և թողեց սեղանի վերա միևնույն տեղ, ուր տեսել էր Պլատոնի իսկական նամակը և ինքը գնաց մոր մոտ:

Իշխանուհին տեսնելով նրան միայնակ, հարցրեց անհանգստությամբ.

— Ո՞ւր է Պլատոնը, միթե առանց նրան եկար դու:

Նրան յուր համարում չգտի, հյուրանոցի սպասավորը հայտնեց, որ իմ այնտեղից հեռանալուց մի քանի ժամ հետո մի երիտասարդ եկել է նրա մոտ, և մի փոքր միջոցից ետ նրանք երկուսն էլ կառքով գնացին դեպի պոստի կայարանը, պատվիրելով հյուրանոցի տիրոջը լավ հսկել սենյակում թողած իրեղեններին, ըստ որում մի երկու օրով իշխանը բացակայելու է քաղաքից: Բայց զարմանում եմ, թե ինչպես է պատահել, որ Պլատոնը գոնե մի նամակ էլ չէ ղրկել ինձ, — ավելացրեց Ամալիան կատարյալ անտարբերությամբ, կամենալով այսպիսով հավատացնել յուր մորը, որ իշխանի այդ անակնկալ կերպով բացակայելու գործում կասկածելու ոչինչ չէ տեսնում:

— Նամակ, ինչպես չէ, մի փոքր առաջ աղախինը մի նամակ բերավ այստեղ և ասաց, որ քո հասցեովն է. ես հրամայեցի նրան քո սենյակը տանելու:

— Միթե, ուրեմն այդ նամակը անպատճառ Պլատոնիցն է, — նկատվեց Ամալիան և շտապով զանգահարեց:

Աղախինը երևաց:

— Որտեղ ես դրել այն նամակը, որ մի փոքր առաջ տվել են քեզ. բեր շուտով, — հրամայեց Ամալիան և աղախինը վազելով գնաց և բերավ նրան կեղծ գրությունը:

Ամալիան շտապով քանդեց ծրարը, կարդաց նամակը բարձր ձայնով և ապա դեմքը խոժոռեց ու խորհրդավոր ձևով սկսավ շարժել գլուխը ի նշան բարկության:

— Ինչու համար ես բարկանում, Ամալիա, մարդը ստիպված է եղել

հեռանալու, նա իր դրանով մի հանցանք չի գործել — նկատեց դյուրահավատ իշխանուհին:

— Իհարկե, հանցանք է գործել, նա պարտավոր էր առաջ քեզ այցելել և ապա գնալ յուր գործին, — իբր թե վիրավորված պատասխանեց Ամալիան:

— Եթե այդ է միայն նրա հանցանքը, ոչինչ, ես ներում եմ նրան:

— Իհարկե միայն այդ, ուրիշ ի՞նչ հանցանք կարող էր գործել նա, — պաշտպանեց Պլատոնին Ամալիան և այդպիսով էլ միաժամանակ վերջ ստացավ նրա մտատանջությունը:

ԺԲ

Մի երկու օրից ետ արդեն բարեկամ շրջանների մեջ տարածվեցավ օրիորդ Ամալիայի գալստյան լուրը և սրտակից բարեկամուհիներից շատերը առանց սպասելու նրա այցելությանը, իրենք առաջինը շտապեցին նրա հետ տեսնվելու: Բանից երևաց, որ այդ սրտակիցներն իսկապես այն հետաքրքիրներն էին, որոնք մինչև այն ուշի ուշով հետևել էին Ամալիայի և նրա ուսուցչի վերաբերությամբ քաղաքում տարածված լուրերին և մեծ հաճությամբ զբաղվել էին այդ լուրերից հրեշավոր պատմություններ հյուսելով:

Ամալիայի մայրը, որ տհաճությամբ էր ողջունում այդ տեսակ բարեկամների գալուստը, առանձին ծանոթացրեց աղջկանը նրանց դիտավորության հետ և պատվիրեց նրան զգուշանալ յուր զրույցների մեջ՝ գոնե մինչև յուր ամուսնության օրը:

Ամալիան կարողացավ օգուտ քաղել այդ նախազգուշությունից: Նրա բոլոր խոսակցությունը — ինչ տեսակ այցելուի հետ էլ որ լիներ — միշտ վերաբերում էր Նեապոլի հռչակավոր Կոնսերվատվարին, նրա օրենքներին, նրա դասատուներին, նրա մեծանուն պրոֆեսորներին, նրա երաժշտական գործիքներին և վերջապես իտալական երգիչներին, երգչուհիներին և այլ այս տեսակ երաժշտական նորություններին: Զբոսարանների, հանդիսարանների կամ զվարճության տեղերի մասին բնավ խոսք չէր լինում: Նույնիսկ Պլատոն Զոմարջիձեի անունը մնում էր առանց հիշատակության: Ամալիային լսողները կհավատային, որ նա Նեապոլի երաժշտական դպրոցից զատ ուրիշ ոչինչ չէ տեսել Իտալիայում: Եվ նա, իհարկե, հենց այդ նպատակին էլ հարմարեցնում էր յուր զրույցները:

Սակայն մի օր պառավ օրիորդներից մինը, որը մի անգամ Զոմարջիձեի վերաբերությամբ հակառակորդ էր համարվում իշխանուհի Ամալիային, կարողացավ նրա պահքը լուծել: Նա հայտնեց մի լուր, որ Ամալիային անհանգիստ դրության մեջ դրավ:

Այդ օրը նրա եղբայրը մեծ խնջույք ուներ «Պարիզ» հյուրանոցում: Օրիորդը հայտնեց, որ այդ ճաշկերույթը կազմված է երիտասարդ բարեկամների խնդրանոք իշխան Ջոմարջիձեի գալուստը տոնելու համար:

Բարեբախտաբար իշխանուհի Դարիան ներկա չէր այս հայտնությանը, և Ամալիան կարողացավ հետաքրքրվիլ նրանով:

Ինչ նշանակություն ունի նրա գալուստը տոնելը, — հարցրեց նա օրիորդին:

— Այն, որ մեր երիտասարդների մեջ միակ տաղանդավոր մարդն է, հայտնի յուր շնորհալի արվեստով: Երիտասարդները կամենում են պատվել նրան:

— Ուրեմն հացկերույթը ընդհանուրին է վերաբերում և ոչ թե միայն ձեր եղբորը, — խորամանկությամբ նկատեց Ամալիան:

— Երիտասարդները մասնակից են միայն ուրախությանը, բայց ծախքը եղբորս է:

— Այդ ինչո՞ւ համար:

— Որովհետև... Բայց ինչու համար եք հետաքրքրվում, — հարցրեց օրիորդը:

— Այնպես, կամենում եմ իմանալ, թե ձեր եղբայրը ի՞նչ կապ ունի Ջոմարջիձեի հետ:

— Հին պատմություն է, — նկատեց մի տիկին, որ երկուսի խոսակցությունն էլ լսում էր, — օրիորդի եղբայրը կամենում էր Ջոմարջիձեին փեսայացնել իրեն:

— Մի՞թե, ուրեմն կարող ենք շնորհավորել ձեզ, — վերա բերավ Ամալիան կատարյալ անտարբերությամբ և մինչև անգամ ժպտալով: Բայց օրիորդի շառագունիլը ավելացրեց նրա ներքին հուզմունքը: Այսուամենայնիվ նա աշխատեց խոսակցությունը ուրիշ նյութի վերա դարձնել, որպեսզի մայրը վերա չհասներ: Իրեն հարկավոր տեղեկությունը Ամալիան արդեն քաղել էր, ավելին կարող էր յուր դիտավորությունը խանգարել: Երբ իշխանուհին ներս մտավ, նրանք արդեն վիճում էին այն բանի վերա, թե քաղաքային վարչությունը ձևի համար է սակագին (տաքսա) նշանակում քաղաքում վաճառվող մթերքների վերա, թե իսկապես հսկում էլ է այդ սակագնի գործադրությանը: Վիճող ձայների մեծամասնությունը, որի վերա և ավելացավ իշխանուհու ձայնը, այն եզրակացության եկավ, որ այդ բանը արդարև լոկ ձևակատարություն է և որ դրանից խեղճ ժողովուրդը գրեթե օգուտ չէ ստանում:

Երբ լրաբեր օրիորդը հեռացավ, Ամալիան շտապեց յուր առանձնարանը և կանչեց այնտեղ ծառային:

— Դու ճանաչո՞ւմ ես «Պարիզ» հյուրանոցը, — հարցրեց նա նրան:

— Ինչպե՞ս չէ, ճանաչում եմ:

— Իսկ իշխան Պլատոն Ջոմարջիձեին:
— Ա՛յն, որ անցյալ տարի դաս էր տալիս ձեզ:
— Այո՛:
— Շատ լավ եմ ճանաչում:
— Բարի, ուրեմն կերթաս այդ հյուրանոցը, այնտեղ այսօր խնջույք կա և երևի արդեն վերջանալու վերա է: Դրսում, կամ այնտեղի ծառաների մոտ կսպասես, երբ մյուս հյուրերի հետ միասին դուրս կգա և իշխան Ջոմարջիձեն, դու կհետևես նրան հեռվից և կտեսնես, թե ո՞ր տունն է մտնում գիշերելու համար: Եթե ոտով կերթա նա, դուն էլ ոտով կհետևես, իսկ եթե կառք կնստե, դու էլ կառք կնստես, միայն միշտ աշխատելով, որ նա չտեսնե քեզ: Երբ տուն կհասնեք, դու լավ կդիտես նրա տան թե փողոցը և թե մուտքը և ապա կվերադառնաս:
Այս ասելով նա տվավ ծառային կառքի փող, և վերջինս մի ակնթարթում անհետացավ:
Այնուհետև Ամալիան նստավ յուր առանձնարանում և խորասուզվեցավ տխուր մտածմունքների մեջ: Նրա մոտիկ անցյալը, որ ամբողջապես կազմված էր երիտասարդական անփորձություններից, և որ այժմ սպառնում է կործանել նրա ապագան, նկարվեցավ յուր առաջ, նա սարսափով նայում էր այդ տխուր պատկերին, որի վերա դրոշմված էին յուր սխալանքները, որոնց այլևս հնար չկար ուղղելու: Նա հիշում էր այն զվարճությունները, այն սիրահարական արկածները, որոնց նա զոհել էր իր միակ և անզուգական հարստությունը, յուր կուսական անարատ պատիվը…
— «Եթե արդարև նա թողնե ինձ, ի՞նչ պիտի անեմ ես, — հարցնում էր ինքն իրեն թշվառ աղջիկը, — ինչ պիտի պատասխանեմ ես իմ մորը և ի՞նչ՝ հասարակությանը... Ամենքը այժմ կուրախանան իմ դժբախտության վերա, որովհետև իմ հանդգնությամբ ես մերժեցի այն առաջարկությունը, որին արժանի էին, ինձանից շատ ավելի բարձր աղջիկները…:
Բայց էլ ինչ կօգնե Ամալիային յուր զղջումը: Նրան մնում էր մտածել, ինչպես և ուր հանդիպեր Ջոմարջիձեին, նրա հետ յուր հաշիվը վերջացնելու համար: Իսկ այնուհետև նա պիտի հանձնվեր աստծո կամքին:
Սակայն անցավ մի երկու ժամ և ծառան չէր երևում: Ամալիան նորից սկսում էր անհանգստանալ: — «Մի՞ գուցե այն աղջիկը խաբեց ինձ», — ասում էր նա. բայց մտածելով, որ այդ դեպքում ծառան ավելի շուտ կվերադառնար, հանգստանում էր և ապա համոզվում, որ երևի հացկերույթը դեռ շարունակվում է:
Վերջապես ծառան եկավ:
— Հա, տեսա՞ր իշխանին, — շտապով հարցրեց նրան Ամալիան:
— Տեսա, տիրուհի, տեսա, տունն էլ ճանաչեցի, — պատասխանեց ծառան կարծես պարծենալով յուր հաջողության վերա:

Ամալիան հանգիստ շունչ քաշեց:

— Դե՛ հ, այժմ պատմիր, թե ինչպես պատահեցիր նրան, — ասաց Ամալիան և ծառան սկսավ յուր պատմությունը:

— Ամենից առաջ ես գնացի «Պարիզ». նա, գիտեք, գտնվում է մեծ փողոցի վերա: Այնտեղի ծառաներից մեկը դրսումն էր, ես նրան հարցրի, թե այստեղ խնջույք կա: Նա պատասխանեց որ կա. հետո ես հարցրի, թե իմ աղան այստեղ է. նա հարցրեց թե ով է քո աղան, ես ասացի թե իշխան Պլատոն Ջոմարջիձեն. նա ասաց թե այստեղ է:

— Բայց ինչու համար դու ասացիր, թե դու նրա ծառան ես, գուցե հյուրանոցի սպասավորը ճանաչում է նրա ծառային:

— Օ, այդ կողմից միամիտ եղեք, տիրուհի, իշխան Պլատոնը ծառա չունի:

— Դու այդ ո՞րտեղից գիտես, — զարմացմամբ հարցրեց Ամալիան:

— Ինչպես չէ, ես վաղուց եմ ճանաչում նրան, նա ոչ թե միայն ծառա չունի, այլև, իր հագուստներն ու կոշիկներն ինքն է սրբում միշտ:

Ամալիան մնաց ապշած, բայց յուր այլայլությունը նա աշխատեց ծածկել:

— Բաբո, դու կարծեմ շատ ես սխալվում, ախր չէ որ իշխան Պլատոնը հարստություն ու կալվածներ ունի, ի՞նչպես կարող է ծառա չունենալ, միթե նա այդքան ժլատ է:

— Հարստություն. կալվածներ. ի՞նչ եք ասում, տիրուհի, ով ասաց ձեզ այդ բաները: Հիսուն տարի է, որ ես ծառայում եմ ձեզ և հիսուն տարի է, որ ես ճանաչում եմ նրանց: Նրա հայրը իրավ իշխան էր, մի երկու կալվածներ ուներ, բայց որդին նրանց վաղուց ծախել ու կերել է: Այս վերջին անգամն էլ նա խաբեց մի կախեթցի իշխանի ու նրանից մի քանի հազար ռուբլի պարտք առնելով գնաց հեռու երկրներ ման եկավ: Երևի նա այդ փողն էլ է վերջացրել, որ արդեն վերադարձել է այստեղ: Նա ժլատ չէ, տիրուհի, եթե նա ժլատ լիներ, այժմ հարուստ մարդ կլիներ:

Ամալիան ամբողջ մարմնով դողաց: Նախազգացո՞ւմն էր այդ, թե դյուրահավանություն, հայտնի չէր, բայց նա հավատաց ծառայի խոսքերին:

— Որտեղի՞ց գիտես դու այդ տեղեկությունները Բաբո, — հարցրեց նա ծառային այնքան նվաղած ձայնով, որ եթե Բաբոն շատ ծերացած չլիներ, կնկատեր իսկույն յուր տիրուհու վրդովմունքը:

— Ծառաները ամեն բան գիտեն, տիրուհի. Ծառաների հասարակությունը ավելի շատ գաղտնիքներ գիտե, քան թե քաղաքի մեծ կլուբը:

— Ինչու ուրեմն այդ բաները նրանց տերերն էլ չգիտեն:

— Պատճառը շատ պարզ է, տիրուհի, որովհետև ծառաներն իրենց տերերի հետ մասլահաթ անելու իրավունք չունին:

— Եթե իշխան Պլատոնն այդպիսի մարդ է, ինչու ուրեմն նրա

պատվի համար խնջույք են սարքել, — իբր նոր գյուտ արած հարցրեց Ամալիան:

Բաբոն ծիծաղեց և ապա հեգնությամբ նկատեց.

— Ախար մի հարցրեք, տիրուհի, թե ինչ մարդիկ էին, նրա ընկերները... մարդիկ եմ ասում, որոնց դուք տուն չէիք թողնիր:

— Լավ, շարունակիր, հետո ինչ եղավ իշխան Պլատոնը:

— Լավ, այն էի ասում, երբ իմացա, թե իշխանը այդտեղ է, ես հյուրանոցի դռնում սպասեցի: Մութը կոխեց. կարծում էի, թե հյուրերը երկար կմնան այնտեղ. բայց սխալվում էի: Մի ժամ չքաշեց և տեսա, որ նրանք գոչելով երգելով դուրս թափվեցան հյուրանոցի դահլիճից: Իշխան Պլատոնը դուրս գալով փողոց, շուտով բաժանվեց յուր ընկերներից. ես հետևեցի նրան:

— Ուրքո՞վ:

— Ո՛չ, տիրուհի, դուք մի շտապեք, ես իսկույն բոլորը կպատմեմ: Հա՛, այն էի ասում, ես նրան հետևեցի: Իշխանը հարբած էր, բայց օ, շատ էր արբած, մինչև մոտակա կառքերին հասնելը, նա քիչ էր մնացել, որ մի քանի անգամ գետին գլորվեր: Երկու անգամ ես նրան բռնեցի, բայց նա ինձ հայհոյեց: Իհարկե, նա ինձ չճանաչեց: Վերջապես նա նստեց մոտ կանգնած կառքի մեջ. ես էլ նրա ետև կանգնած կառք ցատկեցի: — Էյ, ասի կառապանին, առաջ չվազես և ոչ էլ եւ քսան քայլ միայն հեռու գնա՛ այդ առաջին կառքից: Կառապանը, գիտեք, մեր գյուղացի էր. նա իմ հրամանը լավ կատարեց...

— Լավ, վերջացրու, հետո որ կողմ գնաց իշխանը,- անհամբերությամբ ընդհատեց Ամալիան:

— Իսկույն, տիրուհի, իսկույն, նա գնաց ուղղակի դեպի Մոսկովսկայա Բալկան և մտավ մի նեղ փողոց:

— Հետո՞:

— Եվ հետո կառքից ցած իջավ, մի փոքրիկ տան առաջ և մտավ նրա ներքին հարկը:

— Դու այժմ ճանաչում ես ուրեմն տունը:

— Այո, աչքերս փակ կարող եմ գտնել:

— Լավ, գնա: Բայց առավոտը վաղ զարթիր, ես քեզ հետ պիտի գնամ այդ տունը:

— Շատ բարի:

— Մորս և ոչ էլ աղախնին ոչինչ չխոսես քեզ պատվիրվածներիս մասին:

— Չեմ համարձակվիլ, — պատասխանեց Բաբոն և դուրս գնաց:

— «Եվ ես հարցնում եմ ծառային, թե դու որտեղից գիտես այդ տեղեկությունները, — խոսեց ինքն իրեն Ամալիան: — Ահա մի գաղտնիք, որը չգիտե իմ մայրը, բայց իմ ծառան արդեն գործակցում է նրա մեջ: Ահա՛ ինչու ընտանեկան գաղտնիքները ծածուկ չեն մնում ծառաների հասարակությունից: Եվ մենք ողորմելիներս, որ ամուսնական ընտրությունների մեջ համարձակվում ենք սեփական կարծիք ու ձայն ունենալ, շատ անգամ ավելի տգեղ ու ավելի անփորձ ենք, քան մեր ծառաներն ու աղախինները: Եվ մի՞թե կարող է լինել մի դրություն ավելի ստոր և ծաղրական, քան այն, որի մեջ գտնվում ենք մենք: Այն միջոցին, երբ ես հիացած Պլատոն Զոմարջիձեի վերա, երազում էի նրա հարստության, նրա կալվածների, նրա հպատակների և նույնիսկ նրա գոյության տիրուհին դառնալ, իմ ծառան արդեն ճանաչում և արհամարհում էր նրան.... Եվ դժբախտաբար սա մի կատարյալ ճշմարտություն է:

Եվ այսպես, թեպետ հպարտ Ամալիան արդեն հիասթափվել ու տխուր ճշտությանը հասու էր եղել, այսուամենայնիվ նա չկարողացավ ետ կանգնել Պլատոն իշխանի հետ տեսնվելու դիտավորությունից: Որովհետև որքան էլ իրականությունը ճշմարտություն է պարունակում յուր մեջ, այսուամենայնիվ դժբախտացող մարդը սառնասրտությամբ չէ նայում նրա վերա: Նա միշտ աշխատում է գտնել կամ ստեղծել մի ելք կամ ճանապարհ, նրանից խույս տալու համար: Ամալիան կարծում էր, որ Բաբոյի հաղորդածները կարող են և սխալ լինել, որ Պլատոնը կարող է մինչև անգամ դեռ մի հարուստ ու պատվավոր մարդ լինել... Վերջապես պետք չէր նրան դատել առանց իրեն էլ լսելու:

Այս մխիթարությամբ նա պառկեց քնելու:

ԺԳ

Առավոտը շատ վաղ արթնացավ Ամալիան: Նա մտադիր էր այնպես շուտ գնալ Պլատոնի մոտ և վերադառնալ, որ տան մեջ ոչ ոք չնկատեր նրա առավոտյան բացակայությունը: Բայց չգիտեր, թե ծառան պատրաստ էր իրեն ընկերակցելու, թե ոչ: Շտապով հագնվելով ու լվացվելով նա մոտեցավ յուր տուալետին փոքր ի շատե պչրվելու համար: Որքան էլ նրա սիրտը տխուր և վիճակը աննախանձելի էր, այսուամենայնիվ գեղեցիկ և գրավիչ երևալու ցանկությունը երբեք չէր նվազում նրա մեջ: Մանավանդ այդ րոպեին նա ցանկանում էր ավելի գեղեցիկ և ավելի հրապուրիչ լինել յուր սիրահարին կախարդել կարողանալու համար, բայց ինքն իրեն հաշիվ չէր տալիս, թե այսուհետև էլ ինչի՞ն էր հարկավոր յուր սիրո և անձնվիրության դավաճան այդ սիրահարը:

Երբ նա դուրս գնաց տան բակը, Բաբոն, արդեն կազմ և պատրաստ յուր տիրուհու հրամանին, մտախոհ ճեմում էր այնտեղ: Բայց Պլատոնի մոտ գնալու համար դեռ շատ վաղ էր: Ամալիան ցանկացավ օգուտ քաղել ժամանակից և նախապատրաստվել նրա հետ խոսելու համար: Այդ նպատակով նա մտավ իրենց փոքրիկ այգին:

Օրը ամառային էր, արևը դեռ չէր ծագել, բայց արևելքը վառվում էր շառագույն լույսով: Մի քաղցրասիկ զեփյուռ փչում էր այգու մեջ. ճնճղուկները երամով թրթռում էին նրա ծառերի վերա և լցնում օդը իրենց աղմկալից ճռվողյունով: Ամառային առավոտը մի կողմից կազդուրիչ ներգործություն ունեցավ Ամալիայի վերա, իսկ մյուս կողմից տխրեցրեց նրան՝ հիշեցնելով անցյալի քաղցրությունները, որոնց նա այժմ վայելել չէր կարող: Պլատոնի հետ խոսելու նախապատրաստությունը մնաց: Նա հիշեց յուր ծաղկափթիթ մանկությունը, որ անցուցել էր այդ այգու մեջ, յուր անմեղ կուսական խաղերը այս ծերացած ծառերի տակ, յուր մանկական հրճվանքը այս ճնճղուկների երգերի համար, և վերջապես յուր պատանեկական հասակը՝ լի ապագայի վարդագույն հույսերով, որոնք ավաղ, այդ րոպեին արդեն կործանված էին...

— Նույնիսկ մի տարի առաջ որքա՛ն ուրախ, որքա՛ն անհոգ և որքա՛ն բախտավոր ճեմում էի ես այս ծառերի տակ, — մտածում էր նա ինքն իրեն, — ես հարուստ էի իմ հոյակավոր գեղեցկությամբ, իմ իշխանական ծագումով, իմ անբիծ անվամբ, իմ պատվաբեր զարգացմամբ... ինձ համար խոսում էին ամեն տեղ, ինձմով հիանում էին մարդիկ, ինձ պաշտում էին երիտասարդները… Կյանք, սեր և վայելչություն, ամեն տեղ սպասում էին ինձ և միմիայն ինձ... Իսկ այսօր, ավաղ, ես կործանված եմ անկանգնելի կերպով, ինձ այլևս ոչինչ չէ մնում, բայց միայն նախատինք և անպատվություն… և ինչու՞ համար այս բոլորը... Օh, Պլատոն, Պլատոն, այդ դո՛ւ ես, դո՛ւ միայն սկիզբն և պատճառ իմ դժբախտության, իմ անկման և կործանման...: Եվ թշվառ աղջիկը այլևս չկարողացավ շարունակել, նա փաթաթեց գլուխը սև շղարշի մեջ և շտապով դուրս գնաց այգուց:

— Առաջ անցիր, Բաբո, ցույց տուր ինձ այն մարդու բնակարանը, — սրդողած ասաց նրան Ամալիան. — բայց գնա այնպիսի ճանապարհներով, որոնք բազմամարդ չեն լինում: Բաբոն առաջ անցավ: Նա գնում էր հանգիստ քայլերով, առանց շտապելու, որովհետև ծերությունը և մանավանդ երկար տարիների ծառայությունը խեղճ Բաբոյի ոտներում ուժ չէին թողել: Ամալիան նեղանում էր նրա դանդաղկոտության վրա, բայց ձայն չէր հանում, և այն ոչ թե նրա համար, որ ակնածում էր նրա ծերությունից, այլ նրա համար, որ կարոտ էր նրա օգնության և խորհրդապահության:

Բայց չնայելով, որ օրվա այդ ժամանակը փողոցներում կառք չէ ճարվում, այնուամենայնիվ Բաբոյի բախտից մի գինետան առաջ նրանք պատահեցին մի ծածկված կառքի, որի մեջ քնած էր կառապանը: Ամալիայի հրամանով Բաբոն զարթեցրեց կառապանին: Խեղճ մարդը չգիտեր, թե ի՞նչ պատահմունքով յուր կառքը գտնվում է այդ գինետան առաջ: Նա կամեցավ մի փոքր մտածել այս գաղտնիքը լուծելու համար, բայց Բաքոն ժամանակ չտվավ նրան:

— Դեռ գնանք, մենք շտապում ենք, ինչ հարկավոր է, ճանապարհին կմտածես, — ասաց նա նրան և օգնեց յուր տիրուհուն կառքը նստելու, իսկ ինքը բարձացավ կառապանի նստարանի վերա:

— Դեհ, գնա՛, բարեկամ, շուտ գնա. աստվածը քեզ ինձ համար հասցրեց, թե չէ ես ոտքեր չունեի Մոսկովսկայա Բալկան հասնելու, — սկսավ մտերմաբար խոսել Բաքոն կառապանի հետ:

— Էդ լավ, բիձա գնանք, բայց դու էն ասա, թե ես ինչ էի շինում այս փողոցում այսպիսի ժամանակ, — պատասխանեց կառապանը ձիաներին մտրակելով:

— Ես իսկույն կիմանամ, բարեկամ: Ամենից առաջ ինձ ասա տեսնեմ, թե երեկ երեկոյան վերջին անգամ ո՞ւմ որտե՞ղ տարիր:

— Երեկ երեկոյան:

— Հա՛:

— Երեկ երեկոյան... սպասիր, լավ չեմ հիշում...Բայց չէ, հիմա հիշում եմ. երկու լավ տղաների Վերայի բաղերից բերի Մթածմինդա. նրանք մի մանեթ բաշխեցին ինձ, հետո երեք աբասի էլ գինու փող: Հետո... ում տարի, չգիտեմ, չէ ոչ քին չտարի, ձիաները դրուստ քշեցի ես միկիտան Ծղալոբի մոտ: Նա ութ բաժակ լավ կարմիր գինի խմացրեց ինձ, ու ինձանից երկու աբասի առավ, թե վեց շահի, չգիտեմ, հետո...

— Էլ ի՞նչ հետո, հիմար, գինին վերջացնելուց հետո դու էլ մտած կլինեիր կառքը ու մրափած:

— Վա, ձիաները սաղ գիշեր ո՞նց կմնային դրսում:

— Տո, ձիաները լեզու ունին, որ քեզանից գանգատվին:

— Այ մարդ, չլինի թե քո, ասած լինի, ու ես սաղ գիշեր, դրսում պահած լինիմ խեղճերին:

— Դեռ նո՞ր գիտես, որ իմ ասածն է:

— Էդպես որ լինի, իմ կնիկը խո ինձ տուն չի թողնիլ:

— Ի՞նչ կա որ, մյուս գիշեր էլի ութ բաժակ կկոնծես ու էլի փողոցում կքնես:

Մինչդեռ կառապանն ու Բաքոն այս զրուցատրությամբ զբաղված մտնում էին Մոսկովսկայա Բալկան, Ամալիան փաթաթված յուր շղարշի մեջ և կծկված կառքի մի անկյունում ուշադրությամբ դիտում էր իրեն անծանոթ այս նեղ ու մենավոր փողոցները, որոնց մեջ գրեթե անցորդներ չկային: Միայն այս ու այն պատուհանից կախվում էին կասկածավոր գոյության տեր կանայք, առավոտյան լոդիկներով և կամ բաց կուրծքերով, իմանալու համար, թե ի՞նչ արարածներ են արդյոք այդպես առավոտանց իրենց բնակավայրը այցելողները:

Ամալիան առաջին անգամ տեսնելով նրանց լկտի կերպարանքը, զզվում ու դարձնում էր երեսը, բայց հակառակ կողմում ավելի պարկեշտ պատկերի չէր հանդիպում: Մի տեղ կիսափակ դռներով գինետան մեջ դեռ գոռում-գոչում էին արբեցող շրջմոլիկները, մյուս տեղ մութ ու խոնավ նկուղում բարձրաձայն հայհոյում էին միմյանց թուղթ խաղացող սրիկաները, իսկ մի խոր ընկած բակում անհայտ կոչման տեր կանայք իրար անիծելով ու հայհոյելով միմյանց երես էին ծվատում:

Այս զազիր պատկերները քստմնեցնող տպավորություն, արին երիտասարդ իշխանուհու վերա, և նա երեսը ծածկեց նրանց չտեսնելու համար:

Վերջապես մեր ճանապարհորդները անցան դարձյալ մի նեղ փողոց և կառքը կանգնեց Բաբոյին ծանոթ փոքրիկ տան առաջ:

— Ներս մտիր, Բաբո, և տես իշխանը տանն է, թե ոչ, — ձայն տվավ Ամալիան և ծառան իսկույն ներքն ցատկեց:

Նա մտնելով իրեն ծանոթ դռնով, պատահեց մի կնոջ, որ ըստ երևույթին տան տիկինն էր և մի ինչ որ բանով զբաղված էր նախասենյակում:

— Տա՞նն է իշխանը, — հարցրեց նա տիկնոջը:

— Տանն է, ինչ ունիս դու նրա հետ:

— Մեր իշխանուհին կամենում է նրա հետ տեսնվիլ:

— Ձեր իշխանուհին, ո՞վ է նա և ինչու այդպես վաղ, — զարմացմամբ հարցրեց տիկինը, բայց Բաբոն ավելորդ համարեց նրան պատասխանել, այլ իսկույն դուրս եկավ և հայտնեց յուր տիրուհուն, որ իշխանը տանն է:

Ամալիան իջավ կառքից և ներս մտավ, Նա պատրաստվել էր միմիայն մի դաժան հայացքով խորտակել յուր անազնիվ սիրահարին, այն մարդուն, որ իրեն ստիպել էր մինչև այս ստորաքարշ արարածների բնակավայրը գալու... Բայց պատահելով նախասենյակում հիշյալ կնոջը, նա շփոթված կանգ առավ նրա առաջ:

Տիկինը տեսնելով գեղանի իշխանուհուն, խորին ակնածությամբ ողջունեց նրան և քաղաքավարությամբ հրավիրեց յուր հյուրասենյակը:

— Ոչ ես միայն իշխան Պլատոնին եմ ցանկանում տեսնել, ո՞ւր է նա, — հարցրեց Ամալիան:

— Նա հագնվում է, բարեհաճեցեք մի քանի րոպե հանգստանալ մեզ մոտ, եթե դուք կամենում եք անպատճառ տեսնվիլ նրա հետ:

Ամալիան անխոս հետևեց տան տիկնոջը: Երբ նրանք միայնակ մնացին, Ամալիան հարցրեց:

— Իշխանը ձեզ մոտ վարձո՞վ է մնում:

— Մենք միասին ենք ապրում, — պատասխանեց տիկինը:

— Միասի՞ն, — զարմացմամբ հարցրեց Ամալիան:

— Այո, միասին:

— Դուք ուրեմն նրա ազգականուհին եք:

— Ո՛չ, ես նրա կինն եմ:

— Սրա կինը, անկարելի է, նա ամուսնացած չէ:

— Այդ միևնույն է, ես նրա սիրուհին եմ:

Ամալիան մնաց քարացած: Նա ամեն բան մտածել էր Պլատոնի համար, բայց նրա այդ աստիճան իրեշ լինելու վերա չէր մտածել.

— Շա՛տ ժամանակ է, տիկին, որ դուք ճանաչում եք միմյանց, — հարցրեց կրկին Ամալիան:

— Երեք տարի է:

— Եվ այդ բոլոր ժամանակ դուք միասի՞ն էիք ապրում:

— Երկու տարի մենք միասին ապրեցինք, տիկին, այնուհետև նա հեռացավ այստեղից, մի տարի բացակայությունից հետո, ահա՛ մի քանի օր է, ինչ որ կրկին վերադարձել է:

— Որտե՞ղ էր գտնվում նա այս մի տարին:

— Չգիտեմ, արտասահմանում:

— Ինչ էր շինում նա այնտեղ, գիտեք արդյոք:

— Գրեթե ոչ, տիկին, ինքն ասում է, որ յուր սեփական գործերի համար է գնացել, իսկ ուրիշները պատմում էին, որ, նա մի անառակ աղջկա ետևից ընկած թափառելիս է եղել զանազան երկրներ...

Ամալիան ամբողջ մարմնով դողաց, առաջին անգամ նա յուր ականջով լսեց յուր դատապարտությունը հասարակաց կնոջ բերանից...

Էլ ի՞նչ հարկավոր էր այնուհետև ապագայի մասին գուշակություններ անել, անկումն արդեն մոտենում էր:

Բայց շուտով Պլատոնի ձայնը լսվեցավ նախասենյակում, որ կանչում էր յուր մետրեսին:

— Տիկին, կանչեցեք իշխանին այստեղ և մեզ մի քանի րոպե մենակ թողեցեք, աղաչում եմ, — խնդրեց Ամալիան տան տիկնոջը և վերջինս հնազանդվելով դուրս գնաց:

Իշխան Ջոմարջիձեն զարմացավ լսելով հանկարծ, որ մի իշխանուհի եկել է իրեն տեսնելու: Նա չէր կամենում հավատալ, թե այս անհայտ անկյունում Ամալիան կարող է նրան գտնել: Այնուամենայնիվ նա մի րոպե կանգ առավ նախասենյակում, նախազգացմունքը պաշարեց նրան, նա չէր համարձակվում դեպի հյուրասենյակը առաջանալու: Եվ արդարև ինչ երեսով կարող էր նա մտնել այնտեղ, եթե իրեն այդ սենյակում սպասողը Ամալիան ինքն էր. այն աղջիկը, որ հոգվով ու մարմնով նվիրվել էր իրեն, բայց որին ինքը տմարդությամբ թողել հեռացել էր... Երիտասարդ իշխանը որքան էլ սրտոտ արկածախնդիր էր, այսուամենայնիվ յուր այս սիրուհու այցելությունը նրան ճնշում էր. նա գիտեր, որ Ամալիան իրենից բացատրություն պիտի պահանջե, իսկ ինքը բացատրություններ տալու ճանապարհ չուներ:

Բայց երկչոտությունը շատ անգամ հանդգնություն է ծնեցնում. «Թող սա էլ մյուսների շարքն անցնե, երբ պարտապանը փող չի ունենում յուր պարտատերերին վճարելու, նա չէ մեռնում, այլ սնանկանում է. թող ուրեմն ես էլ բարոյապես սնանկ ճանաչվիմ», — վճռեց ազնվատոհմ իշխանը և պատրաստվեցավ հյուրասենյակը մտնելու:

Ամալիան կանգնած էր դրան հանդեպ, սրտմտությամբ լի, անողոք դեմքով և բարկացայծ աչքերով, րոպե առ րոպե նա սպասում էր տեսնել, թե ինչ երեսով կհամարձակվեր երևալ յուր աչքին այն անձը, որ քանի օր առաջ ամենաազնիվ մարդն էր հռչակում իրեն՝ խոսքերով, իսկ այսօր ստորներից ստորագույնը՝ յուր գործով:

Պլատոնը մտավ. Ամալիան մի քայլ ետ կանգնեց, և յուր կրակոտ աչքերը սևեռեց նրա վերա, մի քանի րոպե նրանք անթարթ աչքերով սկսան դիտել իրար առանց մի բառ արտասանելու, ինչպես երկու քաջ մենամարտողներ, որոնք կռվից առաջ զգուշավոր աչքերով և սուսերամերկ կշռում են միմյանց շարժումը:

— Դու այստե՞ղ, Ամալիա, — առաջին անգամ ընդհատեց լռությունը Զոմարջիձեն:

— Այո՛ պարոն, ես այստեղ եմ, իսկ դուք, դուք էլ այստեղ եք, այնպես չէ:

— Ինչպես տեսնում եք:

— Այս տունն է, ուրեմն, Գորիի մոտ գտնված ձեր երկու գյուղերը, որոնց բնակիչներին դուք եկել եք խաղաղացնելու, — դառն հեգնությամբ հարցրեց Ամալիան, կամենալով հիշեցնել նրան այն սուտ պատճառը, որ Պլատոնն առաջ էր բերել յուր բացակայության առթիվ գրած նամակում:

Պլատոնը ժպտաց:

— Դուք մա՞րդ եք, թե հրեշ, — բարկացած հարցրեց Ամալիան զայրանալով նրա անտարբերության վերա.

— Նայելով, թե ով ինչպես է ընդունում ինձ:

— Բայց ես կամենում եմ ձեր բերանից լսել ձեր անունը:

— Հրեշ, եթե ցանկանում եք. բայց ես ինձ մարդ եմ ճանաչում:

— Այո՛, մի մարդ, որ յուր գոյությամբ ներկայացնում է մարդկության մարմնացյալ ստորությունը...

— Օրիորդ, դուք տաքանում եք:

— Ուրեմն սովորեցրեք ինձ ձեզ նման սառնասրտությամբ անպատվությունը տանելու:

— Դրա համար հարկավոր է, որ ամեն մի աննշան վիրավորանքի վերա ուշադրություն չդարձնեք:

— Աննշան եք համարում ուրեմն ձեր ինձ հասցրած վիրավորանքը:

— Ես չեմ հիշում, թե երբևիցե վիրավորել եմ ձեզ:

— Օհ, անզգամություն, ո՛րքան զզվելի ես դու.. Բայց դուք, պարոն, գոնե հիշում եք, որ մի օր իմ առաջ ծունկ չոքած բոցավառ խոսքերով խոստովանում էիք, որ ինձ սիրում ու պաշտում եք:

— Հիշում եմ. բայց ես սուտ չէի խոսում, ես այն ժամանակ արդարև ձեզ սիրում ու պաշտում էի:

— Եվ դուք խոստանում էիք հավիտյան սիրել...

— Եվ ես չէի խաբում, ես հավիտյան սիրում եմ:

— Դուք հավիտյան սիրում եք... օհ, զոնե լռեցեք, լռեցեք, որ հավատամ թե արդարև մի վայրկյան ամաչում եք դուք ձեր անազնվությունից, ձեր ստորությունից և վերջապես ձեր անպատկառ ստախոսությունից...

— Օրիորդ, դուք ինձ զրպարտում եք:

— Հրեշ, ուրեմն չեք ստախոսում, երբ ասում եք, թե հավիտյան սիրում եք ինձ, մինչդեռ այս րոպեին, այս միևնույն տան մեջ սիրուհիներ եք պահում:

— Դուք հաստատում եք իմ խոսքը, ես չասացի թե հավիտյան սիրում եմ ձեզ, այլ թե հավիտյան սիրում եմ, այդ կնշանակե, որ այսօր իմ սերը ձեզ եմ նվիրում, իսկ վաղը մի ուրիշին, այսուամենայնիվ միշտ և ամեն օր սիրում եմ, և ահա՛ հենց այդ փոփոխության մեջ էլ կայանում է սիրո հավիտենականությունը, — ցինիկական ժպիտով նկատեց Պլատոնը:

— Պարոն, պարոն, անամոթությունը միայն ձեր պատկերով կարող է շրջել մարդիկների մեջ... — վրդովված բացականչեց Ամալիան: — Եթե դուք այդ կարծիք ունեիք սիրո հավիտենականության վերա, ինչու համար մոտեցաք ինձ, ինչու ինձ սեր խոստացաք, ինչու ինձ հետ ամուսնանալու երդում արիք և իմ միակ հարստությունը՝ իմ պատիվը խլելով, տմարդությամբ ինձ անպատվության ճանապարհի վերա թողիք... ինչ չարիք էի ես ձեզ հասցրել, ես մի թույլ, մի թշվառ աղջիկ, չէ որ իմ միակ հանցանքը ձեզ հավատալը և սիրելն էր...

— Օրիորդ հավատացեք, որ ինձ համար շատ ծանր է տեսնել ձեզ այդ աստիճան վրդովված, ես ինքս խոստովանում եմ, որ ձեր վիճակը նախանձելի չէ. ճշմարիտ է, որ դուք ինձանից մի փոքր ավելի եք զոհել, բայց ի՞նչ արած, կյանքը, որի համար մարդիկ այնքան շատ կռվում են, ուրիշ ոչինչ չէ, բայց եթե իմ և ձեր վիճակը: Եթե ես ձեզ խաբել եմ, ես մեղավոր չեմ. դուք գեղեցիկ էիք ինչպես մի աստվածուհի և ես ձեզ սիրեցի ինչպես հողեղեն մարդ, բայց իհարկե, սիրելը բավական չէր. պետք էր և ձեզ ժառանգել, իսկ դրա համար ես չունեի հարկավոր ուժը, որին հարստություն են անվանում, ուրեմն պետք էր խորամանկություն գործ դնել: Իմ ձեզ հետ ունեցած շատ խոսակցությունների ժամանակ ես ուսումնասիրեցի ձեր բնավորությունը, դուք մեծ նշանակություն էիք տալիս ազնվատոհմությանը և հարստությանը. ես ազնվատոհմ էի, բայց հարուստ չէի. պետք էր, ուրեմն, հավատացնել ձեզ, որ հարուստ էլ եմ: Եթե ես ճշմարտությամբ ներկայացնեի ձեզ իմ արդի դրությունը, հարկավ դուք իմ երեսին չէիք նայիլ, բայց ես խաբեցի ձեզ և դուք կապվեցաք ինձ հետ: Հետևապես, որքան ես հանցավոր եմ ձեզ խաբելու մեջ, նույնչափ էլ հանցավոր եք դուք խաբվելու մեջ, այսպիսով հավասարվում են մեր հաշիվները:

— Իսկ ձեր պատի՞ժը, դավաճան, պատիժը ձեր չարգործության համար, — զայրույթից դողացող ձայնով բացականչեց Ամալիան:

— Պատիժը, այդ հայտնի է, օրիորդ, դուք օրենքով կստիպեք ինձ ամուսնանալ ձեզ հետ, իսկ այդ դեպքում դարձյալ պատժվողը դուք կլինեք, որովհետև ես մի հրեշտակի հետ կընկերանամ՝, իսկ դուք՝ մի սատանայի, — սառնասրտությամբ պատասխանեց Պլատոնը:

— Oh, թշվառական, գոնե թողեք իմ սրտում մի անկյուն առանց սրբապղծելու, թողեցեք, որ ես հավատամ, թե դուք գոնե մի վայրկյան կարող եք հրեշ չլինել...

— Այդ անօգուտ կլիներ նույնիսկ ձեզ համար, օրիորդ, ավելի լավ է մոլության մեջ կատարյալ լինել, քան թե առաքինության մեջ պակասավոր, ամեն բանից մի քիչ ունենալ, կնշանակե ոչինչ չունենալ, այդքան չարաչար խաբվելուց ետ ինչու համար եք ցանկանում նորից խաբվել...

— Գարշելի՛ արարած, դժոխքն անգամ անկարող է հաղթահարել քեզ սրտմտությամբ բացականչեց Ամալիան և զայրույթից գրեթե խելագարված դուրս գնաց յուր փեսացուի բնակարանից:

Բաբոն չափից դուրս անհանգստացավ յուր տիրուհուն վրդովված դրության մեջ տեսնելով, նա օգնեց նրան կառքը բարձրանալու, բայց չկարողացավ հարցնել նրա այլայլության պատճառը, այլ բավականացավ միայն հրամայելով կառապանին մտրակել ձիաները:

ԺԴ

Մի փոքր առաջ, երբ Ամալիան Պլատոնի մոտ գնալու էր պատրաստվում, նա ամեն զգուշություն ի գործ դրավ յուր բացակայությունը մորից ծածկելու, բայց այժմ, երբ վերադառնում էր այնտեղից, նա այդ զգուշության համար մտածելն ավելորդ համարեց: Դեռևս տուն չհասած, Բաբոն հարցրեց նրանից, թե արդյոք չէր հրամայիլ կառքը իրենց տանից մի փոքր հեռու կանգնեցնել:

— Ոչ, ուղղակի մեր տան դուռը քշել տուր, — հրամայեց Ամալիան և երկու վայրկյանից ետ ահագին դղրդյունով կառքը կանգնեց Ագայյան տան առաջ:

Դեռ Ամալիան նոր էր մտնում նախասենյակը, երբ մայրը դիմավորեց նրան բոլորովին անտեղյակ դստեր բացակայության:

— Ամալիա, այդ դու կառքով եկար, — հարցրեց իշխանուհին զարմացմամբ:

— Այո, ես եկա, — հակիրճ պատասխանեց Ամալիան և շտապով ներս գնաց դեպի յուր առանձնարանը:

Իշխանուհին չնկատեց յուր դստեր այլայլությունը, բայց շատ հետաքրքրվեցավ իմանալու, թե այդպես վաղ որտեղից էր վերադառնում նա:

Երբ նրանք ներս մտան առանձնարանը, մայրը հարցրեց կասկածավոր եղանակով.

— Ամալիա, ո՞րտեղ էիր դու այսպես վաղ:

— Այնտեղ, որտեղ դու ինձ ուղարկել էիր, — պատասխանեց Ամալիան շղարշը դեն ձգելով և վիդովմունքից հոգնած բազկաթոռի վերա ընկնելով:

— Այդ խոսքը ի՞նչ է նշանակում, ես քեզ ոչ մի տեղ չեմ ուղարկել,

— Ինչպե՞ս չէ, մոռանում ես, — դառնությամբ նկատեց Ամալիան, — ես Պլատոնի մոտ էի:

— Պլատոնի մո՞տ, մի՞թե նա արդեն վերադարձել է:

— Նա ոչ մի տեղ էլ չէր գնացել:

— Ի՞նչպես չէ. դու չէր, որ կարդացիր ինձ նրա նամակը:

— Այո՛, կարդացի, բայց այդ նամակով նա մեզ խաբել էր և փախչելով մեզանից՝ ապավինել մի անառակ կնոջ տանը...

— Ի՞նչ եմ լսում, Ամալիա, դու ինձ սարսափեցնում ես, — դողալով խոսեց իշխանուհին:

— Մի տարի առաջ պետք է սարսափեիր հիմա արդեն ուշ է...

— Ի՞նչ ես կամենում գուժել ինձ, աղջիկս խոսի՛ր տեսնեմ:

— Այն, որ Պլատոն Ջոմարջիձեն քո աղջկանն անպատվելուց ետ, թողնում է նրան:

— Ի՞նչպես կարող է նա հանդգնել. աշխարհում օրենք կա. ես նրան դատարան քարշ կտամ, մինիստրին կդիմեմ, թագավորին կբողոքեմ այլայլված որոտաց իշխանուհին:

— Բոլորովին իզուր, որովհետև նրանից էլ քեզ շահ չի լինիլ:

— Ի՞նչ ես խոսում, ինչպես թե շահ չի լինիլ. միթե ես նրան այդպես հեշտ իմ ձեռքից բաց կթողնեմ:

— Եթե չթողնես, ինչ կարող ես անել:

— Ես քեզ կամուսնացնեմ նրա հետ:

— Ավելի վատ. դու քո աղջիկը կկապես մի անառակ և մի ամենաաղքատ սրիկայի հետ. մի մարդու, որ սրտում ոչ խիղճ ունի և, ոչ երեսում՝ ամոթ, որի համար չկա աշխարհում և ոչ մի սրբություն...

— Թշվառական, և դու այդ դեռ այսօ՞ր իմացար:

— Այո՛, միայն այսօր:

— Ուրեմն ինչու այնքան շուտ և այնքան թուլությամբ անձնատուր եղար մի մարդու, որին դեռ այսօր պիտի ճանաչեիր:

— Ես նրան անձնատուր չեղա, դո՛ւ ինձ մատնեցիր նրան:

— Ամալիա, այդ ի՞նչ սոսկալի զրպարտություն ես անում...

— Զրպարտությո՞ւն, բնավ, ես խոսում եմ ճշմարտությունը, դու ինքդ ինձ նրա ձեռը մատնեցիր. դու ինքդ կործանեցիր իմ ապագան:

— Ամալիա, ես կխելագարվեմ, մի՛ տանջիր ինձ այդքան անողորմ, ինչո՞վ եմ ես մեղավոր քո անպատվության գործում:

— Եվ դեռ հարցնո՞ւմ ես, թշվառ դու:
— Աաա՛, աաա՛, ես կամենում եմ, որ դու հաստատապես համոզես, թե արդարև ես եմ քեզ անպատվողը և ոչ թե դու:
— Շատ լավ. ուրեմն պատասխանիր ինձ, դու չէիր իմ մայրը, դո՛ւ չէիր ավելի հասակավորը, դո՞ւ չպետք է լինեիր ավելի փորձվածը, ավելի աշխարհի ճանաչողը:
— Իհարկե:
— Ի՞նչ մտածեցիր, ուրեմն, երբ ինձ նման մի տասնութամյա, աշխարհիս անծանոթ, չարին ու բարվոյն անտեղյակ և ըստ ամենայնի անփորձ աղջկան հանձնեցիր մի երիտասարդ, փորձառու, լեզվագար, արկածախնդիր և բոլորովին քեզ անծանոթ մարդու խնամատարության, ինչ իրավունք ունեիր ուրեմն սպասել մեզանից ավելին, քան այն, ինչ որ մենք այժմ տալիս ենք քեզ...
— Իսկ դու՞, Ամալիա, դու, ուրեմն, մի ոչնչություն էիր. դու որ տասնութամյա, զարգացած, կրթված մի աղջիկ էիր, ուրեմն այնքան ուժ չպետք է ունենայիր, որ մի տարի գոնե կարողանայիր ծնողական խնամատարության անկարոտ ապրել...
— Ամենից առաջ գիտցիր, թե դու ի՞նչպես ես մեծացրել ինձ մինչև իմ տասներկու տարին և այնուհետև թե դու ո՞րտեղ ես տվել ինձ ուսանելու... Դու խոսում ես իմ զարգացման և կրթության մասին, բայց դու նեղությո՞ւն կրել ես գոնե մի անգամ իմանալու համար, թե արդյոք ինձ կրթում, զարգացնո՞ւմ էին, թե միայն աշխարհում թեթև ապրելու եղանակն էին սովորեցնում... Օ, դու մայր չես եղել ինձ համար և ո՛չ գոնե մի հասարակ խնամակալ, դու իմ թշնամին և դահիճն ես եղել...
— Ամալիա, Ամալիա, դու խոցոտում ես իմ սիրտը: Դու վիրավորում ես իմ հոգին:
— Դրանք դատարկ խոսքեր են, մայր իմ, ճշմարտությունն այն է, որ դու ինձ կործանեցիր, որ դու իմ անդարձ կորստյան պատճառ դարձար... Այսուհետև ապարդյուն է նույնիսկ քո զղջումը, ամեն մի իմ անցյալը հիշելով, ամեն մի իմ դժբախտ ներկան տեսնելով, պիտի անիծեմ քեզ և պիտի անիծեմ անողորմաբար...
— Ամալիա, դու անգութ ես. մտածիր գոնե մի անգամ, որ ես մայր եմ, որ ես չէի ցանկանալ տեսնել իմ աղջկաս իմ աչքի լույս Ամալիային այսպիսի անարգ դժբախտության մեջ...
— Այո՛, դու մայր ես, դու չէիր ցանկանալ տեսնել ինձ դժբախտ, ես հավատում եմ, բայց ի՞նչ ես պատասխանում նրան, որ տեսնում ես թե ես արդեն դժբախտ եմ...
— Բայց ես հանցավոր չեմ, Ամալիա...
— Օհ, միշտ իրենց եսը. թող մեռնի աղջիկը, թող ոչնչանա նա, միայն մոր համար չասեն, թե նա հանցավոր է... Օհ, դեն զցեք ձեր վերայից գոնե մայր անունը, գոնե մի պարծենաք դրանով, դուք չեք սիրում ձեր

որդիներին, չէ: Այդ մայրերը գուցե մի օր եղել են, բայց այժմ չկան... Աշխարհը կերպարանափոխվել է, մայրական գորովի տեղ այժմ բուսել է մայրենի ինքնասիրությունը, դուք կամենում եք ձեր որդիներին բախտավոր տեսնել միմիայն ձեր հանգստության համար, խելոք, զարգացած, հարուստ — միմիայն ձեր փառքի համար: Այն օրը, որ նրանք կընկնին, այն օրը, որ նրանք կաղքատանան, դուք նրանց թշնամիների կողմը կանցնեք, և այդ կանեք հանգիստ սրտով, առանց վրդովվելու, որովհետև հասարակությունը ինքը անբարոյականացնում է ձեզ, սովորեցնելով գլուխ ծռել միայն կանգնած մարդու, միմիայն հարուստ մարդու առաջ...

— Իսկ այն սիրտը, որ միայն որդու սիրո համար է բաբախում, այն սիրտը, որ միայն նրա համար է ապրում, Ամալիա...

— Նրան պետք է որոնել մուզեումներում և գյուղացու խրճիթների մեջ, — դառնացած ընդհատեց մորը Ամալիան և վրդովված դուրս գնաց առանձնարանից:

Իշխանուհին մնաց քարացած:

— «Ամալիան իրավունք ունի, — մտածեց նա ինքն իրեն, — ես եմ նրա դժբախտության պատճառը, և նա դեռ ամեն բան չգիտե... Եթե ես լավ մայր լինեի, չմտածեի իմ հարստության ու փառքի վերա, եթե ես չաշխատեի նրա ապագան իմ բարեկեցության հարմարեցնելու, եթե ես նրան չսովորեցնեի յուր ազնվատոհությամբ պարծենալու և վերջապես, եթե ես առաջինը չլինեի Մաշտոցյանի նման հարուստ ու պատվավոր երիտասարդի առաջարկության մերժողը, հարկավ նա այժմ մի պատվավոր ընտանիքի հարսը կլիներ, բախտավոր յուր դրությամբ, գոհ յուր վիճակից, բայց իմ հիմարությունը երկուսիս էլ բախտից զրկեց… Եվ ի՞նչ, միթե ես այդ հարվածը զգացի և նրա վնասով բավականացա, ոչ, իմ իշխանազուն աղջկա գեղեցկությունն ինձ կուրացրել էր. ես կամենում էի, որ բոլոր աշխարհը ճանաչեր նրան. ես նորանոր ծանոթությունների ետևից ընկա և իմ տունը զվարճասեր երիտասարդության ժողովարան դարձրի: Խելքս այն ժամանակ գլուխս եկավ, երբ արդեն բոլոր քաղաքը բամբասում էր խեղճ Ամալիայիս և նա ինքը ոչինչ չգիտեր... Բայց ինչ, աչքը շինելու տեղը հոնքն էլ պատառեցի, մի սխալմունքս ուղղելու համար գլորվեցա ուրիշ ավելի խայտառակ սխալմունքի մեջ: Կամենալով ազատել աղջիկս անվանարկությունից և տունս՝ իմ ձեռքով հավաքած սրիկաներից, հանձնեցի խեղճ Ամալիայիս մի օտար, մի անծանոթ մարդու, ազատություն տալով նրան տանել իմ սիրած ու գուրգուրած աղջկան ով գիտե ուր... Օհ, հիմարություն. մի անգամ ինքս ինձ չհարցրի, թե այ տխմար, դու հեռացնում ես աղջկանդ՝ դրան բամբասանքից ազատելու համար. ախար չէ որ ընտրած միջոցդ ավելի վատթար բամբասանքի տակ պիտի ձգե նրան: Եթե յուր հոր տան մեջ, յուր մոր հսկողության տակ բամբասում են նրան, ի՞նչ պիտի ասեն ուրեմն, եթե օտար աշխարհում մի օտար երիտասարդի հետ, ապրե նա, թեկուզ ամենաանարատ և ամենասուրբ կյանքով: Եթե այս գարշելի արարածները չեն խղճահարվում իրենց անսիրտ բամբասանքներով եղբոր և քրոջ միությունը սրբապղծել, ի՞նչ չէին խոսիլ, ուրեմն, Ագապյանի աղջկա և Զոմարջիձեի վերա: Բայց թողնենք բամբասանքը մի կողմ, ինչ խելքով ես իմ անփորձ աղջկան հանձնեցի այն անծանոթ սրիկային, ի՞նչ իրավունքով ես հավատացի նրա ազնվությանը... Օ՛հ, Ամալիա, Ամալիա, անիծի՛ր ինձ, անիծիր քո մորը, նա է քո դժբախտության պատճառը...»: Եվ այս ասելով թշվառ կինը ծեծում էր յուր գլուխը և դառնապես արտասվում:

Բայց Ամալիան մոռացել էր յուր մորը. նա մտախոհ անցուդարձ էր անում դահլիճի մեջ, յուր բոլոր անցյալը նա այդ րոպեին պատկերացնում էր յուր աչքերի առաջ, և տեսնելով նրան կատարյալ ոչնչությամբ լի, դառնացած սրտով բացականչում էր. — «Անարժան ծնողների անարժան որդիք, այդ մենք ենք. արարածներ, որ ապրում ենք աշխարհում մեր ողորմելի գոյությունն ապացուցանելու համար միայն: Բայց չենք ճանաչում աշխարհում ոչինչ, ինչ որ մարդկային ազնվության և պատվասիրությանն է վերաբերում... կրթություն, դաստիարակություն, սրանք մի-մի բառեր են, բայց որքա՜ն մեծ, որքան բազմիմաստ, քանի - քանի՛ անգամ մենք պատահել ենք այդ բառերին, քանի՛-քանի անգամ մենք արտասանել ենք նրանց, բայց և ոչ մի անգամ չենք ըմբռնել նրանց իմաստը, նրանց նշանակությունը... Ահա՛ թե ինչու խեղճ ամալիաների պատիվը վաճառվել է փողոցում... Երբ ես մանուկ էի, իհարկե, ինձ կզվարճացնեին խաղալիքներով, երբ ման գալ սկսա, ես հիշում եմ, որ ինձ պճնում էին հարուստ շորերով, իմ ընկերուհիների մեջ ես առաջինն էի: Լեզուս բացվեցավ թե չէ, ինձ համար վարժուհի վարձեցին, որ ինձ օտար լեզվով գրել-կարդալ սովորեցրեց, մուզիկ և պարի դասեր տվավ: Ես մեծացա առանց իմ ի՞նչ ազգից լինելը գիտնալու, առանց իմ մայրենի լեզվից մի բառ հասկանալու. Թեպետ նրանից շատ առաջ իմ ազնվուհի լինելս գիտեի և տղա ժամանակից սովորեցնում էին ինձ պահանջել ծառաներից, որ ինձ իշխանուհի անվանեն... Վերջապես ինձ վարժարան տվին, ուր եվրոպական լեզուների հետ ծանոթացա, աշխարհագրություն, թվաբանություն, երկրաչափություն և այլ շատ ուսմունքներ սովորեցի, դաշնակ զարնելուն վարժվեցա, երաժշտություն սիրեցի: Շուտով իմ վարժապետները վկայեցին, որ ես ավարտել եմ, ինձ վկայական տվին և ես նրան ծոցս դրած վերադարձա տուն:

«Ահա այս է իմ կրթության վերաբերյալ համառոտ պատմությունը, ա՛յս է լինում և մեր բոլոր հայ ազնվուհիների կրթության չափն ու սահմանը...

«Բայց ի՞նչ ենք բոլորս միասին վեր առած, — ոչնչություններ, անպարունակ դատարկություն...

«Մենք վերադառնում ենք տուն, մեզ շրջապատում են մեր հայ ազգականները, նրանք մեզ հետ խոսում են իրենց լեզվով, իրենց վարք ու բարքից, իրենց սովորություններից: Մենք չենք հասկանում նրանց, բայց այդ չէ վշտացնում մեզ և ոչ էլ մեր ծնողաց — մենք արդեն ուսումնավարտ ենք...

«Հասարակ կամ միջին դասի շրջանն ենք մտնում, այստեղ խոսում են ձեռագործի վերա, տնտեսության վերա, մայրական պարտավորությանց վերա, և առօրյա կյանքին պիտանի ուրիշ շատ առարկաներից: Մենք այդ բաների վերա գաղափար անգամ չունենք. — բայց ինչ հոգ. մենք գեղեցիկ պարում, երգում և դաշնամուրի վերա խաղում ենք... իսկ հետո, մենք դուրս ենք գալիս փողոց: Հեռու կացեք, հայ իշխանուհիները գալիս են, ահա՛ նրանք: Շքեղ շրջազգեստ, հարուստ վերարկու, վերջին տարազով գլխարկ, թանկագին, սոլեր... նրանք նայում են շատ բարձրից, ժպտում են շատ անուշ, ճեմում են կոտրատվելով... նրանք խոսում են ֆրանսերեն, գերմաներեն և վերջապես, անգլերեն, եթե պահանջեք... նրանց խոսակցության նյութը՝ թատրոն, մուզիկ, պարահանդեսներ, վիզիտներ... Բայց ի՞նչ բաներ են նրանք իսկապես, տիկնիկներ, խաղալիքներ, որոնք մեծ ճշտությամբ օրինակում են լուսավոր և քաղաքակիրթ կնոջ բոլոր արտաքինը, առանց սեփականելու նրա ներքին արժանավորությունները, հաստատուն բնավորությունը, ազնիվ ձգտումները...

Եվ ինչու համար է այս այսպես. — որովհետև ոչ ոք չէ մտածել մեզ կրթելու, դաստիարակելու բառի բուն նշանակությամբ: Մանկությունից սովորելով պճնասիրության, մեծամտության, դատարկ և սնոտի զվարճություններին, մենք զուրկ ենք մնացել նույնիսկ մեր հասարակ դասի գեղեցիկ հատկություններից, մենք չունենք ոչ նրա աշխատասիրությունը, ոչ նրա չափավորությունը, ոչ նրա խնայողությունը և ոչ էլ մինչև անգամ նրա համեստությունը... Եվ այսպես օտարանալով մեր ունեցածից, իսկ օտարից գեղեցիկը սեփականել չկարողանալով՝ մենք դարձել ենք միայն ընդունարան մեր և այլոց պակասությունների... մեր ծնողները չեն մտածել ապրեցնել մեզ ինչպես մարդ, ճանաչեցնել մեզ մեր կոչումը, հարգել տալ մեզ մեր արժանապատվությունը... նույնիսկ դաստիարակության ամենատարրական պահանջը — մայրենի լեզվի ուսումը, նրանք անտես են արել և մենք նրանցից սովորել ենք միայն արհամարհել ինչ որ մերն է, ինչ որ հայինն է... Բայց ես իմ ճանապարհորդության ժամանակ պատահում էի իտալացիների, շվեյցարացիների, հունգարացիների, հույների և այլն, դրանցից ամեն մեկը զանազանվում են մյուսից յուր սեփական լեզվով, յուր ազգային առանձնահատկությամբ, յուր որոշ բնավորությամբ: Ճանապարհորդող մարդն անգամ առաջին հայացքից և առաջին խոսքից իսկ կարող է ճանաչել, թե յուր դիմաց կանգնողը իտալացի՞ է, թե շվեյցարացի, հունգարացի է, թե հույն: Յուրաքանչյուրը դրանցից անպատվություն է համարում յուր համար մայրենի լեզուն չխոսել, յուր բնավորությամբ չշարժվել, յուր ծագումով չպարծենալ... Բայց եթե այդ մարդկանցից մեկը մոտենա մեզ հայ ազնվուհիներիս և ցանկանա մեր ինչազգության պատկանիլը ճանաչել, տեր աստված, ինչ գաղափար կարող է նա կազմել մեզ համար: Հայ ենք մենք, — հայ չենք: ՌուԼՍ ենք — ռուս չենք, գերմանացի — այն էլ չենք, Ֆրանսիացի — նույնպես չենք: Ուրեմն ինչ ենք. ամեն բան և ոչինչ, ահա՛ մեր սկիզբը և վախճանը:

«Եվ ա՛յս բնավորությունը, ա՛յս խելքը, ա՛յս սիրտը, ա՛յս հոգին ունենալուց ետ, մենք համարձակվում ենք նեղանալ ջոմարջիձեներից, որ նրանք խաբում և հափշտակում են մեզ, ապա անպատվելով թողնում ճանապարհի վերա... Թողնեիք, որ ես ճանաչեի մի անգամ իմ արժանավորությունը, սովորեցնեի՛ք ինձ պատկառ մնալ իմ կոչմանը, հեռացնեիք ինձ սնոտի զվարճություններից և վերջապես խնամեիք իմ մանկությունը մարդկության արժանավայել դաստիարակությամբ, այն ժամանակ քաշ կասեի նրան, ով կհամարձակվեր գայթակղեցնել ինձ...

«Այո՛, այս բոլորը ես գիտեմ, հասկանում եմ. տխուր փորձը, մանավանդ, ավելի է զգալի անում ինձ համար այս բոլորի ճշմարտությունը. բայց... արդեն ուշ է, ես էլ վերադառնալ չեմ կարող: Որքան էլ որ ցանկանամ նորից սովորեցնել ինձ պարզության, պարկեշտության, աշխատասիրության և ուրիշ շատ արժանավայել բնավորությունների, որքան էլ ցանկանամ նորից հայանալ, հայ լեզու սիրել, հայ կյանքով ապրել, այսուամենայնիվ անկարող եմ. այժմ ինձ պակասում է կամքի ուժ, ինձ պակասում է բնավորության հաստատություն, իմ քայլերս մանկությունից արդեն շեղվել են ուղիղ ճանապարհից, իմ ոտքերի տակ հաստատուն հող չկա... Այս կյանքը, որին ես վարժվել եմ, այս թերությունները, որոնք ինձ ստորացնում են, այս րոպեն իսկ, ավելի մոտիկ, ավելի սիրելի են իմ սրտին, որովհետև նրանք ինձ համար միս և արյուն են դարձել, քան այն բոլոր արժանավորությունները, որոնց ես կկամենայի ունենալ, ճշմարտությունն այս է... Բայց, իհարկե, այս կյանքով, այս թերություններով ապրել, կնշանակե, որ օր-օրի վերա փոքրանալ, ոչնչանալ և վերջ ի վերջո գլորվել անպատվության և անվանարկության անդունդը: Այս էլ գիտեմ, հասկանում եմ:

«Բայց, ասացի, ես նոր կյանքի վերադառնալ չեմ կարող, ուրեմն ինչ անեմ հավիտենական անվանարկությունից ազատվելու համար:

«Խեղդվե՞լ ջրի մեջ դա շատ ողորմելի միջոց է. ես չեմ կամենում մեռնել, ես պետք է ապրեմ: Կուսանոց գնալ — այդ էլ հիմարություն է: Ինչո՞ւ համար կենդանի թաղվել գերեզմանի մեջ. ինչու համար տեսնել արևը, որ ծագում է, բնությունը, որ կենդանի է, թռչունները, որ երգում են, գետերը, որ խոխոջում են, մարդիկ, որ ապրում և զվարճանում են և ինքդ քեզ դատապարտել անշարժության, անզգայության և վերջապես մեռելության...

«Ո՛չ, ես դեռ երիտասարդ եմ, ես դեռ գեղեցիկ եմ, ես կամենում եմ ապրել, ուրախանալ, զվարճանալ, ես կամենում եմ վայելել կյանքը, զգալ նրա քաղցրությունները, զմայլիլ նրա հրապույրներով, և վերջապես, ես դեռ պիտի փորձեմ սիրել, և պիտի սիրեմ այնպես, ինչպես սիրել են ինձ... ինձ վերա պարտք կա վրեժ լուծել մարդիկներից...»։

Եվ իշխանուհի Ամալիան գնաց բուլվար...

ԽՈՐՀՐԴԱՎՈՐ ՄԻԱՆՁՆՈՒՀԻ

Ամեն ամեն ասեմ ձեզ, եթե ոչ հատն
ցորենոյ անկեալ յերկիր մեռանիցի, ինքն
միայն կայ, ապա եթէ մեռանիցի՝ բազում
արդիւնս առնէ:

Ավետ. Հովհ.

Ամենավատթար դաստիարակությունն
իսկ, որ անձնուրացություն է սովորեցնում,
լավագույն է, քան այն դաստիարակությունը,
որ անձնուրացությունից զատ ամեն բան սովորեցնում է:

Ջոն Ստերլին

Այժմ ես կարող եմ այդ կնոջ մասին խոսել, որովհետև նա այլևս չկա... Տարիներ են անցել այն օրից, որ նա իր վերջին բարևը տվավ այս աշխարհին, թողնելով յուր հիշատակն անծանոթության մեջ: Նրա գերեզմանը վաղուց ծածկվել է կանաչով, և շուրջ տնկված ուռենիները մեծացել, ուռճացել են և իրենց քաղցր սոսափյունով օրհներգներ են մրմնջում նրա արդար հոգվո համար:

Մեր այս ինքնապաշտ ժամանակում, երբ անձնվիրությունը դարձել է անգյուտ, ըստ որում մարդիկ նրա պաշտամունքը հատկացրել են անձնասիրության, այդ կինն յուր սեռի մեջ միակն էր ու առաջինը, որ հասարակաց բարվույն նվիրվելու ծանրագույն խաչն ստանձնեց, առանց սակայն աշխարհում ձայն ու աղմուկ հանելու: Նրա պատմությունը մեծ չէ, բայց արժանի է ուշադրության, դրան ծանոթանալու համար բավ է, որ դուք թերթեք այս հիշատակարանը, որ ես դնում եմ ձեր առաջ այն քաղցր մտածողությամբ, թե՝ եթե ձեզանից որևէ մեկին վիճակված է ժառանգել այս միանձնուհու հոգին, ապա իմ հիշատակարանը կարող է նրան սփոփել և մանավանդ թե կազդուրել, եթե բարձած խաչի ծանրությունը հոգնեցնե այդ խաչակրին:

188* մայիս 25. Х. քաղաք.

Մայիսը վերջանում է: Արևի ճառագայթները ջերմացնելու փոխարեն սկսել են այրել. քաղաքի օդը գնալով թանձրանում և ապականվում է: Բժիշկը խորհուրդ է տալիս ինձ հեռանալ ամառանոց, որովհետև նա էլ գիտե, որ դեռ կամենում եմ ապրել:

Մեր ամառանոցները ոչ այլ ինչ են, եթե ոչ մեր գավառի հովահար գյուղերը, կպած լեռների կանաչ լանջերին, կամ թառած բլուրների կատարների վրա, ուր օդը զվարթաբար, ջուրը անապակ և կյանքը խաղաղ է միշտ:

Այդ գյուղերից մինը ես պիտի ինձ համար ընտրեմ ամառանոց: Բարեկամներիցս ոմանք խորհուրդ էին տալիս ինձ շատ չհեռանալ քաղաքից, որպեսզի թե իրենք միջոց ունենան ինձ այցելելու և թե իմ օրերը միօրինակ չանցնեն: Բայց ես որոշել եմ հեռանալ այնպիսի գյուղ, որ քաղաքից կտրված լինի շատ ու շատ լեռներով: Ցանկանում եմ ապրել այնպիսի մի տեղ, ուր մարդկանց հետ միասին ապրում է նաև նահապետականությունը, ուր կյանքի պարզության հետ պահպանվում է նաև բարքի մաքրությունը, սրտի անկեղծությունը: Ես հոգնել, ձանձրացել եմ սովորական կյանքից, սովորական մարդկանցից, և, մանավանդ թե, սովորական բարեկամությունից, որն յուր մեջ, ինձ համար, չունի այլևս ոչինչ նոր ու ջերմացնող: Այժմ այդտեղ պտրում եմ նախկին վարդն ու նրա անխարդախ և, թեկուզ, կիսով չափ վայրենի ընկերակցությունը:

Գուցե այս էլ նյարդային հիվանդության քմահաճույք է, ինչպես բժիշկս է նկատում, չգիտեմ, միայն ինձ թվում է, թե այդ տեսակ ընկերակցության մեջ իմ սիրտը հանգիստ և հոգիս խաղաղ պիտի լինի: Այստեղ էլ, ճիշտ է, ոչ ոք չէ վշտացնում ինձ, ամենքն աշխատում են իմ սիրտն ուրախացնել, ինձ հաճո լինել, բայց այդ նպատակի համար գործ դրած եղանակն իսկ տհաճություն է պատճառում ինձ: Չգիտեմ շրջապատիս մեջ է անկեղծությունը պակասում, թե իմ մեջ հավատը, այսքանը միայն կա, որ քաղաքում ամեն ինչ ձանձրացնում է ինձ: Ես կարծում եմ, թե միայն ազատ բնությունն է, որ անհաճո ոչինչ չունի յուր մեջ: Այժմ կփորձեմ ապրել նրա գրկում:

Հունիս 1. Ղ. գյուղ.

Այսօր առավոտ ժամը 5-ին դուրս եկանք քաղաքից ձիով: Ինձ ընկերակցում է Պետո անունով մի գյուղացի երիտասարդ, որ, միևնույն ժամանակ, իմ առաջնորդն է: Դա մի բարի տղա է, առողջ կազմվածքով և հաճելի դիմագծերով: Նա ճարպիկ է, թեթևաշարժ և, ըստ երևույթին, քաջասիրտ: Բայց սիրում է շատախոսել, մանավանդ, երբ կարգը գալիս է յուր քաջագործությունները պատմելուն: Ուրիշների քաջության մասին էլ չէ զլանում երկարել, եթե միայն ինքը մասնակից է եղել նրանց գործերին: Երկու դեպքումն էլ համբերությամբ լսում եմ, որովհետև տեսնում եմ, որ լավ ընկեր է և փորձված առաջնորդ: Իսկ այդպիսի մարդկանց արժե երբեմն վճարել համբերության մի թեթև հարկ:

Արդեն մի քանի փարսախ հեռացել էինք քաղաքից, երբ չոր ու ցամաք խճուղուց ազատվեցանք: Իրավ որ հաճելի չէ՝ ձիով ճանապարհորդել այդ կոշտ ու փոշոտ ճանապարհների վրա: Ինձ թվում է թե նույնիսկ ձիաներն ուրախանում են, երբ դուրս են գալիս կարծր ճանապարհից: Կանաչով ու թուփերով եզերված արահետը նրանք անցնում են ավելի աշխույժով:

Այստեղից մեր առաջ տարածվում են ցորենի ընդարձակ արտորաներ: Ամառային հովը փչում է հանդարտ, բարձրահասակ հասկերը խոնարհում են նրա առաջ ոսկեփայլ գլուխները և կարծես մի զորեղ հրամանից ազդված՝ միմյանց հրելով վազում են առաջ:

— Տեսնում ես, արտը «գնում է հորանց», — ասում է ինձ Պետոն՝ ժողովրդի ստեղծած այլաբանությամբ:

Արդարև, թվում է թե՝ արտը շարժվում է, գնում դեպի առաջ, և նրա այդ խաղաղ, մեղմաշարժ հոսանքը հանգստացնում է նյարդերս, ազդելով հոգուս հույզերից ազատ մի առույգ կենդանություն: Քիչ հետո արդեն ճանապարհն անցնում է այդ արտերի միջով: Ագահ երկրագործն երկու կողմից հերկելով այնքան է նեղացրել անցուդարձի ուղին, որ մենք շատ տեղ ստիպված ենք միմյանց ետևից գնալու, որպեսզի միահավասար ձիավարելուց արտերը չկոխոտենք, որ ըստինքյան հանցանք է: Վասնզի, եթե ամեն ճանապարհորդ մի քանի հասկ պակսեցնե, դրանով արդեն գյուղացին կզրկվի մի քանի խուրձերից:

Հեռվից, լեռան կրծքին կպած, երևում է ... գյուղը, ուր մենք այս գիշեր պիտի իջևանենք: Բայց մինչև այնտեղ հասնելը դեռ բավական ճանապարհ կա: Դաշտերի վերջանալով սպառվում են նաև արտերը, և մենք այնուհետև բարձրանում ենք դեպի վեր: Ճանապարհն այժմ անցնում է ընդարձակ մացառուտի միջով և որովհետև ձիերը դանդաղ էին գնում, ուստի Պետոն սկսել է մի պատմություն, որի նյութը վերաբերում է հենց այդտեղ կատարված մի սպանության: Ճանապարհորդության ժամանակ հաճելի է լինում պատմություններ լսելը, մանավանդ, երբ ստիպված ես ձիերի կամքով առաջ գնալ: Ես էլ լսում եմ Պետոյին, բայց նրա պատմությունը հետաքրքրական չէ: Երկու թուրք Ղըշլաղ գյուղից մի ձի են գողանում, ղշլաղեցի երկու հայ ընկնում են նրանց ետևից, թուրքերը փախչում են, հայերը հետևում են, թուրքերը հասնելով այս մացառին թաքնվում են թփերում, հայերը հասնելով մինին սպանում, մյուսին փախցնում են, իսկ ձին վերադարձնում: Բոլոր պատմությունը այս էր, բայց Պետոն պատմեց մի ամբողջ ժամ, այնպես որ նրա պատմության հետ մացառուտն էլ վերջացավ, և մենք սկսանք իջնել դեպի մի խորաձոր:

Արդեն կեսօր էր, արևը կանգնած էր մեր գլխին: Բավական

ճանապարհ էինք կտրել, պետք էր մի փոքր հանգստանալ, մի փոքր ճաշել և մի փոքր էլ կեր ու հանգիստ տալ ձիերին: Այդպես էլ արինք:

Պետոն առաջնորդեց ինձ դեպի ձորամեջը, անցավ այդտեղ հոսող առվակի վրայից և նրա ուղղությամբ դեպի խորն առաջանալով՝ կանգ առավ մի բարձր և ստվերաշատ կաղնու տակ: Երբ իջանք ձիերից, այդ ժամանակ միայն նշմարեցի վճիտ ու հորդ աղբյուրը, որ բխում էր կաղնին պատող ժայռերի տակից և հեզասահ մրմունջով հոսում դեպի ձորամեջը:

— Oh, ինչ հրաշալի տեղ բերիր ինձ, Պետո, — բացականչեցի հիացած, — այստեղ կարելի է ամբողջ օրերով մնալ:

— Այստեղ կարելի է միայն լվացվել, ճաշել և մի ժամ քնել — նկատեց Պետոն:

— Ուրիշ ոչի՞նչ, — հարցրի ես:

— Մեկ էլ ինձ ու քեզ նման քաջերին թալանել, — պատասխանեց նա և սկսավ ծիծաղել:

Ես էլ ծիծաղեցի, բայց ոչ Պետոյի չափ սրտանց: Նրա կատակի մեջ կար մի ճշմարտություն, որ չափավորեց իմ ծիծաղը: Այդ տեղն, արդարև, բանաստեղծական գեղավայր էր, բայց զուրկ չէր նաև գլուխներ թռցնելու հարմարությունից: Իսկ գլուխ թռցնողներ, մանավանդ ամռան ամիսներում, երբ թափառական ցեղերը դաշտից չվում են լեռները, վխտում էին ամեն տեղ: Իմ ուրախ տրամադրությունը փոխվեցավ. բայց ոչ նրա համար, որ ավազակներից վախեցա, այլ որովհետև սկսա մտածել թե՝ այս երկրի խաղաղակյաց և աշխատասեր ժողովուրդը յուր ո՞ր մեղքի համար է դատապարտվել ավազակ ու մարդասպան դրացիների հետ կենակցելու:

Այս մտածմունքներն, արդարև, կնճռեցին իմ ճակատը, բայց ես անձնատուր չեղա նրանց, որովհետև հիշեցի բժշկիս խոսքը թե մի մտածիր այն ցավերի մասին, որոնց դարմանելը վեր է քո ուժից: Ուստի մոտենալով ականակիտ աղբյուրին, առատորեն լվացվեցա նրա սառը ջրով և ապա պայուսակս բանալով, հանեցի պաշարի կապոցը և սեղան պատրաստեցի: Պետոն, որ ձիերը տարել էր արոտի կապելու, վերադարձավ, և մենք նստանք ճաշի:

Որպեսզի տրամադրություններս նորեն զվարթանար, ես զոռ տվի բարերար գինուն և սխալ չարի: Կես ժամից հետո մենք ոչ միայն ուրախ ծիծաղում, այլև երգում էինք: Ամեն մտածմունք մոռացվել էր: Եվ ինչը չէ մոռացվում աշխարհում...Որքան թշվառ կլինեինք մենք, եթե մոռանալու ունակությունը չունենայինք: Արդարև, կան ցավեր, որոնց պետք է մոռանալ, բայց որքան շատ են այն ցավերը, որոնց եթե չմոռանայինք, կյանքը մեզ համար կդառնար դժոխք:

Ճաշը վերկացնելուց հետո ես քաշվեցա կաղնու առավել ստվերաշատ կողմը: Պետոյի այծենակաճը (յափնջի) փռեցի խոտերի վրա և պայուսակս բարձի փոխարեն գլխիս տակն առնելով քաղցր քուն մտա:

Ի՞նչ արավ ինձանից հետո Պետոն, չգիտեմ, միայն երբ ինձ զարթեցրեց, արդեն ժամը չորսն էր և արևը հակված դեպի արևմուտք: Երեկոյի զովը փչում էր ախորժ, իսկ ձորալանջին երգում էին սարյակները՝ մի թուփից մյուսի վրա թռչկոտելով:

Ամեն բան պատրաստ էր: Ես կրկին մոտեցա հորդա աղբյուրին, նայեցի մի րոպե նրա վճիտ վիժակին, ախորժանոք լվացվեցա, և ապա ձիերի նստելով, շարունակեցինք ճանապարհը, որ ձորից սկսած բարձրանում էր դեպի վեր:

Անցնելով մի մեծ թավուտ, որ տարածվում էր մինչև հանդիպակաց սարահարթը, այստեղ նորեն մեր առաջ բացվում էին ցորենի և գարու արտեր, որոնք, սակայն, մեծ մասամբ դեռ կանաչ էին՝ բարձր ու հովահար դիրք ունենալու պատճառով: Դալարի անուշ բույրը զգվում էր այստեղ մեր հոտոտելիքը մի առանձին քնքշությամբ: Եվ չնայելով, որ արևը տաքացնում էր դեռ, այնուամենայնիվ, ցուրտը զգալի էր սարահարթում:

Երկու ժամաչափ ճանապարհ որոնելուց հետո մենք պատահեցինք գյուղի հարուստ նախրին, որ վերադառնում էր արոտից: Տավարածները ուրախ և անհոգ, կատակներ անելով ու երգելով առաջ էին գնում, չշտապելով բնավ, որ շուտ հասնեն տուն, որովհետև ամեն տեղ նույն երկինքը և նույն հանգստությունն էր սպասում: Եթե ավազակների երկյուղը չլիներ, երբեք էլ չէին վերադառնալ դաշտից, որովհետև գյուղում ոչինչ չէր ավելանում նրանց, ինչպես և դաշտում չէր պակասում ոչինչ:

Մի փոքր ժամանակ տավարածներին ընկերանալուց և նրանց անմեղ կատակներով զվարճանալուց հետո, առաջ վարեցինք մեր ձիերը և արևը մայր մտնելու մոտ հասանք գյուղի աղբյուրին, որ գտնվում էր շենից ներքև, կաղամախիներով հովանավորված մի ձորակի մեջ: Աղբյուրի առաջ դրված էր ահագին կոճղից փորած նավակ, որ անասունների ըմպանակն էր: Այդ իսկ ժամին, սափորները ձեռքներին, շրջապատած էին նավակը բազմաթիվ հարս ու աղջիկներ, որոնցից յուրաքանչյուրը սպասում էր յուր հերթին առանց ձանձրանալու: Որովհետև գեղջկուհիների ապահով տեսակցության տեղը միայն աղբյուրն է, ուր կարողանում են նրանք լսել որևէ նորություն կամ հաղորդել այդպիսին ընկեր-հարևանի, այդ իսկ պատճառով, նրանցից ամեն մեկը սիրով օգտվում էր իր հերթին սպասելու համար սահմանված րոպեներից:

Երբ մենք մոտեցանք փորածո նավակին մեր ձիերը ջրելու, իսկույն հարսները մի կողմ քաշվեցան երեսները դեպի կաղամախիներն, իսկ թիկունքները դեպի մեզ դարձնելով, բայց աղջիկները չհեռացան, նրանք հետաքրքիր աչքերով դիտում էին, մանավանդ ինձ, որ երևի իբրև քաղաքացի, մի բանով արժանանում էի նրանց հետաքրքրության:

Երբ ձիերը հագեցան, Պետոն առաջնորդեց ինձ դեպի տանուտեր Ակոբի տունը: Բայց մինչև այդտեղ հասնելը բավական թվով շներ թափվեցան մեզ վրա և սկսան իրենց անընդհատ հաչյունով հետևել մեզ: Նրանցից սրտոտները գնում էին առաջից, աշխատելով իրենց աղմուկով ձիերի ընթացքը կասեցնել, իսկ թույլերը գալիս էին ետևից և ծուլաբար ոռնում: Թվում էր, թե գյուղում տղամարդ չկա: Տների սրահներում (էյվան) երևում էին միայն կանայք, որոնք կամ ճախարակն էին հավաքում, կամ հավերը տուն անում և կամ վառած թոնրի ու օջախի շուրջը պտտում: Իսկ բակերում և կտուրների վրա խաղում ու վազվզում էին բոկոտն ու կիսամերկ երեխաներ:

Բոլորովին անսպաս տեղից դուրս եկավ գյուղի գզիրը, որ յուր հոնի երկար մահակով հավաքված շներն այս ու այն կողմը ցրելով, ազատեց մեզ նրանց անախորժ երաժշտությունից:

Եվ ահա, այժմ մենք տանուտեր Ակոբի տանն ենք: Մեր հյուրընկալը մի բարի, անկեղծ և ուրախ մարդ է: Թեյից հետո, որը մեծ ախորժակով խմեցինք, նա պատրաստել տվավ մեզ համար հարուստ ընթրիք, որ բաղկացած էր յուր տան մեջ գտնված բարիքներից: Դրա հետ միասին նա հյուրասիրեց մեզ պատվական գինով, որն, յուր ասելով, պահում էր պրիստավի համար: «Բայց հոգ չէ, դու էլ պրիստավից պակաս մարդ չես», — ասում էր նա պարզությամբ և բաժակները լցնում:

Տանուտերը միայն մի մաքուր սենյակ ուներ, որ պահում, էր քաղաքացի հյուրերի համար: Այդտեղ, փայտյա մահճակալի վրա, նա պատրաստել տվավ մաքուր անկողին և հրավիրեց ինձ հանգստանալ: Եվ ի՜նչ հաճելի հրավեր էր այդ. երբեք այդպիսի հոգեզմայլությամբ չէի մտել իմ քնարանը, ինչպես այս գիշեր, հավատում էի, որ աչքերս պիտի բանամ արշալույսի հետ, այնքան մարմինս հոգնած ու թուլացած էր:

Հունիս 2, Ն. գյուղ.

Առաջնորդս արի մարդ է, արշալույսը դեռ չշառագունած՝ զարթեցրել է ինձ: Կարծում էի, թե գյուղում ես ու Պետոն ենք միայն արթուն, բայց դուրս եմ գալիս տեսնում, որ ամեն տեղ էլ շարժումն սկսված է: Տավարածն յուր նախիրը տանում է արոտ. խոտհարը գերանդին ուսին՝ դուրս է գնում դաշտ, սայլորդը եզները լծած վազում է անտառ, հարս ու աղջիկներ կուժերը ուսին՝ գնում են ջրի, կամ դառնում աղբյուրից, հյուրընկալիս մայրը վաղուց նստած էյվանում, շիլա դոշակի վրա վզզացնում է ճախարակը, իսկ հարսը մեզ համար պաշար է պատրաստում: Ինչ վերաբերում է տանուտեր Ակոբին, նա ծալապատիկ նստած սրահի թախտի վրա, ինքնաեռը կողքին, բաժակները մաքուր սրբած սպասում է գյուղացուն հպարտացնող թեյով մեզ հյուրասիրելու:

Ես իմ կողմից, իհարկե, սպասել չտվի, ծալապատիկ նստա հյուրընկալիս մոտ և սկսա վայելել նրա սրտեռանդ հյուրասիրությունը:

Մենք կաթով թեյ խմեցինք, նոր կտրած մեղրով սեր ու կարագ կերանք և վերջը մի համեղ ձվածեղ սպառելով վեր կացանք: Տանտիկինը պատրաստած ճանապարհի պաշարը հանձնեց Պետոյին, որ դրավ յուր պայուսակում:

Երբ ամեն ինչ վերջացավ, շնորհակալություն արինք տանուտեր Ակոբին և նրա ամուսնուն՝ մեզ ցույց տված քաղցր հյուրասիրության համար և ճանապարհ ընկանք:

Մի քանի փարսախ հեռացել էինք գյուղից, երբ արեգակը մշուշով ծածկված լեռների ետևից յուր հրափայլ գունդը հանեց և խտղտիչ ճառագայթները սփռեց կանաչազարդ բլուրների և արտերով ծածկված դաշտերի վրա: Ի՜նչ հրաշալի էր այդ ժամանակ Սյունյաց երկրի բնությունը, նա կարծես նոր էր մարմին առնում արարչապետի ձեռքից: Հրաշալի էր, մանավանդ այն վայրկենին, երբ աղոտ մշուշը տեղի տալով արևի պայծառ շողերին, երևան էր հանում գեղեցիկ լեռները, բլուրներն ու հովիտները, որոնք ասես խնդում, ծիծաղում էին: Քաղցրաշունչ զեփյուռը, որ հեռվից թռչելով քերում էր պուրակներն ու կանաչ մարմանդները, գալիս շփվում էր դեմքիս այնպես մեղմ ու անո՛ւշ, որ նրան լիովին վայելելու համար ցանկանում էի ձիուս ընթացքը կասեցնել:

Երբ գյուղի սահմաններն անցնելով սկսանք առաջին լեռնալանջը բարձրանալ, առաջնորդս հայտնեց, որ այդտեղից սկսում են Ն. գյուղի դժվարագնաց ճանապարհները, որոնք շարունակ անցնում են սարերի, ձորերի և գետերի վրայով: Մենք ուրեմն մտնում էինք Սյունյաց երկրի լեռնային թագավորությունը, որի սահմանն սկսվում էր հանդիպակաց լեռան բազուկներից:

Ճանապարհը, որով բարձրանում էինք, կոշտ առապար էր, ուստի ձիերը մեծ նեղություն կրեցին, մինչև հասան սարի բաշը. այդտեղից, ահա, մեր առաջ բացվեցավ փառավոր անհունության մի ակնապարար տեսարան — դա լեռների, բլուրների և սարահարթերի մի լայնածավալ տարածություն էր, որի միջից մի ընդարձակ խորաձոր, տեղ-տեղ անտառապատ, ձգվում էր հյուսիսից դեպի հարավ՝ անսահման երկարությամբ: Նրա լայնադիր խորքերը բռնված էին ծուխի պես թանձր մշուշով, որով և խորաձորը ջրապարփակ ծովածոցի նմանություն էր բերում: Հետզհետե առաջանալով մենք տեսնում էինք հեռվում արևով ողողված հովիտներ, մարգեր ու մարմանդներ, որոնց վրա ճապաղում էին ոչխարի հոտերն ինչպես միջօրեի սպիտակ ամպեր լողացող կապուտակ երկնակամարի վրա: Դրանց հաջորդում էին բազմաթիվ թումբեր ու բլուրներ, որոնցից մոտիկները կանաչով, իսկ հեռավորները մշուշով ծածկված. ապա շղթայաշար լեռներ, որոնք կոնակավետ բարձրություններով հաջորդում էին միմյանց մերթ ահարկու և պարեխավոր՝ մերթ անտառապատ և գեղատեսիլ գագաթներով:

Մեր ճանապարհին առժամանակ սարի բաշովն էր անցնում: Ապա իջանք ձորի եզերքը, ուր մի նեղ կածան գնալով հակվում էր դեպի անդունդը: Ձիերը այդտեղով քայլում էին զարմանալի զգուշությամբ, որովհետև ամենափոքր տատանումը կարող էր գլորել նրանց դեպի ահարկու զառիվայրը, որի ստորոտը անտեսանելի էր վերևից: Քիչ ժամանակից հետո նորեն սկսանք բարձրանալ, բայց այժմ արդեն չոր բլրակի կողերով, որոնց վրա բարձրից հոսող հեղեղները պատռվածքներ բանալով, աննշմարելի էին կացուցել ճանապարհի հետքերը: Ձիերը շարունակ սահում էին այդ զառիվայրի վրա, որովհետև հողը փխրուն լինելով փշրվում էր նրանց սմբակների տակ:

Բարեբախտաբար անախորժ ճանապարհը կարճ էր: Բլրակը անցնելուց հետո, մենք մտնում էինք մի կանաչ թավուտ, որին ապա հաջորդում էր գեղեցիկ անտառ: Այստեղ արահետը թեպետ անհարթ ու մանվածապատ, սակայն հետզհետե հովանավորվում էր սաղարթախիտ ծառերով: Արևի ճառագայթները չէին թափանցում, և մենք շարունակ գնում էինք բնական ծառուղիների միջով: Օդը թեթև ու ախորժելի էր և տոգորված նուրբ բուրմունքով: Փոքրիկ զեփյուռը, որի շունչը չէր լսվում բաց ճանապարհի վրա, այստեղ ծառերի մեջ, մի ախորժալուր շրշյուն էր հանում: Չնայելով որ այս ուղղությամբ մենք բավական ճանապարհ անցանք, այսուամենայնիվ, անտառը դեռ չէր վերջանում և ծառերն անընդհատ հովանավորում էին մեզ: Այդպիսով մենք անցնում էինք մեծ ու փոքր ձորակներ, մանր ու խոշոր բլրակներ, քերում էինք սարերի կողերը, թեքվում աջ, թեքվում ձախ և սակայն շարունակ անտառի միջով: Անշուշտ արևը այրում էր դրսում, վասնզի թռչունները ձայն չէին հանում, բոլորը դարել, դադարել էին բունիկների մեջ: Միայն անհանգիստ ճնճղուկներն էին, որոնք չրթչրթում էին արեգընդդեմ մացառներում, կամ մի քանի սարյակներ, որոնք մի ծառից մյուսի վրա թռչկոտելով լսեցնում էին մեզ իրենց փափուկ շվշվոցը:

Շուտով հասանք մի տեղ, ուր ընդարձակ տարածության վրա, ծառերի փոխարեն, շեղջակույտ դարսված էին հսկայաձև ժայռեր ու խոշոր ամբարտակներ: Ինձ թվում էր, թե անտառն արդեն վերջացավ: Բայց Պետոն բացատրեց, որ տարիներ առաջ այդ տեղը նույնպես ծածկված էր ծառերով, սակայն մի սաստիկ երկրաշարժի ժամանակ լեռան կոկողերից իջած այդ փլվածքը ծածկել է անտառի ծառազարդ մասը և նրա հետ միասին անհետացրել մի հորդ աղբյուր, որ բխում էր հենց նույն փլած տեղի վրա: Եվ, իրավ, երբ այդ քարակարկառն անցնելով՝ խոտորեցինք դեպի սարի աջակողմը, տեսանք որ, իսկապես, այս տեղից է սկսվում իսկական անտառը, ուր սակայն ծառերը խիտ չէին այնպես, ինչպես մինչև այժմ: Այստեղ մի ծառի բունը հեռու էր մյուսից հինգ կամ տասը քայլով, բայց և այդ ծառերը մի-մի բուրգեր էին: Մի տեղ հինավուրց կաղնին յուր հսկա բնով և ահագին ճյուղերով գրավում էր գետնի մի ընդարձակ շրջապատ, ճնշելով յուր հովանու տակ փոքրիկ ու նիհար ծառեր: Մի ուրիշ տեղ՝ հաճարունկն յուր անոսր բնով ձգվել, բարձրացել էր ինչպես սրբազան տաճարի սյունը և պսակածև կատարը մատնել հողմերին: Նրանցից հեռու խրոխտաբար կանգնած էր հաստարմատ հացին, հաստաբուն ճյուղերով և մանր ու սուր տերևներով: Սրան մրցակից էր մեծափառ սոսին, բրգաձև բնով և լայնասաղարթ ոստերով: Մի փոքր հեռու տատանում էին ուղղաբերձ կաղամախին, սզատերև նոճին և այլ բազմազան ծառեր, որոնք տասնյակ հազարներով ծածկում էին Սյունյաց այդ դժվարագնաց լեռները, ձորերը և լանջերը:

Այդ միջոցին, իսկապես, մենք գտնվում էինք ամենաբարձր լեռներից մեկի լանջին, որտեղից ծառերի միջով դեպի վար նայելուց երևում էին մեզ այն բլուրներն ու ձորերը, որոնց վրայով քիչ առաջ անցել էինք. Զարմանում էի, որ այժմ գտնվում ենք այդպիսի բարձրության վրա, ուր հասել էինք գրեթե անզգալի կերպով: Օդը սակայն այստեղ խոնավ էր և ցուրտ, հողմի շունչը նույնպես ավելի զգալի, իսկ գետինը արևի պակասության պատճառով կանաչազուրկ և թաց: Անտառի լռության մեջ, որ զգալի էր լինում հողմի վայրկենական դադարից հետո, տարօրինակ ձայներ էին հանում մեր ձիերի քայլվածքը, նամանավանդ ցեխոտ տեղերում, ուր թվում էր, թե չարաճճի տղաներ լճակի ափին կանգնած քարեր են ճղփացնում նրախաղաղ ջրի մեջ:

Կեսօրից քիչ անցած՝ հասանք մի հորդ աղբյուրի, որ բխում էր մամռապատ ժայռերի միջից և կարկառելով թափվում դեպի ձորակը տանող զառիվայրը: Նրա մոտ իջանք ձիերից, լվացվեցանք և նստելով մի կնձենու հովանիում, բացինք տանուտերի կնոջ մեզ համար պատրաստած պաշարը, որ բաղկացած էր տապակած վառեկներից, եփած ձվերից, պանրից և մի քանի հատ նոր թխած հացերից: Եվ որովհետև այսօր երեկվա ժամանակից ուշ էինք ճաշում, այդ պատճառով էլ ավելի քաղցած էինք: Եվ չնայելով որ գինին քիչ էր, և նրա պակասը ստիպված էինք աղբյուրի սառը ջրով լրացնել, այսուամենայնիվ, ճաշն արինք մեծ ախորժակով:

Մի փոքր հանգստանալուց հետո, երբ պատրաստվում էինք մեր ճանապարհը շարունակել, նկատեցինք, որ ամպերը հյուսիսը ծածկեցին և կամաց-կամաց առաջանալով տարածվում են արդեն մեր գլխի վրա:

— Անձրև պիտի ունենք, — նկատեց առաջնորդս:

— Կարծում ես, որ կանձրևե, — հարցրի ես:

— Փառք պիտի տանք, եթե միայն անձրևե. ես փոթորկից եմ վախենում, — պատասխանեց Պետոն հոնքերը կիտելով:

Ես չէի հավատում նրա գուշակությանը, որովհետև փոթորկի նշան դեռ չէի տեսնում, այդ պատճառով էլ շատ՝ չանհանգստացա: Մենք հեծանք ձիերը և շարունակեցինք ճանապարհը:

Հազիվ անցավ քառորդ ժամ, և ահա հյուսիսը սկսավ փչել և քամու հետ միասին ցրվել աջ ու ձախ անձրևի խոշոր կաթիլներ:

— Այս նշան է, որ փոթորիկը հեռու չէ, — ասաց Պետոն և սկսավ փաթաթվիլ յուր այծենակաձի մեջ, որ գյուղացու միակ պահպանակն է ցրտի և անձրևի դեմ:

Ես էլ իմ խժե վերարկուն հագա և գլխիս քաշեցի նույն խժե կտորից շինված վեղարը, որոնք ջրից անթափանց լինելով, հարմար պահպանակներ են անձրևի ժամանակ:

— Պատահել ես երբևիցե փոթորկի, — հարցրեց ինձ Պետոն:

— Ինչո՞ւ չէ. աշխարհում չե՞մ ապրում, — նկատեցի ես:

— Քաղաքի մեջ չեմ ասում, այլ անտառում, կամ լեռան վրա:

— Ո՛չ, — պատասխանեցի ես:

— Է՛հ, լավ, հիմա կտեսնես և կծանոթանաս մի քիչ մեր քաշած օրերին:

Կարծես Ելովոսը Պետոյի վերջին խոսքին էր սպասում: Օդը կամաց-կամաց սկսավ մրրկիլ, անձրևը սաստկացավ, մի կատաղի քամի շառաչեց հանկարծ անտառի մեջ այնպիսի սաստկությամբ, որ հինօրյա ծառերը արմատից սկսան տատանիլ:

Ես ցնցվեցա ձիու վրա և հանկարծակիի եկածի նման սկսա երերվիլ թամբի մեջ:

— Պինդ սեղմիր ոտքերդ ձիու կողերին, եթե չէ, վրայից կարող ես գլորվել, — զգուշացրեց ինձ Պետոն և օդի մեջ ծածանող յուր այծենակաձը սկսավ ամփոփել և քղանցքները սեղմել ծնկների տակ:

— Անհոգ կա՛ց, պինդ եմ նստած, — ասացի նրան կեղծ հանգստությամբ, բայց ներքուստ դողում էի, վասնզի բնության տարերքների այդպիսի հանկարծական խռովության դեռ չէի պատահած:

Քամին շարունակում էր շառաչել նույն սաստկությամբ, ծառերի բարձր գագաթները ուժգին ընդհարվելով միմյանց, հանում էին ահեղ սոսափյուն, որի արձագանքը զարնանազայր հեղեղի նման մռնչում էր անտառի խորքերում: Երկինքը նույնպես սկսավ փայլատակել և որոտաց սկզբում մեղմ և ապա այնպես սաստիկ, որ կարծես երկնակամարը պիտի փլչեր մեր գլխին: Մենք շարունակ փաթաթվում էինք մեր պահպանակների մեջ և կծկվում ձիերի վրա, որովհետև քամին այնքան սաստիկ էր, որ քիչ էր մնում վայր գլորել մեզ ձիերի հետ միասին: Իսկ անձրևը, ասես թե աշխարհը ողողելու համար էր սկսված, նա գնալով զորանում և հեղեղի էր փոխվում, կարծես երկնքի սահանքներրը պատռվել էին: Մի քանի րոպե չանցած, անտառը ողողվեց ամբողջապես, նրա զառիվայրերից սկսան հոսել գետեր և առուներ, ճանապարհի հետքը կորավ բոլորովին:

Ես հետևում էի Պետոյին քայլ առ քայլ և ամեն րոպե սպասում մի դժբախտության, որովհետև շարունակ իջնում էինք ներքև, իսկ ձիերի սմբակները գետինը չէին բռնում, նրանք շուտ-շուտ սահում և գրեթե մեծ մասը փորի վրա էին սուրում: Իսկ անտառը, որ արև ժամանակն արդեն ավերաշատ էր, փոթորկի պատճառով, համարյա, մթնել էր, միայն թուխ ամպերի մեջ շուտ-շուտ փայլատակող կայծակն էր, որ ընդհատ լույս էր սփռում նրա մեջ և ապա ահեղ որոտումներով ծմակի խորքերը դղրդեցնում: Այս դրության մեջ շարունակեցինք ճանապարհը գրեթե մի ժամ:

Ապա քամին քիչ-քիչ դադարեց, փայլակն սկսավ շողալ մերթ ընդ մերթ և որոտը լսվում էր երկնքում ավելի խուլ: Այդ նշան էր, որ փոթորիկը անցել է հեռու կողմեր: Բայց անձրևը տեղում էր նույն ուժով: Նրա ձայնը, որ այժմ չէր ընդհատվում ոչ քամու մռնչյունով և ոչ ամպերի գոռոցով, լսվում էր անտառի մեջ ինչպես վարարած գետի խոխոջ, կամ բարձրից հոսող ջրվեժի շառաչ: Շարունակելով ճանապարհը՝ շուտով հասանք մի հեղեղատի, որից պիտի անցնեինք Ուզուն-Դարա կոչված կիրճը մտնելու համար: Բայց այդտեղից արդեն հոսում էր գետի չափ ջուր, որի մեջ մտնելը հանդգնություն էի համարում, ուստի խորհուրդ տվի առաջնորդիս միաժամանակ սպասել, մինչև որ հեղեղը դադարեր և ապա թե անցնեինք:

— Եթե քո խորհրդին հետևեմ, այս գիշեր պիտի անտառում քնեմ, — նկատեց Պետոն հեգնությամբ, — այս ջուրը գնալով պիտի մեծանա, ուստի որքան շուտ անցնենք, այնքան մեր օգուտն է:

Այս ասելով նա մտրակեց ձին և աներկյուղ մտավ հեղեղատը:

Ես ևս, կամ ավելի ճիշտն ասած՝ իմ աշխուժոտ ձին հետևեց նրա օրինակին և մենք հաջողությամբ դուրս եկանք ձորակի հանդիպակացը: Անցնելով այդ լանջի վերը և հետո մի ուրիշ բարձրավանդակ, այդտեղից ապա իջնում էինք մի կանաչազարդ հովիտ, որ Ուզուն-Դարայի բերանն էր համարվում:

Այստեղ արդեն անձրևը հետզհետե դադարեց և քամին սկսավ երկնքի վրա կուտակված ամպերը ցրել: Տեղ-տեղ երևաց և պայծառ կապուտակը արևելյան շքեղ փիրուզի գույնով: Արևի ճառագայթները ամպերի արանքից շեղակի թափանցելով՝ ոսկեզօծեցին անձրևից լվացված լեռներն ու սարերը, իսկ նրանց կոհակավետ բարձրությունների վրա հրաշալի ծիածանը յուր կամարը կապեց:

Մինչդեռ ես հիացած նայում էի նրան և հիշում աստուծո ուխտը Նոյի հետ՝ «Զաղեղն իմ եդից յամպս և եղիցի ի նշանակ յաւիտենական ուխտին ընդ իս և ընդ ամենայն երկիր». Պետոն գլխարկը հանած խաչահանում էր և աղոթում:

— Ինչ ես աղոթում, Պետո, — հարցրի նրան:

— Գոհանում եմ աստծուց, որ փոթորկից ազատվեցանք:

— Չազատված՝ ինչ պիտի լինեինք:

— Այն, ինչ որ ուրիշները:

— Այսինքն:

— Կայծակնահար... ամեն տարի քանիսի՛ն է խփում այդ կրակը հենց այս սարերում:

Ես նոր սկսա խորհել գլխավոր վտանգի մասին, որ էր՝ փոթորկի ժամանակ ամպրոպների այդ հայրենիքում գտնվելը: Բայց ավաղ, ես աղոթել չկարողացա: Ինձ պակասում էր Պետոյի հավատքն ու ջերմեռանդությունը: Եվ հենց այդ պատճառով սկսա մտածել թե՝ որ դեպքում է մարդ ավելի երջանիկ. արդյոք այն, երբ հաստատ գիտե թե ինչու է անձրևից հետո ծիածանը կապում, թե այն, երբ հիշում է աստուծո ուխտը Նոյի հետ և հավատով աղոթում...

Ավելի առաջ գնալով մենք մտնում էինք գրեթե նոր աշխարհ: Օդն այստեղ ավելի պայծառ, արևն ավելի փայլուն, իսկ աղոխները փչում էին անուշ: Եթե հեռվից չերևեին այն անտառապատ լեռները, որոնցից մենք նոր էինք իջել և որոնց վրա տեղ-տեղ, թանձր ծուխի պես դեռ նստած էր մառախուղը, մենք փոքր առաջ կրած մեր նեղությունը երազ կկարծեինք: Սակայն այսպես է Սյունյաց գեղեցիկ երկիրը: Մի տեղ տիրում է անձրև, աղմուկ ու փոթորիկ, մյուս տեղ պայծառ արև, ջինջ կապուտակ և քաղցր հովեր:

Արևը գնալով տաքանում և մեր թրջված շորերը ցամաքեցնում էր:

Ահա վերջապես և Ուզուն-Դարան (երկայն ձոր): Նա ձգվում է երկու կողմից բարձրացող շղթայաշար լեռների միջով, մի քանի փարսախ երկարությամբ, երբեմն ուղղաձիգ և երբեմն աջ ու ձախ խոտորելով: Նրան ակոսում է մի փոքրիկ գետակ, որը սակայն ահարկու և անանցանելի է դառնում գարնան վերջերում, երբ սարերի ձյուները, հալչելով, աղբյուրանում են դեպի ցած: Մեր անցնելու ժամանակ նույնպես նա հորդ էր և նորեկ անձրևից պղտորած, իսկ նրա խոխոջը կիրճի մի քանի տեղերում փոխվում էր խուլ որոտման:

Ճանապարհն անցնում էր այդ գետակի երկարությամբ, այլ և երբեմն նրա երկու կողմից բարձրացող սարերի դժվարագնաց լանջերով: Տեղ-տեղ այդ հանդիպակաց սարերն այնպես էին միմյանց մոտենում, որ կարծես հսկայական պատվարներ էին իրար դեմ կանգնած, և նրանց ահարկու ու միապաղաղ ժայռերը, որոնք կախված էին օդի մեջ, սարսափեցնում էին տեղին անծանոթ անցորդին: Ուրիշ տեղ, ժայռերի փոխարեն, կախվում էին կիրճի բարձրությունների վրա հինավուրց ծառեր, կորացած ու մամռապատ բներով, և նրանց մերկ ու բազմաճյուղ արմատները ժայռերի վրա ճապաղելով՝ գալիս հասնում էին մինչև ճանապարհի եզերքը և կամ նրա միջից անցնելով թաղվում գետակի մեջ: Շատ տեղ էլ կիրճի լանջերը ծածկված էին ահարկու և անմատչելի անտառներով, որոնք ձգվում, տարածվում էին մինչև սարերի ամենաբարձր կատարները: Այդ անտառների անծանոթ խորշերից խոխոջալով իջնում էին հարյուրավոր առուներ՝ երբեմն սիզավետ մարգերի վրա գետահետելով, իսկ հաճախ՝ ժայռերի բարձրությունից մեծաշառաչ դեպի ձորերը գահավիժելով:

Շարունակելով մեր ճանապարհը բնության այդ շքեղ

հանդիսարանի միջով, հետզհետե հանդիպում էինք նորանոր գեղեցկությունների: Մի տեղ մեզ հիացնում էր հսկահասակ մի սոսի, որի բունը յոթ մարդու գրկաչափ էին ասում ու, որն յուր խոռոչի մեջ, տեղատարափի ժամանակ, պատսպարում էր մի քանի զույգ ուղևորներ: Այդ խոռոչը մի փոքրիկ խրճիթի չափ ընդարձակ էր և կամարակապ մատուռի նմանություն էր բերում: Սակայն նրա վրա սավառնում էին դեռ հաստաբուն ճյուղեր առատորեն պսակված սաղարթախիտ ոստերով, որոնք, անշուշտ, մեծ հողմերի ժամանակ մաքառում էին նրանց հետ՝ ինչպես բազուկները զորավոր հսկայի: Մի ուրիշ տեղ, գետի ափին, ուղղաձիգ տնկված է միապաղաղ մի քարաժայռ, մի քանի կանգուն բարձրությամբ, ինչպես փոքրիկ մի աշտարակ: Նա արձանագրություններ չունի, նա վայրենի է, ինչպես այն լեռը, որի կրծքից պոկվել ու գլորվել է, բայց նա ավելի գիտե, քան մեր պատմությունները, նա այդ լեռնային աշխարհի երջանիկ և դժբախտ օրերի հավիտենական վկան է: Եվ թե կարողանար խոսել, որքան հիշատակաց արժանի դեպքեր կպատմեր մեզ, դեպքեր որոնց հիշատակն այսօր կորել անհետացել է... կպատմեր թե՝ քանի քանի բանակներ, որոնց մասին չէ խոսել պատմությունը, մերթ խնդագին և մերթ հուսահատ եկել, անցել են յուր մոտից՝ հայրենի սահմանների վրա կռվելու համար, քանիսը հաղթական վերդարձել, քանիսը սպառ-սպուռ ջնջվել.,.. թե որքա՛ն ժողովուրդ, թշնամու երեսից հալածական, Սյունյաց ամուր այուններին ապավինելու համար, իրար թևակոխելով, անցել են յուր մոտից, թե որքան հալածանքների ու կոտորածների հանդիսատես է եղել ինքը և որքա՛ն ողբացել հայրենի երկրի ավերմունքների համար... կամ գուցե, պատմել մխիթարական դեպքեր, որոնք սովորեցնեին մեզ դեն ձգել մեզանից հուսահատությունը և անշարժությունը դատապարտող հոռետեսությունը և խրախուսվիլ լավագույն մարդկանց փառավոր օրինակներով... Մի երրորդ տեղ պատահում է հրաշալի ջրվեժ, որ ահագին աղմուկով թափվում է լեռան բարձրությունից և ամբողջ ձորը որոտումով լցնում: Նրա շառաչման արձագանքը անլրելի երաժշտության նման հնչում է մինչև անգամ հեռու լեռներում: Կանգնելով ջրվեժի առաջ և վայելելով անուշ զովը, ուր ուժգին հոսանքը սփռում է երեսիդ, ընդնմին ցողելով վրադ ջրի մղեղ փոշին, ցավում ես, որ միայնակ ես, որ զվիցարական գեղեցկության սիրահարները չեն ընկերանում քեզ, որպեսզի քո հայրենիքի բնական գեղեցկություններով պարծենայիր նրանց առաջ…Վերջապես մի չորրորդ տեղ դու ակամա կանգնում, նայում ես կիրճի երկու կողմից օդի մեջ կախված միակտուր ամբարտակներին, որոնք, կենդանակերպերի նման, զնալով մոտենում են միմյանց և այդպիսով հորինում մի բնական կամուրջ կիրճի անդունդում որոտացող գետակի վրա: Զվարճությամբ լսում ես այն առասպելները, որ գյուղացին համոզմունքով պատմում է այդ կամրջի մասին, աշխատելով հավատացնել քեզ թե՝ այդ հրաշալիքը սատանաներն են շինել մեղավոր հոգիներին դրա վրայով դեպի դժոխքը առաջնորդելու համար:

Արևը մայր մտնելու մոտ դուրս եկանք Ուզուն-Դարայից և սկսանք բարձրանալ դեպի Ն. գյուղի բարձրությունները, որոնք հետզհետե մացառուտից ազատվելով ծածկվում էին նոր դեղնող արտերով: Ճանապարհը գնալով լայնանում և արահետ էր դառնում: Մեզ պատահում էին գյուղացիներ, ոմանք լծած սայլերով, ոմանք բեռնաբարձ ձիերով ու ավանակներով, իսկ շատերը՝ միայնակ, մի ցուպ ձեռքներին կամ մի պարկ շալակած: Այդ բոլորից արդեն երևում էր, որ մենք հեռու չենք այն գյուղից, որ իմ ամառային կայանն էր լինելու:

Հունիս 3.

Մութը կոխել էր: Լուսնի արծաթափայլ սկավառակը հուշիկ բարձրանում էր լեռների ետևից և աղոտ լույսով սար ու ձոր լուսավորում: Շրջակա զառիվայրերը հետզհետե ծածկվում էին արոտից վերադարձող նախիրներով ու հոտերով: Կովերի բառաչը, մաքիների մայունը, տավարածի հա-հո-ները և հովվական սրնգի մելամաղձիկ երգը, որ հնչում էր մթապատ ձորամիջում, խառնվելով միմյանց, մի հաճելի աններդաշնակություն էին կազմում: Որքան մոտենում էինք գյուղին, այնքան աղմուկն ու շշուկը ավելանում էր: Ն. գյուղը հասնելով՝ մենք իջանք տեղական քահանայի տանը:

Հայոց գյուղերում երկու տուն կա, ուր ճանապարհորդը վստահությամբ և առանց հարցուփորձի կարող է իջևանել: Առաջինը՝ տանուտերի տունը, որ ավելի պաշտոնական մարդկանց է հյուրընկալում, երկրորդը քահանայի, ուր ամեն բարի հայ սիրով է ընդունվում: Թեպետ հասարակ գյուղացին էլ յուր հյուրասիրությամբ ետ չէր մնում այդ երկուսից, այնուամենայնիվ, ճանապարհորդը միշտ չէ վստահում մոտենալ նրան զգուշանալով ավելորդ նեղություն պատճառելուց:

Երբ ներս մտանք քահանայի տան բակը, մեզ իսկույն դիմավորեց մի բարձրահասակ և բարեկազմ երիտասարդ, որ ուրախ ժպիտով մեզ ողջունելուց հետո, մոտեցավ ինձ օգնելու, որ ձիուց իջնեմ: Ես, իհարկե, նեղություն չտվի նրան և իսկույն իջնելով, սեղմեցի ձեռքը, որ նա կանխավ ուղղել էր ինձ առանց սպասելու, որ ուղեկիցս հայտնե նրան իմ ով լինելը:

Դա, ինչպես հետո իմացա, քահանայի ամուսնացած որդին էր:

Երիտասարդի հրամանով մի ծառա սկսավ մեր ձիերը պտտեցնել, մինչև որ նրանց քրտինքը ցամաքեր և ապա ախոռը տաներ: Իսկ մենք հյուրընկալի առաջնորդությամբ մտանք սրահը, ուր երիտասարդի ամուսինը մի ակնթարթում արդեն ընդարձակ թախտի վրա փռել էր մաքուր գորգ և վրան էլ օթոց:

Քահանան տանը չէր: Իմ հարցին թե՝ ուր է նա, երիտասարդը պատասխանեց թե դեռ եկեղեցուց չէ վերադարձել:

— Միթե այստեղ այդպես ուշ են սկսում ժամերգությունը, — հարցրեցի ես:

— Միայն շաբաթ երեկոները, որպեսզի հանդից վերադարձողը կկարողանա եկեղեցի գնալ:

«Գեղեցիկ կարգ է», — մտածեցի ես և հենց պատրաստվում էի հարցնել թե՝ արդյոք հին սովորություն է դա, թե տեր-հայրն ինքն է սահմանել, մեկ էլ տեսա, որ վերջինս բակը մտավ:

Դա բարձրահասակ, առողջակազմ, ալեխառն մորուքով և քաղցրադեմ մի քահանա էր, որ առաջին վայրկյանից իսկ ախորժ տպավորություն արավ ինձ վրա: Նրան տեսնելուն պես ես ոտքի ելա և առաջանալով, համաձայն գյուղի սովորության, աջը համբուրեցի:

Տեր-հայրը շատ սիրով ընդունեց ինձ և ձեռս բռնած բերավ իմ տեղը նստեցրեց: Շուտով մենք ծանոթացանք միմյանց: Ես իմ ով, որտեղից լինելը և ինչ նպատակով իրենց գյուղը գալս հայտնեցի, իսկ ինքը, մանրամասն տեղեկություններով, ծանոթացրեց ինձ յուր անձին ու ընտանիքին:

Տեր-Հովսեփ հայրը, ինչպես ինքն ասաց, հիսունինվեց տարեկան էր և քահանայի որդի: Ձեռնադրված էր 1850 թվականին Գնորգ եպիսկոպոս Վեհապետյանից: Մարիամ տիրուհին 8 տարով իրենից փոքր էր և նույնպես քաջառողջ մի կին, որ տեր-հոր գալուց հետո միայն եկավ և բարևեց ինձ: Նրանք ունեին երկու որդի, որոնցից մեծը, Սարգիս անունով, մեզ ծանոթ երիտասարդն էր և 28 տարեկան լինելով՝ արդեն ամուսնացած և մի տղայի էլ տեր էր: Հարսի անունը Հերիքնազ էր, որ տեր-հոր հրամանով եկավ ինձ բարևելու և, գյուղական սովորության համաձայն, կամենում էր ձեռս համբուրել, բայց ես թույլ չտվի և միայն բարեկամաբար ձեռը սեղմեցի: Գեղեցիկ էր թե ոչ, չիմացա, որովհետև երեսն ամբողջապես ծածկված էր չարղաթով — թեպետ տեղական սովորության համաձայն, իբրև երեխա ունեցող կին, նա իրավունք ուներ արդեն երեսը կիսով չափ բանալու: Տեր-հայրը գովում էր, որ նա ժրագլուխ և աշխատասեր կին է: Քահանայի կրտսեր որդին, Հակոբը, 25 տարեկան էր: Նրան նոր էին նշանել, այդ պատճառով էլ այդ օրը տանը չերևաց, որովհետև մերձակա գյուղը՝ աներոջ տունն էր գնացել:

Տիրուհին ամենից առաջ շտապեց մեզ համար պատրաստել թեյ, որ վաստակած ճանապարհորդի համար ամենադուրեկան ըմպելիքն է լինում: Եռացրեց նույնպես նոր կթած կաթ և դրա հետ միասին բերավ նոր թխած զաթա, որն, յուր ասելով, նորահարսի համար այդ օրը պատրաստած և ղրկած «պաշարից» էր:

Մենք վայելում էինք տիրուհու պատրաստած բարիքը և շարունակ խոսում: Տեր-հայրը խիստ հետաքրքրում էր ինձ յուր խոսակցությամբ և հայտնած կարծիքներով: Դրանցից մի քանիսը լսելուց հետո, ես եկա այն եզրակացության, որ նա գռեհիկ քահանաների թվին չէ պատկանում: Իբրև գյուղական քահանա, նա մինչև անգամ ավելի բան գիտեր, քան սպասելի էր: Ինձ շատ զարմացրեց մանավանդ այն, որ նույնիսկ օրվա խնդրի մասին որ այդ ժամանակ կաթողիկոսական ընտրությունն էր, նա նորություններ գիտեր և հայտնում էր բանավոր կարծիքներ: Նա ծանոթ էր ոչ միայն Ներսես պատրիարքի, Խրիմյան Հայրիկի և Մելիքսիդեկ սրբազանի անուններին, այլև նրանց գործերին, անձնական արժանիքներին և կենսագրությանը: Նա հարցնում էր ինձանից նաև բացատրություններ՝ նկատմամբ լրագրական այնպիսի ակնարկությունների, որոնք յուր ուշադրությունից չէին վրիպել: Իմ տարակուսանքն, իհարկե, փարատվեց, երբ իմացա, որ տեր-հայրը ստանում է Թիֆլիսում հրատարակվող հայոց թերթերը, հասկանալի է որ լրագիրը շատ բան կսովորեցներ նրան: Բայց և այնպես այդ մեկուսացած լեռների մեջ այդպիսի մի քահանա գտնելն ինձ համար մի հաճելի անակնկալ էր:

— Ինչպես տեսնում եք, մենք բոլորովին կտրված չենք աշխարհից, — ասում էր տեր-հայրը, — օրհնվի լրագիր հնարողը, այս հեռու անկյունում, ուր տարիներով քաղաքացու երես չենք տեսնում, մեր միակ մխիթարությունը լրագիրներն են: Այնքան անձկությամբ ենք սպասում նրանց, որ եթե որոշյալ ժամանակից ուշանում են, իսկույն ձի եմ նստում և նրանց ետևից, կես օրվա ճանապարհ — մինչև վանքը գնում: Քաղաքից կոնսիստորը վանահոր անվամբ է ղրկում թերթերը, իսկ հայր-սուրբը շատ անգամ ուշադիր չէ լինում ժամանակին հասցնելու:

Իմ հարցին թե՝ այդ լրագիրներից միայն ինքը տեր-հայրն է օգտվում, թե ժողովրդին էլ մասն է հանում, նա պատասխանեց,

— Ինքս է, շատ տարի չէ, ինչ սկսել եմ լրագիր կարդալ: Օրհնվի մեր կույսը, նա վաղուց էր թերթ ստանում և հաճախ կարդում ինձ մոտ, աշխատելով սիրելի անել ինձ յուր կարդացածները: Եվ իրավ, մի տարուց հետո, ես այնքան սիրեցի լրագիրը, որ կարևոր համարեցի ինքս ստանալ և անձամբ կարդալ, որպեսզի կույսին միշտ նեղություն չպատճառեմ: Փառք աստուծո, ես նյութապես ապահով եմ և հեշտությամբ էլ վճարում եմ լրագրի գինը: Երբ լրագիր կարդալն ու հասկանալը ինձ համար հեշտացավ, մեր կույսը խորհուրդ տվավ ինձ հետաքրքրական և հեշտ հասկանալի կտորները կարդալ և հասկացնել նաև իմ ժողովրդին: Ես հետևեցի նրա խորհրդին և մի կիրակի, ճաշից հետո, երբ գյուղի գլխավորները հավաքվել էին ինձ մոտ, կարդացի նրանց առաջ լրագրի մի քանի կտորներ և բացատրեցի: Այդ նորությունն այնքան դուր եկավ նրանց, որ այդ օրից սկսած ամեն կիրակի, ճաշից հետո հավաքվում է մեր բակը բազմաթիվ ժողովուրդ և սիրով լսում է իմ ընթերցումն ու բացատրությունները:

Տեր-հոր հաղորդածները ինձ համար հաճելի նորություններ էին:

Այդպիսի քահանայի հովվության հանձնված գյուղում, անկարելի էր, որ նաև դպրոց չլիներ: Ուստի ցանկացա իմանալ ունին թե ոչ:

— Ինչպես չէ և ինչ հրաշալի դպրոց, — բացականչեց տեր-հայրը հպարտությամբ, — եթե տեսնեք, կհավանեք: Օրհնվի մեր կույսը, նա է հիմնողը, ինքն էլ կառավարում է:

Այս քանիերորդ անգամն էր, որ «կույսի» անունը լսում էի տեր-հորից, ուստի հետաքրքրվեցա իմանալ, թե ով է այդ կույսը, արդյոք վարժուհի է, թե որևէ անապատի հավատավոր կին:

— Այդ կույսը քույր-Աննան է, մի՞թե չեք ճանաչում, — հարցրեց ինձ տեր-հայրը:

— Ոչ, չեմ ճանաչում, — պատասխանեցի ես:

— Ամբողջ Սյունիքը ճանաչում է մեր կույսին, ամենքին հայտնի է նրա անունը, այդ ինչպես է, որ դուք չեք ճանաչում:

— Այդպես է, տեր-հայր, չեմ ճանաչում, անունն անգամ չեմ լսել:

— Ճշմարի՞տ եք ասում, — հարցրեց քահանան զարմանալով:

— Իհարկե, ճշմարիտ, ի՞նչպես կարող եմ ստել, — նկատեցի ես:

Տեր-հայրը սկսավ մտածել, հետո ինքն իրեն մի քանի բառ շշնջաց և ապա դառնալով ինձ, շարունակեց.

— Իրավունք ունիք, որդի, մեր այս կորած անկյունից ով է ձեզ համար լուր բերում: Ասենք թե՝ շատ էլ բերին, ինչ նշանակություն ունին ձեզ համար գյուղի նորությունները: Քույր-Աննան և նրա գործերը մեր՝ գյուղացիներիս աչքումն են մեծ բաներ երևում, ապա թե ոչ, դուք այնքան նշանավոր մարդիկ ու գործեր ունիք, որ մեր հսկաները թզուկներ կերևան ձեզ:

— Ասենք այդտեղ սխալվում եք. մենք ո՛չ նշանավոր մարդիկ ունենք, ո՛չ նշանավոր գործեր: Բայց թողնենք այդ հարցը: Կարող եք կույս-Աննայի ով լինելն ինձ հայտնել:

— Ինչպես չէ, ասացի, որ նա մեր գյուղական դպրոցի հիմնադիրն է և կառավարողը, այժմ ավելացնեմ, որ դասատուն էլ ինքն է: Նա մի բարի, ազնիվ և առաքինի կին է. ուղիղ տասննինը տարի է, որ գտնվում է մեր գյուղում: Իմ ձեռնադրությունից վեց տարի հետո եկավ այստեղ: Այդ ժամանակ ո՛վ գիտեր, թե ի՞նչ բան է գյուղական կանոնավոր դպրոցը: Ես էի մի քանի տղաներ գլխիս հավաքել և լավ-վատ կարդացնում էի: Բայց երբ կույս-Աննան եկավ, նա յուր ծախքով և, իհարկե, նաև մեր օգնությամբ, շինեց դպրոցական տուն, որ անշուշտ կտեսնեք: Նա հավաքեց յուր մոտ թե տղա, և թե աղջիկ երեխաներ և սկսավ կարդացնել: Այժմ մեր գյուղում քիչ երիտասարդ կա, որ հայերեն գրել-կարդալ չիմանա: Այս րոպեին էլ դպրոցը մոտ հարյուր հիսուն աշակերտ և աշակերտուհի ունի ժողոված թե՛ մեր և թե՛ շրջակա գյուղերից: Դրանք բոլորն էլ կարդում են ձրիաբար: Եվ դեռ պետք է գիտենալ, թե կույսի դպրոցը որքան գրագետներ է տվել մեր գավառին այսքան տարվա ընթացքում: Ճշմարիտն ասած, այդ կույսը մեր բարեբարուհին է, մենք բոլորս պաշտում ենք նրան: Իմ ու տանուտերի խոսքից ավելի նրա խոսքն ունի արժեք գյուղացու համար, բոլորը նրան լսում են ինչպես իրենց իմաստուն մորը: Եվ ի պատիվ նրա, պետք է ասել, որ մոր նման էլ խնամք է տանում գյուղացիների վրա, օգնում է կարոտյալին, այցելում է հիվանդին, պաշտպանում է այրիներին, անզոր որբուկներին, ես ո՞ր մեկն ասեմ: Սկսած այն օրից, որ կույսը մեր գյուղումն է, գրեթե ոչ մի տան, կամ ընտանիքում խռովություն, կամ դժգոհություն չէ պատահել: Հենց որ լսում է, թե մի տեղ անհամաձայնություն, վեճ կամ կռիվ կա, իսկույն դիմում է այնտեղ և խաղաղության հրեշտակի պես ամենքին հաշտեցնում, երբեմն խրատելով, երբեմն հանդիմանելով, բայց շատ անգամ էլ քաղցրությամբ համոզելով: Իսկ ով համարձակվում է քույր-Աննային ընդդիմանալ կամ նրա խրատներն արհամարհել, նրա հետ այլևս ոչ ոք չէ խոսում, մինչև որ վերջինս համոզվելով թողություն չէ խնդրում: Մեր գյուղական գործերի մեջ նույնպես քույր-Աննան օգնում է մեզ յուր իմաստուն խորհուրդներով և առհասարակ այն գործը, որ նրա ցույց տված ճանապարհովն ենք սկսել և շարունակել՝ միշտ հաջողությամբ է պսակվել: Բացի այս, դուք մեզ մոտ կտեսնեք գեղեցիկ կարգեր ու սովորություններ, որոնք մյուս գյուղերում չկան, դրանք բոլորը նույնպես քույր-Աննային ենք պարտական: Միով բանիվ, այդ կույսը մեր բարերարը և խնամակալուհին է, որին, կխնդրեմ աստծուն, պարգևել երկար կյանք և առողջություն:

Տեր-հոր պատմածները վերին աստիճանի գրգռեցին իմ հետաքրքրությունը:

— Բայց ո՞վ է վերջապես, այդ կինը, որտեղացի է, որի աղջիկն է, որտեղ է սովորել, — հարցրեցի ես շտապով:

— Նա միանձնուհի է, — պատասխանեց քահանան միամտաբար:

— Բայց ո՞րտեղից, ո՞ր կուսանոցից:

Տեր-հայրը մնաց կանգնած: Նա չէր կարողանում որոշ պատասխան տալ, ուստի մի փոքր մտածելուց հետո, ասաց,

— Ճշմարիտը խոստովանած, չգիտեմ:

— Բայց միթե այսքան տարիների ընթացքում երբեք չհետաքրքրվեցիք իմանալ թե՝ ո՞րտեղից է նա լույս ընկել այս լեռների մեջ:

— Ի՞նչ մեղքս ծածկեմ, չեմ հարցրել, այսքանը միայն գիտեմ, որ նա միանձնուհի է և գալով մեր գյուղը, հավանել է նրան և վճռել ապրել այստեղ և օգտավետ լինել մեզ:

— Իսկ նա հասակավո՞ր է, թե՝ երիտասարդ: — Նրա տարիքը քառասունից ավելի է:

— Ուրեմն այդքա՞ն միայն գիտեք նրա մասին:

— Այո՛, միայն այսքան:

Այժմ ես տեսա, որ տեր-Հովսեփս ինքնիրեն բուսած մի ծառ չէ, այլ

անշուշտ, այդ խորհրդավոր կնոջ ստեղծագործածն է: Տեր հոր այն խոստովանությունը, թե այդքան տարիների ընթացքում չէ հետաքրքրվել այդ կնոջ ով լինելն իմանալու, ինձ անկեղծ էր թվում, ուստի նրա վարկը որոշ չափով նվազեցավ իմ աչքում, որովհետև այդպիսի մի անտարբերությունը հանցանքի չափ ծանր էր թվում իմ աչքում: Բայց հետո մտածեցի, թե գուցե այդ կինը ինքն է փախուստ տվել քահանայի հետաքրքրությունից, առիթ չտալով նրան այդպիսի հարցերի դիմելու: Թեպետ այն էլ գիտեի, որ հեշտ չէր գյուղում այսքան տարի ապրել և ազատ մնալ գյուղացիների հարցասիրությունից: Սակայն բոլոր այս մտածությունններն ուղեղս լարելուց զատ ուրիշ մի եզրակացության չէին բերում: Մնում էր, որ ինքս ծանոթանայի այդ կնոջը և նրա ով և ինչ անձնավորություն լինելը ստուգեի անձամբ:

— Ե՞րբ կարող եք ծանոթացնել ինձ ձեր միանձնուհուն, — հարցրի տեր-հորը:

— Երբ կամենաք, — ասաց նա, — վաղը կյուրակե է, ես պատարագ ունիմ. կգաք եկեղեցի, ներկա կլինիք պատարագին, և երբ ժամերգությունը կավարտի, ես ձեզ կծանոթացնեմ նրան:

— Շատ լավ, — ասացի ես և որովհետև ընթրիքն արդեն պատրաստ էր, ուստի շուտով սեղան նստանք:

Տեր-հայրը բոլոր ջանքը գործ էր դնում ամենալավ կերպով ինձ հյուրասիրելու: Եվ թեպետ յուր գինին արժանիքով ստոր էր տանուտեր Ակոբի գինուց, այսուամենայնիվ մենք նրանով էլ մի քանի կենաց բաժակներ դատարկեցինք:

Տեր-հոր հյուրասենյակում ինձ համար քնելու տեղ պատրաստեցին ուր և առանձնացա խաղաղության հրեշտակին հանձնվելու համար:

Հունիս 4.

Չնայած որ ամբողջ նախընթաց օրը ճանապարհորդել էի, այսուամենայնիվ, երեկ շատ վաղ զարթեցա, գյուղը, կարծես ինքն է զարթեցնում քեզ: Մարդ այստեղ ամաչում է, եթե չասենք ափսոսում առավոտյան զով ժամերը քնին նվիրելու: Երբ դուրս եկա բակը, արշալույսը դեռ նոր էր շառագունում, բայց տեր-հայրն արդեն գնում էր եկեղեցի:

— Մի՞թե այսքան վաղ պիտի սկսեք ժամերգությունը, — հարցրի ես:

— Դեռ սաղմոս պիտի քաղեմ, դուք կարող եք կես ժամով ուշ գալ, — պատասխանեց նա:

Ես որովհետև եկեղեցում երկար կանգնել չէի կարողանում, ուստի որոշեցի օգուտ քաղել ժամանակից և բարձրանալով գյուղի վերնակողմը՝ նրա ընդհանուր շրջապատը տեսնել, որպեսզի հավաստիանամ թե որքան հարմար ամառանոց եմ ընտրել:

Բակի մի անկյունում տիրուհին և յուր հարսը կթում էին կովերը, որպեսզի նախիրը արոտ ուղարկեն: Սարգիսը մոտ կանգնած օգնում էր նրանց առաջ բերելով կովերը: Որպեսզի նորից տանից դուրս չգայի, մոտեցա նրանց և մի բաժակ կաթ խնդրեցի: Հերիքնազն իսկույն վայր դրեց կովկիթը և վազելով տուն՝ բերավ մի մեծ բաժակ և յուր ձեռքով կթելով կաթը նրա մեջ, տվավ ամուսնուն և վերջինս ինձ: Ես ախորժանոք դատարկեցի անուշահամ ըմպելիքը և խնդրեցի երկրորդը, որը նույն հոգածությամբ դարձյալ լցվեցավ և նույն ճանապարհով հանձնվեցավ ինձ: Իմ նախաճաշը վերջացել էր, որի համար շնորհակալություն անելով հարցրի Սարգսից գյուղի վերին կողմերն անցնելու ճանապարհը և հեռացա:

Ես գնում էի մանվածապատ, նեղ և զառիվեր փողոցներով, որոնցից շատերը կազմում էին պարտեզների շրջապատ ցանկերը: Ուրախ էի, որ ոչ մի տեղ շներ չպատահեցին՝ իրենց աղմուկով ինձ ուղեկցելու համար: Երբ գյուղի վերին ծայրը հասա, արևի առաջին ճառագայթներն ընկան մոտիկ բլրի վրա, որ ծածկված էր գեղեցիկ անտառակով: Հասնելով այդ բլրին, սկսա նրա վերին կողմից դիտել գյուղը և նրա շրջապատը:

Ն. գյուղը, որ զուտ հայաբնակ է, գտնվում էր մի գեղեցկադիր և արեգընդդեմ լեռնալանջի վրա, որի շարունակությունը դեպի լեռը ծածկված էր ամբողջապես անտառով: Գյուղի դիրքը մասամբ սարահարթ և մասամբ զառիվայր էր: Տները, որոնց թիվը երկու հարյուրից ավելի պիտի լինեին, շինված էին խառն ի խուռն և, մեծ մասամբ, ետևի կողմից գետնին հավասար: Գետնի մակերևույթից բարձր տներ, առանձնապես, գտնվում էին գյուղի այն մասում, որի դիրքը սարահարթ էր: Գյուղը, ըստ ամենայնի, նման էր մյուս բոլոր հայաբնակ գյուղերին, միայն այն առավելությամբ, որ այստեղ ամեն տուն ուներ յուր մեծ կամ փոքր պարտեզը և սարերից իջնող ջրերն այնքան էին առատ, որ գրեթե ամեն տուն առու ուներ յուր բակում: Գյուղի վերջին ծայրում՝, մի կանաչազարդ բարձրավանդակի վրա, կառուցած էր եկեղեցին, որ հեռվից բավական կոկիկ և գեղեցիկ էր երևում: Նրա մոտ կար միահարկ, բայց ընդարձակ և սիրուն ծառերով շրջապատված մի ուրիշ շինություն, որ անշուշտ ուսումնարանը պիտի լիներ: Գյուղի ընդհանուր պատկերն առաջին անգամ ինձ վրա ախորժ տպավորություն արավ: Սակայն ավելի գեղեցիկ էին նրա շրջակա տեսարանները: Գյուղի առաջ ընկած էր ընդարձակ և անտառախիտ խորաձոր, որի միջից խոխոջալով անցնում էր մի գետակ: Նրանից այն կողմը, ինչպես և գյուղի ետևից, բարձրանում էին վիթխարի լեռներ, փառահեղ գագաթներով, որոնցից մի քանիսի վրա դեռ նշմարվում էին հին դարերում ապրող սյունեցիների զորության ու մեծագործության հետքերը — կիսավեր բերդերի մնացորդներ: Գյուղի աջ կողմից սկսվում էր մի հովտաձև սարահարթ, որ գնալով լայնանում ու դաշտանում էր և որի վրա տարածվում էր գյուղացիների արտերը:

Այս բոլորը տեսնելուց և զննելուց հետո ես կամաց-կամաց իջա գյուղը՝ բռնելով այնպիսի ուղղություն, որ ինձ պիտի տաներ դեպի եկեղեցին:

Զարմանալի շարժում էր տիրում այդ ժամանակ գյուղի փողոցներում: Կարծես բնակիչները մի հրաշք տեսնելու, կամ հրդեհ հանգցնելու համար էին շտապում: Կին, տղամարդ, ծեր և երիտասարդ աճապարում էին դեպի եկեղեցին, նրանք գնում էին աղոթելու:

Այս տեսարանը որքան ուրախացնում, նույնքան և զարմացնում էր ինձ և այդ զարմանքը կրկնապատկվեց, երբ ուրիշների հետ ես նս եկեղեցին հասնելով՝ տեսա այդտեղ հավաքված ժողովրդի բազմությունը: Ես հայոց շատ գյուղերում էի եղել, բայց ոչ մի տեղ ժողովրդի մեջ այսքան ջերմեռանդութուն չէի նկատել: Սա ինձ հիշեցնում էր Կովկասի գերմանական մի գաղթավայր, ուր հաճախ գտնվել և միշտ հիացել էի գերման ժողովրդի եկեղեցասիրության վրա և տխրել, որ մեր գյուղերում, ընդհակառակը, ժողովուրդն օրըստօրե սառչում է եկեղեցուց, առանց սակայն մի ուրիշ հոգեշահ գործի մոտենալու:

Գրեթե զոռով ներս մտա եկեղեցին և զոռով էլ առաջ անցա, որովհետև խռնված բազմությունն յուր միջից անցնելու ճանապարհ չէր թողել:

Եկեղեցում, ամենից առաջ, ուշադրությունս գրավողը բազմախումբ դպիրների երգեցողությունն էր, որին ես երբեք չէի սպասում: Ավելի հառաջանալով՝ ավելի ևս զարմացա, տեսնելով, որ մոտ 20 հոգուց բաղկացած խմբի մեջ, տղաների հետ միասին կանգնած էին և հասակակից աղջիկներ, որոնց բոլորին դպրապետություն էր անում բարձրահասակ, գլուխը սև շղարշով փաթաթած և մթագույն շապիկ հագած մի կույս, հար և նման մեր կուսանոցի միանձնուհիներին:

Իսկույն հիշեցի տեր-Հովսեփի կույս-Աննան և չերկմտեցի, որ իմ առաջ կանգնած դպրապետուհին նա ինքն է: Բայց նախքան կույսի անձով հետաքրքրվելս, իմ լսելիքը գրավեց սրբասացության խորհրդավոր երգը, որ նա հրաշալի ձայնով սկսավ երգել: Բայց ինչ երգ, ինչ ձայն էր այն: Ոչ մի եկեղեցում նմանը չէի լսած: Մի քանի րոպե ինձ այնպես թվաց, թե հնչող ձայնը ոչ թե մարդկային կրծքից, այլ մի կախարդական սրնգից, կամ երգեհոնի միջից բխում, այնքան հնչեղ և, միևնույն ժամանակ, զողտրիկ ու ախորժալուր էր նա: Երգչուհու ձայնը, նայելով երգի աստիճաններին, գնալով զորանում ու զվարթանում էր, եկեղեցու կամարները կարծես ձայնակցում էին նրա դյութական հնչյուններով: Ես հիացա, հափշտակվեցա և գյուղական եկեղեցում գտնվելս մոռացա: Ես ամբողջապես լսելիք էի դարձել, նույնն էր և ժողովուրդը. ոչ ձայն, ոչ շշուկ, բոլորն էլ հափշտակված լսում էին հրաշալի մեղեդին և ջերմեռանդությամբ աղոթում: Եվ որքան սեր, որքան հավատ այդ ծնկաչոք և ձեռնամբարձ պաղատողների մեջ... չգիտեմ ինչպես, ես էլ արդեն չոքել էի խոնավ գետնի վրա (որ ուրիշ տեղ չէի անում) և գյուղացիների հետ միասին աղոթում էի: Եվ իմ երիտասարդական կյանքի մեջ դա առաջին ջերմեռանդ աղոթքն էր: Շուտով խումբն էլ սկսավ դաշնակցիլ դպրապետուհուն: Երգեցողությունը հորդոր, բայց ներդաշնակ կերպարանք առավ: Այս բոլորը լսում էի հրճվախառն հիացմունքով և զգում, որ այդ գյուղական եկեղեցում կատարյալ քրիստոնյա եմ դարձել նման այն բարեպաշտ քրիստոնյաներին, որոնք ապրում էին այդ սրբազան կրոնի հալածանքների դարերում, երբ իշխանն ու ստրուկը, տիկինն ու աղախինը, միևնույն մթին գետնափորում, միասին պաշտում և աղոթում էին քրիստոնեության հիմնադրին և միևնույն սեղանի վրա՝ հաղորդվում նրա կենարար մարմնին և արյանը:

Քաղաքի եկեղեցիներում, խոստովանում եմ, խորշում էի փոքր ի շատե գծուծ հագնված մի մարդու մոտ կանգնելուց, վախենալով շորերս կեղտոտել... Բայց այստեղ, օհ, ինչպիսի սիրով ողջունեցի ես մի աղքատ, կորաքամակ և կոշտ հագուստներով ծերուկ գյուղացու, երբ սարկավագի «Ողջույն տուք միմյեանց ի համբոյր սրբութեան...» խոսքերը լսեցի: Ես պատրաստ էի իմ ողջույնի հետ միասին նույնիսկ համբուրել ծերուկին... — Ինչ հեղափոխություն էր այս, որ կատարվում էր իմ մեջ. չգիտեի: Ուր էին այն թերահավատ մտածմունքները, որոնք ճնշում էին ուղեղս մեր եկեղեցիներում. չկային, անհետացել էին: Արդյոք հրաշալի երգչուհու և նրա խմբի ներդաշնակ ու ոգևորող երգեցողությունը չէր իմ մեջ կատարվող այս հեղափոխության պատճառը:

Ամենամեծ հաճությամբ լսեցի պատարագի մնացորդ երգեցողությունը, շարունակ հիանալով դպրապետուհու դյութական ձայնի վրա: Սակայն քանիցս փորձ փորձեցի տեսնել նաև նրա դեմքը, բայց այդ չհաջողվեց ինձ, որովհետև նա յուր դեմքը ոչ մի կողմ չէր դարձնում, իսկ իմ կանգնած տեղից առաջ գնալ չէի կարող: Բոլոր ժողովուրդը սպասեց մինչև վերջին «օրհնեալ եղերուք»-ը, ես ևս նրանց հետ, առանց մի վայրկյան ձանձրանալու:

Դուրս գալով եկեղեցուց, սկսա նրա շուրջը պտտել և ապա ուսումնարանի կողմն անցա, բայց աչքս միշտ եկեղեցու դռանը, որպեսզի կույսի ելնելը տեսնեի:

Եկեղեցին թեպետ հնաշեն ու պարզ, բայց բավական ընդարձակ էր, սպիտակ ներկած թե դրսից և թե ներսից: Եկեղեցու ներքին զարդարանքն այնքան էր, որքան մի գյուղական եկեղեցի կարող էր ունենալ առանց ժողովրդին ավելորդ ծախքի ենթարկելու: Նա ուներ նաև մի փոքրիկ զանգակատուն՝ երկու հին զանգակներով և մի երկաթե սնացած խաչով: Իսկ ուսումնարանը՝ երեք ընդարձակ և լուսավոր և երկու էլ փոքրիկ սենյակներից բաղկացած մի տուն էր, նույնպես ընդարձակ և լայնադիր պատշգամով: Ուսումնարանի չորս կողմը տնկված էին մի քանի կարգ գեղեցիկ ծառեր, որոնք ամբողջ շենքի շուրջը կազմում էին կանոնավոր ծառուղիներ: Ընդհանրապես, թե եկեղեցու և թե դպրոցի շուրջը գտնվող ծառերից ազատ տեղերը ծածկված էին կանաչ ածուներով և ծաղիկների թփերով, որոնց բոլորի վրա երևում էր, որ հսկում է մի հոգատար ձեռք: Այն բոլորը, սակայն, մի հայ դյուզի վերաբերմամբ այնքան անբնական, կամ, գոնե, անսպաս բաներ էին, որ ես ինձ զգում էի մի ինչ-որ անհասկանալի դրության մեջ և անհանգիստ սպասում՝ այդ դրությունը ստեղծող հանելուկների լուծման:

Դեռ զբոսնում էի եկեղեցու բակում, երբ տեր-հայրն ու կույս-Աննան եկեղեցուց դուրս գալով ուղղվեցան դեպի ինձ: Ես ևս իմ կողմից առաջացա դեպի նրանց:

Բայց, աստված իմ, այս կինը ինձ հանդիպող հանելուկների մեծագույնն էր: Այս ետ ընկած հայ գյուղում, այս վայրենի լեռներում դիմում էր դեպի ինձ Կոմլետտիի «քույր-Թերեզան»: Նույն գեղեցիկ հասակը, նույն սիգաճեմ գնացքը, նույն ազնվական տիպարը, որ ես թատրոնի բեմի վրա, կուսանոցի պատերում քույր-Թերեզայի մեջ էի տեսել, այդ բոլորը ճշտությամբ գտնում էի այստեղ ինձ մոտեցող կնոջ մեջ: Կարո՞ղ էի միթե զարմանքս չափավորել և պաշտպանել կերպարանք չառնել:

Իմ բախտից ժամավոր կանանցից մինը, հենց ճանապարհի կիսում, կանգնեցրեց երկուսին և ինչ որ բան էր հարցնում, կամ հաղորդում նրանց: Ես ժամանակ ունեցա զգաստանալու և, մինչև անգամ, խոսելու նյութ ընտրելու: Երբ իրար մոտեցանք, ողջունեցի տեր-հորը և կույս-Աննային ասելով.

— Այսօր ես այստեղ երկու խիստ ուրախացնող անակնկալների հանդիպեցա. առաջին ձեր եկեղեցու հրաշալի երգեցողությունը, որի նմանը, խոստովանում եմ, լսած չէի ոչ մի տեղ և երկրորդ՝ այս գեղեցիկ դպրոցական շենքին, որի գոյությունն այսպիսի մի հեռավոր գյուղում չէի կարող երևակայել:

— Այդ բոլորը, ահա՛, մենք այս քրոջն ենք պարտական նրան պետք է շնորհակալ լինել: — Այս ասելով տեր-հայրը ծանոթացրեց ինձ կույս-Աննային, հայտնելով իմ ով, որտեղացի լինելս և ինչ նպատակով իրենց գյուղն այցելելս:

— Շատ ուրախ եմ, որ երկար պիտի վայելենք ձեր ընկերակցությունը, — ասաց միանձնուհին, — վաղուց է քաղաքացի հյուր չենք ունեցել: Իսկ այս գյուղն, — ավելացրեց նա, — առողջարար է, կարող եք հուսալ, որ կատարյալ առողջություն կգտնեք:

— Ուրախ կլինիմ, եթե ձեր գուշակությունը կատարվի, — ասացի, — բայց եթե չկատարվի էլ դարձյալ ես գոհ եմ, որ այս գյուղն այցելելով, ձեզ ու ձեր գեղեցիկ գործերին ծանոթացա, այս արդեն մեծ բախտ եմ համարում ինձ համար:

— Ձեր խոսքերը պետք է ընդունեմ իբրև խրախուսանք, ապա թե ոչ ես այդքան էլ գովության արժանի գործեր չունիմ, — նկատեց կույսը ժպտալով, — իմ կողմից կցանկանամ, որ մեր լեռները ձեզ պարգևեն կատարյալ առողջություն, որովհետև առանց դրան մարդն անկարող է, նույնիսկ, բարին ու գեղեցիկը տեսնել, կամ սիրել:

— Անշուշտ, անշուշտ, դուք ինձանից ավելի կառողջանաք, մեր գյուղը թշնամի է ամեն տեսակ տկարության, — հարեց տեր-հայրը:

Այսպես խոսելով մենք առաջ անցանք: Այժմ միջոց ունեի միանձնուհուն դիտելու:

Չնայելով տարիքին, որ, տեր-հոր ասելով, քառասունից ավելի էր, այդ կինը տակավին մի կատարյալ գեղեցկուհի էր. նա ուներ բարձր ու բարեկազմ հասակ, որ մի առանձին շուք ու վեհություն էր տալիս նրա տխուր հանդերձին, գեղեցիկ ու սեգ գլուխ, որ սքողված էր միանձնուհու սևաթույր շղարշով, գողտրիկ ազնվական դեմք, ուր կարծես վարդագույնը թալկանում էր սպիտակ մարմարիոնի վրա և մեծ-մեծ, սևորակ աչեր, որոնց մեջ վառվում էր մի դյութող կրակ անքաժան, սակայն, սրբազան կայծերից: Երկայնատեգ արտևանունքներ եզերում էին նրա այդ լուսո լիճերը և գեղակամար հոնքերը հովանավորում նրանց, նուրբ, ողորկ քիթը և փոքրիկ սիրուն բերանը հազիվ գունավոր շրթունքներով լրացնում էին նրա կլասիկական գեղեցկությունը: Միայն մի անուշ տխրություն մեղմում էր նրա աչքերի կրակը և նվազեցնում դեմքի դյութական աշխույժը: Սակայն դրանց փոխարեն՝ նրա թափանցող հայացքի մեջ փայլում էր խելք և առաքինություն իսկ դեմքի վրա ազնվական վեհություն:

Առաջին վայրկենից իսկ այդ կինը մի հզոր պատկառանք ազդեց ինձ վրա, և ես, չգիտեմ ինչու, սկսա ճնշվել նրա առաջ և չգիտեի թե ուրիշ ինչ նյութի վրա խոսեմ:
Նա ինքն էլ կարծես զգալով յուր՝ ինձ վրա արած ազդեցությունը, սկսավ շարունակել խոսակցությունը, հարցնելով ինձանից տեղեկություններ մեր քաղաքի, նրա ուսումնարանների և ազգային մի քանի հարցերի մասին, որոնք այդ ժամանակ առօրյա էին: Ես գիտցածս հաղորդում էի նրան:

Երբ այսպես խոսակցելով գյուղամեջը հասանք, միանձնուհին ներողություն խնդրեց, որ մեզ պիտի թողնե, մոտիկ մի հիվանդի այցելելու համար: Տեր-հայրն առաջարկեց գալ մեզ մոտ ճաշելու, բայց նա հրաժարվեց, առարկելով թե՝ այդ խոստումն արած է ուրիշին:

Ես, իհարկե, շատ ցավեցի, որովհետև ցանկանում էի խոսել նրա հետ երկար: Բայց երբ իմ ցավը հայտնեցի տեր-հորը, նա ասաց.

— Հոգ չէ. էլի կտեսնվինք, նա հաճախ գալիս է մեր տունը: Իսկ այժմ երևի անկարող էր ընդունել իմ խնդիրը, որ մերժեց: Երբ քույր — Աննան ասում է մի խոսք, այդ խոսքը պետք է ընդունել այնպես, ինչպես որ լսում եք, որովհետև նրա այոն այո է և ոչն ո՛չ:

Հասանք քահանայի տունը, ուր ճաշի սեղանը պատրաստած՝ սպասում էին մեզ:

Այստեղ ծանոթացա տեր-հոր կրտսեր որդուն Հակոբին, որն իմանալով, թե իրենք հյուր ունին, շտապել էր աներոջ տնից վերադառնալու, որպեսզի յուր բացակայությունը տան հյուրի աչքին չզարնեն: Սա նույնպես բարեկազմ, առողջ, բայց ըստ երևույթին ավելի կրակոտ մի երիտասարդ էր: Իմ հարցին, թե եկեղեցումն էիք, նա համարձակ նկատեց:

— Կարելի է միթե կիրակի օրն եկեղեցուց ետ մնալ: Բայց երբ յուր հարսնացուի որպիսության մասին հարցրի, նա գլուխը խոնարհեց և միայն մի քանի անլսելի բառեր շշնջաց:

— Էհ, սիրելիս, Հակոբի համար դեռ վաղ է յուր նշանածի մասին խոսելը, — նկատեց տեր-հայրն օգնության հասնելով որդուն, — նա ինքն էլ մեզանից է տեղեկություններ հարցնում:

Ես ծիծաղեցի, բայց, իհարկե, երիտասարդի ներկայությամբ հակառակ կարծիք չհայտնեցի, մտածելով, որ պարկեշտությունն ու ամոթխածությունը վնաս չեն բերիլ նրան այս դեպքում:

Տեր-հոր երկու որդիներն էլ քույր-Աննայի աշակերտներն էին: Ճաշի նստելով մենք բոլոր ժամանակ դարձյալ խոսում էինք նրա մասին: Երբ ես կրկին անգամ իմ գոհությունը հայտնելով եկեղեցում տեսածս կարգապահության և գեղեցիկ ու ներդաշնակ երգեցողության մասին հարեցի թե՝ «արդարև, շատ քաղաքների եկեղեցիներ կարող են նախանձել ձեր գյուղական եկեղեցուն», տեր-հայրը պատասխանեց:

— Շատերը կնախանձեն մեր գյուղին, նաև նրա ուրիշ առավելությունների համար, որ դուք, իհարկե, ձեր աչքով կտեսնեք և որոնց բոլորի սկզբնապատճառն այդ միանձնուհին է: Այո՛, մենք նրան շատ ենք պարտական, այդ գիտե ինքը, մեր ժողովուրդը: Եվ եթե նրան այժմ հարցնես թե՝ քույր-Աննայից կուզես զրկվիլ թե քո ստացվածքից, նա ուրախությամբ վերջին զրկանքը կընտրե, որովհետև փորձով գիտե թե՝ որ աստիճան բարի, առաքինի և ամբողջ գյուղի համար ցավող ու հոգացող կին է նա: Հազար անգամ մենք ինքներս մեզ հարցրել ենք թե՝ աստված մեր որ բարի գործի համար է այս բարերար հրեշտակին ուղարկել մեզ:

Այս բոլորը թեպետ ավելի և ավելի գրգռում էին իմ հետաքրքրությունը կույս-Աննայի վերաբերմամբ, այսուամենայնիվ, այն րոպեից, որ ես տեր-հորից իմացա թե՝ նա չգիտե այդ կնոջ ով և որտեղացի լինելը, ես այլևս այդ մասին ոչինչ չէի հարցնում նրան, ինձ վերապահելով երբևիցե այդ գաղտնիքը պարզելու նախաձեռնությունը: Բայց և այնպես իմ հետաքրքրությունը աճում էր ժամերով:

Ճաշից հետո, երբ առանձնացա հանգստանալու, իմ մտածմունքը դարձյալ քույր-Աննայի մասին էր: Շարունակ ինքս ինձ հարցնում էի թե՝ արդյոք ի՞նչն է ստիպել այդ կնոջը հեռանալ աշխարհից և քաշվել իրեն անծանոթ և հեռավոր մի գյուղի անկյունը: Նրա թե՛ արտաքինից, թե՛ խոսքերից և թե՛ շարժմունքից պարզ երևում էր, որ հասարակ կին չէ. հետևապես չէր կարող լոկ բարեպաշտական զգացմունքից դրդված գալ միանձնուհի լինելու դժվարին որոշման: Մեր ժամանակում, երբ կյանքն յուր բազմակողմանի հրապույրներով այնքան է սիրելի դարձրել աշխարհը, որ մարդիկ ամենաթանկագին սրբություններն անգամ զոհ են բերում նրա սիրուն, տարօրինակ է, որ սիրելու և սիրվելու բոլոր բարեմասնություններով օժտված մի կին փախչում է այդ սիրազվարճ աշխարհից և փակում իրեն մի հեռավոր և անծանոթ անկյունում, գյուղական կոշտ ու կիսավայրենի ժողովրդի մեջ՝ լոկ նրան ծառայելու պաշտոնը ստանձնելով:

Այս ամենն ինձ համար առեղծվածներ էին, որոնց պարզելու համար պակասում էր միջոց: Ես անհամբերությամբ սպասում էի մեր երկրորդ տեսակցության, հավատացած լինելով թե այդ ժամանակ արդեն կհաջողվի ինձ լուծել այս տարօրինակ հանելուկը:

Հունիս 5

Հետևյալ օրը վաղ առավոտից զբոսնում էի եկեղեցուն մոտ գտնվող անտառակում: Սքանչելի եղանակ էր: Ցանկանում էի մի քանի ժամ անցնել այդտեղ, բայց դպրոցական զանգի ձայնը լսելով շտապեցի այն կողմը:

Պատշգամբի վրա պատահեցի քույր-Աննային, որ քաղցր ժպիտով իմ ողջույնն ընդունեց:

— Ներեցեք, որ այսքան վաղ եմ այցելում ձեր դպրոցը, — ասացի ես, — որովհետև ցանկանում եմ օրվա բոլոր պարապմունքին ներկա գտնվիլ:

— Շնորհ արեք, խնդրեմ, դուք մեծ հաճույք կպատճառեք ինձ, հրամեցեք, լսեցեք, հարցաքննեցեք — պատասխանեց քույր Աննան ուրախ պատրաստակամությամբ:

— Հարցաքննել, ո՛չ. մի խոսքով անգամ չեմ խանգարիլ ձեր պարապմունքը. միայն կլսեմ, — ասացի ես, և մենք, միասին մտանք դպրոցի առաջին դասատունը:

Մաքուր և ընդարձակ սենյակի մեջ, մի քանի կարգ կոկիկ նստարանների վրա, շարված էին աշակերտները մեկ և աշակերտուհիները՝ մյուս կողմից: Երբ ներս մտանք, բոլորը համեստությամբ ոտքի ելան, ողջունեցին մեզ և վարժուհու հրամանով սկսան երգել առավոտյան աղոթքը, որ եկեղեցում լսածս երգեցողության չափ քաղցր էր և ներդաշնակ:

Աղոթքից հետո սկսվեց դասը, որ հայոց լեզվից էր: Դասագիրքն էր ավետարան, որից աշակերտները կարդում, թարգմանում և գրատախտակի վրա գրում էին: Վարժուհին սիրով ու աշխույժով բոլորին հարցնում, լսում, ուղղում և բացատրում էր: Իրենք աշակերտներն էլ Սյունյաց երկրի ծնունդ լինելով մեծ մասամբ ընդունակ և սրամիտ երևացին ինձ. պատասխանողներից ոչ մինը դժգոհություն չպատճառեց վարժուհուն:

Հետո քույր-Աննան սկսավ խոսել նոր դասը՝ կարդալով ավետարանից մի ուրիշ գլուխ և թարգմանելով: Դժվարիմաց բառերն ու մտքերը նա ուշադիր հոգածությամբ բացատրում և հասկացնում էր, կրկնել տալով նույնը թույլ աշակերտներին: Նրա բացատրությունները, առհասարակ, այնքան պարզ և դյուրըմբռնելի էին, որ ինքս էլ լսում էի մեծ հաճությամբ: Ինձ համար աննկատելի չանցավ այն, որ նրա բոլոր դասավանդության ժամանակ ես լսում էի ոչ թե պաշտոնական վարժուհու, այլ գորովագութ մոր ձայնը, և երևի այդ էր պատճառը, որ նրա աշակերտների մեջ համեստության հավասար ցոլանում էր և հոգվո արիություն:

Դասն ավարտելուց հետո դուրս եկանք պատշգամ, իսկ աշակերտներն ու աշակերտուհիները բակն իջան խաղալու:

Վերջինների մի մասը, գեղջկուհիներին հատուկ ամաչկոտությամբ, հավաքվեց ծառաստանի մի անկյունը և չէր մասնակցում փոքրիկների խաղին: Այդ հանգամանքը իմ աչքին զարկավ:

— Գեղջկուհին միշտ գեղջկուհի է մնում, — նկատեցի ես, — ինչու այդ աղջիկները չեն խաղում, նրանք այնքան մեծահասակներ չեն, որ մեզանից քաշվեին: Մի՞թե դպրոցական կյանքը ոչինչ հեղափոխություն չէ մտցրել նրանց մեջ:

— Այդ դեպքում՝ ո՛չ, և ես չեմ ցանկանում այդ, — պատասխանեց քույր-Աննան լրջորեն: — Ես պահանջում եմ, մինչև անգամ, որ գեղջկուհին միշտ գեղջկուհի մնա: Ես չէի ցանկանալ, որ դպրոցը կապտեր նրանցից այն թանկագին հարստությունը, որը նա հետո չէր կարող վերադարձնել առանց ծանրագին աշխատության: Խոսքս վերաբերում է այն ցեղական պարկեշտության, որ մեր գեղջկուհիներն ունին: Ես, իհարկե, սովորեցնում եմ նրանց կարդալ և գրել ավանդում եմ ինչ-որ ուսման համար կարևոր և իրենց անձին օգտավետ է, աշխատում եմ, որ նրանց մտքերի հետ միասին կրթվին և ազնվանան նրանց հոգիները հաստատում և ամրապնդում եմ նրանց կրոնական զգացմունքները, միով բանիվ, ամեն ջանք գործ եմ դնում, որ նրանցից պատրաստվին որոշ չափով կրթված հայ գյուղացիներ,բայց միևնույն ժամանակ, զգուշանում եմ, որ իմ ներշնչած այդ նորությունները չխեղդեն նրանց մեջ գյուղացու այն հատկությունները, որոնք նրանց բարոյականի հաստատուն հիմունքներն են կազմում և որոնք իմ ավանդած սահմանափակ ուսումովը չէին արմատանալ նրանց մեջ, եթե նրանք այդ չժառանգեին ծնողներից, գյուղական անարատ մթնոլորտում: Եթե մենք եղած հինը քանդելով կարողանայինք նրա տեղ նորը, բայց լավագույնը հաստատել, այն ժամանակ այդ հինը աներկյուղ կքանդեինք: Բայց քանի որ ցանկալի ուժն ու միջոցները չունինք, անհրաժեշտ է, որ եղած լավ հատկությունները խնամենք և պահպանենք՝ նույնիսկ իրենց հին կերպարանքի մեջ: Այդ հատկություններն են՝ գեղջուկի ամոթխածությունը, բարեպաշտությունը, պարզասիրությունը և աշխատասիրությունը: Ես մեծ խնամքով եմ վերաբերվում այդ գեղեցիկ հատկություններին՝ աշխատելով, իհարկե, որ նրանցից մի քանիսը ծայրահեղության չհասնեն, օրինակ, որ նրանց ամոթխածությունը չհավասարվի երկչոտության, իսկ բարեպաշտությունը՝ չնմանա նախապաշարմունքով: Թեպետ այս վերջին դեպքում ևս զգուշությամբ եմ վարվում, որովհետև գեղջուկի կրոնականը նման է հնադարյան մի սրբազան շինության, որի վրա, հարկավ, դարերի ընթացքում նստել է և փոշի, և անմաքրություն, բայց նրան այդ փոշիներից մաքրելու համար զգուշաբար պիտի վարվի մեծադրել գիտցող հնագետը, որպեսզի սխալմամբ գեղեցիկ քանդակներից մեկը չփշրե, կամ ընտիր մյուսիոններից մեկը չեղծանե: Ահա այդպիսի զգուշությամբ եմ վարվում և ես իմ աշակերտների ու նրանց ծնողների հետ, երբ հարկավոր է լինում նրանց որևէ կրոնական նախապաշարման դիմախոսել:

— Իսկ ես կարծում եմ, որ այդքան համր ընթանալով՝ շատ աննշան հառաջադիմություն կանեք, — նկատեցի ես:

— Ձեր կարծիքը մասամբ իրավացի է, — պատասխանեց կույսը. — բայց ո՞րն է ավելի լավ, քիչ հառաջադիմելը, թե դեպի կորուստ փութալը:

— Իհարկե առաջինը — ասացի ես:

— Ահա՛, այդ պատճառով էլ ես համր, բայց ուղիղ ընթանալու կողմն եմ, որովհետև գեղջուկն ու նրա զավակը մեր քայլերով ընթանալ չեն կարող: Նրանք նման են նոր ոտքի ելած մանուկների, որոնց եթե շտապեցնես, կսայթաքեն և կգլորվեն ճանապարհի վրա: Որդեսեր և հասկացող մայրը որքան էլ առողջ ոտքեր ունենա, այսուամենայնիվ, նա յուր ետևից քարշ չի տալ մանուկին, այլ, ընդհակառակը, կհարմարեցնե յուր քայլերը տղայի դողդոջուն քայլիկներին, մինչև որ այդպիսով նրան կանոնավոր քայլել սովորեցնե:

«Իսկ ինչ վերաբերում է գեղջուկի բնական աշխատասիրության ու պարզասիրության, — շարունակեց կույսը, — ես աշխատում եմ ավելի և ավելի զարգացնել նրա մեջ այդ հատկությունները: Ես գովում ու խրախուսում եմ աշակերտին կամ աշակերտուհուն, երբ պատահում եմ մինին, դասից ազատ միջոցին անտառից փայտ բերելիս, մյուսին խոտ հարելիս, երրորդին ջրի սափորով վերադառնալիս, չորրորդին՝ այգում քաղիան անելիս և այլն: Այդ իսկ պատճառով ես սկզբից արդեն սահմանել եմ, որ իմ աշակերտներն ու աշակերտուհիներն իրենց մյուս օրվա դասերը պատրաստեն դպրոցում՝ իմ հսկողության ներքո, որպեսզի տուն վերադառնալուց թե ազատ լինեն դասերի ճնշումից և թե կարողանան ընտանեկան գործում օգնել իրենց ծնողներին: Այդ տեսակ ազատ պարապմունքը կծառայե նրանց նաև իբրև մարմնամարզություն, որի օգուտը վաղուց ճանաչված է:

«Միևնույն ձևով ես հոգում եմ, որ պարզասիրությունն արյուն ու մարմին դառնա նրանց մեջ, — շարունակում էր միանձնուհին: — Ես անպայման ատեցող եմ ցույց տալիս, ինձ հարուստ ու շքեղ հագնվելուն, թեպետ մաքրասիրությունը գովում եմ: Պատահել է, որ իմ աշակերտներից մինը, հարուստ ծնողների զավակ լինելուն համար, գյուղում, գործած շալի փոխարեն մահուդ է հագել, կամ աշակերտուհիներից մինին յուր ծնողները բամբակե շիլայի փոխարեն մետաքսե դանավուզից շապիկ են հագցրել: Ես այդպիսիներին, բոլոր աշակերտների ներկայությամբ, քաղցրությամբ հանդիմանել եմ և իսկույն ետ դարձրել տուն, պատվիրելով որ նախկին, կոպիտ շորերը գերադասեն այդ թանկագին հագուստներին, որովհետև ասել եմ, դրանք գյուղացու համար անվայել հագուստներ են: Բայց, միևնույն ժամանակ, չեմ մոռացել նախատել և այն աշակերտին, որ հերարձակ, ցեխոտ փեշերով, կամ կեղտոտ օձիքով համարձակվել է մտնել դասատուն: Այս բոլորից հետո կարող եմ մակաբերել, թե ես ինչ աչքով եմ նայում գյուղացու կրթությանը և ո՞րքան հակառակ եմ, որ գյուղացին յուր մասնավոր ուսումն ու կրթությունը ստանալուց հետո, գյուղացի լինելու փոխարեն, ձգտի լինել մի ուրիշ բան:

Մինչդեռ ես ուշադրությամբ լսում էի քույր-Աննային, զանգակը հնչեց և աշակերտները կարգով սկսան հավաքվել դասարանները: Այդ ժամանակ միայն նկատեցի աշակերտների բազմությունը և հարցնելով տեղեկացա, որ դպրոցը կազմված է երկու նախակրթական և մի առաջին դասարաններից: Իմ հարցին թե՝ ովքեր են դասախոսում նախակրթարաններում, քույր-Աննան ժպտալով պատասխանեց.

— Իմ պատրաստած վարժապետն ու վարժուհին:

— Ո՞ւր են նրանք, — հարցրի ես հետաքրքրությամբ:

— Ահա՛ վարժապետը, ահա՛ վարժուհին, — ցույց տվավ նա պարզ հագնված մի գյուղացի պատանի և նույնպիսի հագուստով մի պատանեկուհի, որոնք աշակերտների ետևից մտնում էին դասատուն:

— Դրանց ես սովորողների տեղ էի ընդունում, այնքան մանկամարդ են, — նկատեցի ես:

— Ո՛չ, դրանք իմ օգնական դասատուներն են. հաճեցեք ներկա լինել նրանց դասերին, եթե կցանկանաք, հուսով եմ, կհավանեք:

— Շնորհակալ եմ, մեծ ուրախությամբ, — ասացի ես և չկամենալով

այլևս ուշացնել քույր-Աննային ինքս առաջինն ուղղվեցա դեպի այն դասարանը, ուր երիտասարդը պիտի դասախոսեր:

Նույնպիսի հարգանքով ընդունեցին ինձ և այստեղ: Գեղջուկ վարժապետը քաղաքավարությամբ աթոռ առաջարկեց ինձ. ես նստա և սկսա լսել:

Հարցնելու և ուղղելու միևնույն ձևը, դասախոսելու և բացատրելու նույն եղանակը, ինչ-որ քույր-Աննայի՝ նույնն և այս երիտասարդի մեջ նկատեցի, սա նրա հարազատ պատճենն էր: Զարմանում էի այս գեղեցիկ նմանության և առավել ևս այն համբերության վրա, որ նորատի երիտասարդն ուներ: Որպիսի քաղցրությամբ և որքան հանգիստ սրտով ուղղում, էր նա մի երկու, ըստ երևույթին՝ բացառություն կազմող, աշակերտների շարունակ կրկնվող միևնույն սխալները: Ոչ միայն բարկանալն, այլև կոշտ խոսելը, կարծես հանցանք էր համարում, մի հատկություն, որ ճրագով ենք որոնում մեր վարդապետների մեջ: Սիրով լսեցի երիտասարդ ուսուցչի ամբողջ ժամվա դասախոսությունը, որ, ըստ ամենայնի, գոհություն պատճառեց ինձ:

Բոլորովին ուրիշ ազդեցություն գործեց ինձ վրա գեղջուկ վարժուհին, երբ երրորդ դասին նրա դասարանը մտա: Նրան տեսնելուց և մի փոքր լսելուց հետո, ես նմանեցրի նրան այն թանկագին գոհարին որ դեռ նոր հողի միջից հանված, իր անողորկ տեսքի պատճառով թվում էր մի աննշան ապակի, բայց հմուտ ակնագործը գուշակում է թե որ թագուհու ճակատը կարող է նա զարդարել, եթե ինչպես հարկն է հղկվի ու կոկվի:

Յուր հագուստով նա չէր զանազանվում աշակերտուհիներից: Հագած էր հասարակ չթից արխալուղ, կարմիր շիլայից երկար շապիկ, նույն կտորից կապած մի գոտի պատում էր մեջքը իսկ մի փոքրիկ կանաչ չարղաթ ծածկում էր գլուխը: Ահա, այս էր վարժուհու բոլոր հանդերձանքը: Եթե ես պատահեի նրան աղբյուրի վրա, ջրի սափորն ուսին, ոչնչով չէի զանազանի մյուս գեղջկուհիներից: Բայց այժմ նա իմ առաջ կանգնած դաս էր խոսում մաքուր հայերեն լեզվով և այն որքան հմտությամբ, շնորհիքով, քաղցր ու գրավիչ ձայնով: Միթե չպետք է զարմանայի ու հիանայի: Ես այնքան զգացվել, ոգևորվել էի, երբ դասը վերջացավ և ես դուրս գալով պատշգամ պատահեցի քույր-Աննային, կամենում էի առնել նրա ձեռքերը և ջերմագին, անվերջ համբույրներով ծածկել՝ ի նշան իմ սրտներռանդ շնորհակալության: Բայց ավա՜ղ, չէի կարող այդ անել և չգիտեի ինչպես զեղանել նրա առաջ իմ անկեղծ զգացմունքները:

— Ձեր գործը գովելու համար ես լեզու չունիմ, — ասացի նրան, — ընդունեցեք, գոնե, իմ ջերմագին շնորհակալությունը, իբրև իմ ներքին գոհունակության և, առավել ևս, իմ մեծագույն զարմացման մի տկար առհավատչյա:

— Շնորհակալ եմ, դուք ինձ քաջալերում եք, երևում է, որ հավանել եք թե՝ վարժապետիս և թե՝ վարժուհուս, — պատասխանեց քույր-Աննան քաղցր ժպտալով:

— Այո, սրանցից լավը ես չեմ տեսել, գոնե մեր քաղաքի դպրոցներում:

— Ես դրանց պատրաստել եմ այն չափով, որ ազատ կարող են սովորեցնել նախակրթարանում, ընդունելով իհարկե, որ նախակրթարանի ուսուցչից ևս պահանջվում է որոշ չափով հմտություն, իսկ քիչ ժամանակից հետո նրանք պատրաստ կլինին այնքան, որ կկարողանան իմ տեղը բռնել:

— Ինչպես, միթե դուք մտադիր եք երբևիցե թողնել այս գյուղը — հարցրի ես:

— Թողնե՛լ, երբեք, — պատասխանեց միանձնուհին. — բայց ով կարող է երաշխավորել, թե որքան կարող եմ ապրել: Ես այն կարծիքին եմ թե մի գործ մշտնջենավոր անելու համար, անհրաժեշտ է, որ սկսող մարդը գործի գոյությունը իր գոյության հետ չկապե: Հակառակ դեպքում գործը մեռնում է, եթե մեռնում, կամ հեռանում է գործի հիմնադիրը: Մեր մեջ, առհասարակ, շատ օգտավետ գործեր ոչնչացնում են նույնիսկ իրենց հիմնադիրների փառամոլության շնորհիվ: Որովհետև քիչ չէ թիվն այն մարդկանց, որոնք մի հասարակական բարի գործ սկսում և առաջ են տանում ոչ թե նրա համար, որ հասարակությանն օգնեն, այլ որ նրա մեջ երևան և նրանից փառք ու պատիվ վայելեն: Այդպիսիները, մինչև անգամ, չեն ցավում, եթե իրենք հեռանալուց հետո ընկնում, ոչնչանում է գործը, որովհետև այդ առիթ է տալիս նրանց ապացուցելու, թե իրենք հայտնի ուժեր են և թե իրենց չեղած տեղը երկիրը չէ կարող խոտ բուսցնել... Այսպիսիներն իմ աչքում նույն ոճրագործներն են, որոնք իրենց անձի դյուրության համար անշնչացնում են մի անգամ շունչ տված զավակին: Պետք է միշտ ապրել գործի կենդանության համար, իսկ եթե հարկը պահանջե մեռնել, որպեսզի օգտավետ գործն ապրի, այդ զոհն էլ պետք է բերել առանց տրտնջալու:

«Ես սիրում եմ իմ սկսած գործը, ցանկանում եմ, որ նա հավիտյան ապրի, որովհետև հավատում եմ նրա մեծության ու կենարար ուժին՝ ապագայի նկատմամբ: Այդ պատճառով էլ աշխատում եմ այնպիսի հիմքերի վրա դնել այդ գործը, որ իմ մեռնելուց հետո նա չտկարանա, որ հողմերն ու հեղեղը չսասանեն նրան: Այժմյանից արդեն ես արժանավոր և գուցե ինձանից ավելի լավ գործող հաջորդներ եմ պատրաստում և երդմամբ պիտի պարտավորեցնեմ նրանց՝ նույնն անել որդվոց որդի: Եվ որովհետև ես վստահ եմ իմ ներշնչած ոգուն, ուստի և կարող եմ հանգիստ սրտով մեռնել:

Ես ուշադիր լսում էի քույր-Աննային և սրտանց ցանկանում, որ նա ավելի խոսեր: Ոգևորվում էի նրա զրույցներով, ուստի և փափագում շարունակ լսել նրան... Բայց աշակերտներն արձակվեցան. ժամանակ էր և ինձ հեռանալ: Միայն խնդրեցի, որ նա պաշտոնապես ծանոթացնե ինձ յուր վարժապետին ու վարժուհուն: Քույր-Աննան կատարեց խնդիրս սիրով: Իմացա, որ վարժապետի անունը Պետրոս է, Կովիկյան ազգանունով, իսկ վարժուհունը՝ Մանիշակ Սահակյան: Մի քանի խոսք էլ դրանց հետ փոխանակեցի, որի ժամանակ նորատի վարժուհին շարունակ շիկնում էր: Հետո կրկին անգամ շնորհակալություն արի քույր-Աննային, ողջունեցի նրա երիտասարդ օգնականներին և հեռացա՝ քայլերս ուղղելով իմ հյուրընկալ տեր-Հովսեփի տունը:

Հունիսի 7

Անցյալ օրը քույր-Աննայից հեռանալով՝ բավական մտածում էի իմ տեսած ու լսածների վրա: Ինձ զբաղեցնում էին միանձնուհու հայտնած կարծիքներն ու հայացքները, երկար որոճում էի նրա գեղեցիկ խոսքերը և վերջը գալիս այն եզրակացության թե՝ արդարև այդ բոլորը երազներ չեն և գոյություն ունին: Բայց նախկին մտածմունքը դարձյալ տանջում էր ինձ. — «Ով է վերջապես այդ կինը»...: Ես անպատճառ ցանկանում էի իմանալ, նման այն մանրակրկիտ հետաքրքրին, որ արհեստի մի հրաշալիք տեսնելուց, չէ բավականանում նրա վրա նայելով ու զվարճանալով, այլև հետամուտ է լինում նրա ստեղծագործության գաղտնիքն իմանալու:

Արդեն որոշել էի դիմել քույր-Աննային և առանց այլևայլության խոսելու նրա հետ, ինձ մտատանջություն պատճառող հարցի մասին: Երբ մի կին այս աստիճանի հետաքրքրում է ինձ յուր հասարակական օրինակելի գործունեությամբ, հանցանք չէ, որ ես փափագեմ նրա անձին ու անցյալին ճշմարտապես ծանոթանալու, այստեղ քաշվելու բան չկա. — մտածում էի ես:

Այդ իսկ պատճառով, երեկ, դեռ առավոտվանից, դարձյալ դպրոցումն էի: Տեսնվեցա քույր-Աննայի հետ, լսեցի նրա դասերը, խոսեցինք զանազան նյութերի վրա, բայց և այնպես չկարողացա մոտենալ իմ նպատակին:

Զարմանալի և տարօրինակ մի կին է այդ միանձնուհին: Երբեմն այնքան մեղմ, քաղցր ու հեզահամբույր է, որ մարդ կարծում է, թե նրա ամբողջ գոյությունը կարող է առնել իր ափի մեջ, իսկ երբեմն այնքան լուրջ սառն և բարձրահոն, որ ես համարձակ չեմ կարողանում նայել երեսին:

Այսուամենայնիվ, երեկ ճաշից հետո դարձյալ գնացի նրա մոտ վճռած լինելով իմ մտքում հայտնել նրան իմ ցանկությունը առանց տատանվելու:

Քույր-Աննային պատահեցի ուսումնարանի բակում օրիորդ Մանիշակի հետ: Նրանք զբաղված էին իրենց ծաղիկներով: Կույսն ինձ տեսնելով թողեց գործը, մոտեցավ և բարևեց, ապա աթոռներ բերել տալով առաջարկեց նստել հովանավոր նշդարիների տակ:

Սկսանք խոսել: Մի քանի թեթև հարցեր շոշափելուց հետո, ես աշխատեցի մեր զրույցը դարձնել այնպիսի խնդիրքերի վրա, որոնց միջոցով կարելի լիներ պարզել իմ հայացքներն այս կամ այն հարցի վերաբերմամբ և այդ ճանապարհով ծանոթացնել քույր-Աննային իմ ներքին աշխարհին, համոզմունքներին և գաղափարներին, որպեսզի դրանով նրա հոգեկան մտերմությունը վաստակեի: Եվ որովհետև ես այն կարծիքին էի թե ոչ մի արտաքին հանգամանք այնպես շուտ չի գրավիլ կնոջ բարեկամությունն ու մտերմությունը (խոսքս, իհարկե, լրջամիտ և զգայական կյանքով չապրող կնոջ մասին է), որքան ներքին համոզմունքների և գաղափարների միությունը, ուստի անչափ գոհ եղա, երբ տեսա, որ նա, շատ հարցերի նկատմամբ, համամիտ ու գաղափարակից է ինձ: Ուրեմն կարելի էր հուսալ, թե շուտով պիտի հասնեմ նպատակիս: Որովհետև մի անգամ ինձ ճանաչելուց հետո հեշտ կլիներ նրան այնուհետև բացվիլ իմ առաջ: Այդ իսկ պատճառով այժմ էլ սկսա խոսել այնպիսի հարցերից, որոնք առիթ պիտի տային ինձ ուղղակի ցանկացածս խնդրին դիմելու:

Սակայն այդ միջոցն ևս ապարդյուն անցավ: Քույր-Աննան, կարծես, գուշակելով իմ դիտավորությունը, հաճախ մի խոսքի, կամ լոկ մի բառի բացատրությամբ այնպես անսպաս շրջում էր խոսքի ձևը, կամ զրույցի ընթացքը փոխում, որ ես մնում էի կանգնած հենց նույն տեղը, որտեղից սկսել էի: Ես նորից փորձ էի անում, նորից նմանօրինակ նյութի վրա խոսում և այն ժամանակ, երբ մտածում էի, թե ահա հասել եմ նպատակիս, դարձյալ նրա բոլորովին նոր հարցով, կամ դիտավորությամբ ստիպված էի լինում ճանապարհս կորցնել և յուր ետևից գնալ: Հուսահատությունը տիրում էր ինձ: Ես նմանում էի ծովամույն եղող մի մարդու, որ ալիքների հետ կռվելով աշխատում է ափին մոտենալ և հենց այն րոպեին, որ ձգում է ձեռ ժայռերից բռնելու, ահա մի կոհակ գալիս, խփում է նրան և հեղձամղձուկ անելով կրկին ծովի խորը նետում, նա նորից փորձ է անում, նորից մոտենում ափին և դարձյալ ալիքներից մղվում դեպի ծովի խորքերը:

Քույր-Աննան այժմ երևում էր ինձ իբրև մի անմատչելի աշտարակ, որի վրա պետք էր նայել հեռվից և նրա արտաքինով միայն զվարճանալ, առանց իրավունք ունենալու ներքինը գիտելու: Այժմ ես այլևս չէի մեղադրում տեր-Հովսեփին յուր անտարբերության համար, որովհետև տեսա, որ նա այդ կետում հանցանք չուներ: Կյանքումս առաջին անգամ էի պատահում մի կնոջ՝ այդքան զերազանց ուժով:

Առանց մի բավարար եզրակացության գալու մեր բոլոր խոսակցությունից վերադարձա տուն, գրեթե հուսահատ:

Հունիս 10

Երեք օր էր, որ չէի տեսել քույր-Աննային: Այդ բոլոր ժամանակը շրջում էի գյուղի մոտակա անտառներն ու լեռները տեր-հոր կրտսեր որդու Հակոբի հետ: Մենք որսում էինք: Այդ զբաղմունքը այնքան էր ինձ գրավել, որ ես որոշել էի այսօր ևս լեռներում անցցնել գնալով ավելի հեռավոր կողմեր: Բայց Հակոբը չկամեցավ ինձ ընկերանալ՝ առարկելով, թե կյուրակե լինելու պատճառով, չէ կարող գյուղից հեռանալ: Պետք է եկեղեցի գնանք պատարագ լսենք, — ասում էր նա: Իսկ ես այդ օրվա կյուրակի լինելը մոռացել էի:

Հարկ չկա ասել, որ յուր ժամանակին եկեղեցումն էի: Ինչ զվարճություն կարող է գերակշռել քույր-Աննայի և նրա խմբի հրաշալի եգեցողությունը լսելու հաճույքին:

Պատարագը վերջանալուց հետո, դուրս եկա եկեղեցու բակն, ուր պատահեցի վարժապետ Պետրոսին: Ինձ ողջունելուց հետո նա հայտնեց, թե քույր-Աննան մի քանի անգամ հարցրել է իմ մասին և անհանգիստ է եղել, որ այսքան ժամանակ չեմ երևացել: «Նա կարծում էր, թե հիվանդ եք, — շարունակեց Պետրոսը, — բայց ես եկա և տեր-հորից իմացա, որ որսորդության եք գնացել»:

— Այո, կամենում էի ծանոթանալ ձեր լեռներին, — ասացի ես, — բայց ինչպես է քույր-Աննայի առողջությունը:

— Փառք աստուծո, նա միշտ առողջ է և այդ մեզ շատ է ուրախացնում, — պատասխանեց Պետրոսը այնպիսի մի եղանակով, որ կարծես ամենասիրելի մոր համար է խոսում:

Մենք զրուցելով առաջացանք դեպի ուսումնարանի բակը, ուր Պետրոսը ներողություն խնդրելով, բաժանվեց ինձանից, որովհետև աշակերտները եկեղեցուց եկել էին ուսումնարան, պետք էր արձակել նրանց:

Շուտով երևաց և քույր-Աննան, որ սիրով ու մտերմաբար ինձ ողջունելուց հետո, մեղադրեց, որ իմ պարտքը չեմ կատարում այցելելով իրեն ամեն օր:

— Գիտե՛ք, չի վայելիլ որ ես ձեզ պտրեմ, — նկատեց նա անկեղծորեն. — դուք երիտասարդ եք և ավելի ազատ, դուք պետք է գաք մեզ մոտ: Եվ ես սպասում եմ ձեզ իրավունքով, որովհետև միայն մի երկու ամիս եք այստեղ, իսկ ձեր հեռանալուց հետո, գուցե երկար ժամանակ ձեզ նման հյուր այլևս չունենանք:

Ես ներողություն խնդրեցի քույր-Աննայից, հայտնելով, որ երեք օր իրեն չայցելելուս պատճառը որսորդական զբոսանքներս էին, որոնց, իսկապես, ձեռնարկեցի նրա համար, — ավելացրի ես, — որ չէի ցանկանում իմ հաճախակի այցելություններով յուր պարապմունքը խանգարել:

— Օ, դրա համար մի՛ մտածեք, գյուղում այնքան թանկ չէ ժամանակը, — նկատեց քույր-Աննան ժպտալով, — բայց թանկագին և հազվագյուտ են մարդիկ, որոնց կարելի լիներ լսել: Միթե կարծում եք թե՝ հեշտ բան է ստիպված լինել միշտ խոսել, միշտ լողներ ունենալ, բայց անկարող լինել երբևիցե լսել մի ուրիշին, կարծիքներ իմանալ մտքեր փոխանակել...

Քույր-Աննան այնպիսի մի մտերմական եղանակով արտասանեց այս խոսքերը, որ ես զգացվեցա:

«Արդարև, ապրել շարունակ գյուղում, տեսնել շուրջդ միայն գյուղացին և նրա միօրինակ կյանքը, չստանալ նրանից ոչինչ նոր, ոչինչ թարմացնող և ստիպված լինել սպառել նրա համար ինչ որ ունիս պաշարած, սա դժվար կացություն է: Պետք է մարդ այս դեպքում հոգու գերազանց ուժ և կորով ունենա ձանձրույթից բոլորովին չխեղդվելու համար...:

Այս մտածմունքը րոպեապես անցավ իմ գլխով և ես, չգիտեմ ինչպես, համարձակություն առի՝ այնքան շատ ինձ մտատանջություն պատճառող հարցի մասին ուղղակի խոսել:

— Հասկանում եմ ձեր ասածը և զգում ձեր դրության բոլոր ծանրությունը, — պատասխանեցի ես, — բայց հասկանում մի բան, որ ինձ շատ է մտածել տալիս:

— Ի՞նչ, — հարցրեց քույր-Աննան հետաքրքրությամբ:

— Այն թե՝ նախախնամության որպիսի տնօրինությամբն եք գտնվում դուք այս լեռների մեջ:

Քույր-Աննան լուրջ կերպարանք առավ, նա, անշուշտ, չէր սպասում այս հարցին և, կարծես, պատրաստվում էր նկատել, թե ինչու ես այդքան համարձակություն առի, բայց ես նրան խոսելու ժամանակ չտվի

— Մի՛ վշտանաք իմ հարցից, հարգելի քույր, — ասացի նրան, — ձեր այս մեծ գործերը տեսնելուց հետո, գործեր, որոնք արդյունք են մեծ անձնազոհության և որոնք ժողովրդի բախտն են կառավարում, ես, իբրև հայ մարդ, իբրև իմ արյունակիցների ուրախության ու վշտերին բաժանորդ, բնական է, որ հետաքրքրվեմ ձեր անցյալով, ոչ իբրև մասնավոր անձի, այլ իբրև հասարակական անձնվեր գործչի: Ծանր է ինձ, արդարև, ծանոթ լինել ձեր անվանը և ստեղծած գործերին, և, միևնույն ժամանակ, չիմանալ թե դուք ով եք, կամ որ աշխարհի ծնունդ... ներեցեք, որ ես պահանջում եմ ավելին, քան գուցե այժմ թույլատրելի է ինձ,
բայց հավատացեք, որ ես չեմ ներիլ ինձ, եթե հեռանամ այստեղից լոկ այն ծանոթությամբ ինչ-որ ունիմ ձեր մասին:

Քույր-Աննան մի ներողամիտ հայացք ձգեց վրաս և ժպտաց:

Այդ ժպիտը նոր վստահություն ներշնչեց ինձ. ես ավելացրի:

— Ուրեմն, մի՛ մերժեք ինձ, խնդրում եմ, պատմեցեք ձեր մասին մի քանի բան, ծանոթացրեք ինձ ձեր անցյալին, որքան այդ հնարավոր է և դա կլինի ամենամեծ շնորհը, որ դուք կանեք ինձ:

— Իմ անցյալի՛ն... հավատացեք, որ նա հետաքրքրական ոչինչ չունի յուր մեջ:

— Թող այդպես լինի, այսուամենայնիվ, ես ցանկանում եմ լսել ձեզ և այս ցանկությունից ետ կկենամ այն ժամանակ, երբ կասեք թե անհաճո է ձեզ ծանոթացնել ինձ այդ անցյալին, որը, հավատացած եմ, նույնպիսի հիացում պիտի պատճառե ինձ, որպիսին պատճառում է ներկան:

— Ի՞նչ կկամենայիք, օրինակ, որ ես պատմեի ձեզ, — նույն մեղմ ժպիտով հարցրեց ինձ քույր-Աննան:

— Օրինակ թե՝ ինչ դիպվածներ ստիպեցին ձեզ հեռանալ մեր սիրելի աշխարհից և ապաստանել այս հեռավոր լեռներին:

— Միթե այս լեռները ձեր աշխարհում չեն գտնվում. — հարցրեց նա ծիծաղելով:

— Ոչ, ինչպես և միանձնուհիները չեն ապրում մեր աշխարհում:

— Հասկանում եմ, բայց ասացեք խնդրեմ, կա ձեր աշխարհում ավելի քաղցր ու սիրելի մի կյանք, քան ինչ-որ այստեղ վայելում եմ ես:

— Չկա, այդ ճշմարիտ է, բայց այդ կյանքի քաղցրությունը ճանաչել կարողանալու համար, շատ փոքր պիտի լիներ այն հասակը, որ ունեցել եք դուք այստեղ գալու ժամանակ: Իմացա, որ քսան տարուց ավելի է, ինչ գործում եք այստեղ:

— Ընդունեցեք, ուրեմն, որ այստեղ գալու ժամանակ էլ քսան տարեկան էի: Եվ միթե այդ հասակը բավական չէր, որ ես ճանաչեի սիրած աշխարհի ոչնչությունը և նրա մեջ ինձ համար գրավիչ ոչինչ չգտնելով հեռանայի նրանից ավելի բարձր կյանքի նվիրվելու համար:

— Անկարելի է, — բացականչեցի ես, — աշխարհը որքան էլ ոչինչ, որքան էլ ունայն լինի, դարձյալ մի քսանամյա երիտասարդ աղջկա համար շատ հրապույրներ ունի յուր մեջ: Անկեղծ եղեք ինձ հետ, աղաչում եմ և խելամուտ արեք ինձ ճշմարտությանը: Դուք, ուրեմն, մեզ բոլորովին անհայտ մի աշխարհի ծնունդ եք, որ այդ հասակում կարողացել եք անձնվիրության մասին մտածել: Մեր երկրում այդպիսի բույսեր չեն աճում, գուցե և նրա համար որ սերմանող չկա: Բայց ինձ, որ պաշտում եմ ձեր մեջ այդ մեծ առաքինությունը, թույլ տվեք հետաքրքրվել և սովորել թե՝ ինչպես է նա մարմնացել ձեր մեջ: Հավատացեք, որ ես ձեր հայտնությունների և զգացմունքների ամենահավատարիմ ավանդապահը կլինեմ:

Քույր-Աննան ոչինչ չպատասխանեց, նա յուր աչքերը հառեց իմ աչքերին, կարծես կամենալով կարդալ նրանց մեջ իմ խոսքերի անկեղծությունը: Բայց այդ հայացքը այնքան զորեղ էր որ ես ակամա փախցրի իմ աչքերը նրանից: Կարճ լռությունից հետո սկսավ խոսել:

— Ես կրկնում եմ, որ իմ անցյալի պատմությունը չի կարող ձեզ հետաքրքրել: Կան դրություններ, որոնց պատճառած հաճույքն ու վիշտը զգալու համար, պետք է անպատճառ այդ դրություններին ենթարկվել:

Հետևապես, նա, որ միայն այդ դրությունների նկարագիրն է լսում և բնականաբար չի բաժանելու դրանց պատճառած հաճույքն ու վիշտը, կարող է ակամա ցավ պատճառել նկարագրողին: Թույլ տվեք, ուրեմն, որ ես այդ մասին ոչինչ չխոսեմ:

— Չեմ կարծում, թե դուք կամենում եք ինձ վիրավորել, բայց հավատում եմ, որ զգալու և հասկանալու ընդունակ չեք համարում ինձ, այդ դեպքում ինձ մնում է ետ առնել իմ խնդիրը, — վշտացած նկատեցի ես:

— Որպեսզի ապացուցանեմ, թե դուք սխալվում եք, ես կկատարեմ ձեր խնդիրը, — ասաց քույր-Աննան քաղցրությամբ — բայց ես այդ կանեմ ոչ այս րոպեին: Ինձ ժամանակ պիտի տաք ամփոփելու հիշողությանս մեջ քսան տարի առաջ տեղի ունեցած անցքերի պատմությունը:

— Շնորհակալ եմ, դուք ինձ ամենամեծ պատիվն եք անում, ուրեմն երեկոյան դեմ շնորհ կունենամ ձեզ լսելու, — ասացի ես:

— Այդքա՞ն շուտ, — նկատեց քույր-Աննան ժպտալով, — դուք, ուրեմն, կխեղդեիք ձեր պարտապաններին, եթե նրանք պայմանաժամը չհարգեին:

— Այդ դեպքում անպատճառ, — պատասխանեցի ես ծիծաղելով. — ձեր պարտքը այնքան մեծ արժեք ունի իմ աչքում, որ ես ժամ առաջ կկամենայի գանձել այն:

— Թող այսպես լինի, — ասաց քույր-Աննան, և ես շնորհակալություն հայտնելով հեռացա:

Հունիս 11.

Նշանակած ժամին դպրոցումն էի, բայց քույր-Աննային տանը չգտա: Ուսումնարանի աղախինն ասաց թե՝ նա հենց նոր օրիորդ Մանիշակի հետ իջավ փոքրիկ անտառակը, որ գտնվում է եկեղեցուց ներքև: Ես ևս այն կողմն իջա, պտրեցի նրանց, բայց չկարողացա գտնել: Մոտիկ հոսող առվակի ափին, հովանավոր լաստենու տակ, շինված էր մի տախտակե նստարան, որի վրա նստա և սպասեցի: Որ ուր էլ լինեին, տուն վերադառնալու համար նրանք այդտեղից պիտի անցնեին:

Ամառային այն գեղեցիկ երեկոներից մինն էր, որ բնությունը միայն այս լեռներին է պարգևում: Արևը թեպետ անցել էր անտառապատ սարերի ետևը, բայց նրա ճառագայթները դեռ վառում էին գյուղի հանդիպակաց լեռան գագաթը: Միջանցուկ ձորը՝ յուր խիտ անտառներով՝ ստվերի մեջ էր և զովարար զեփյուռը գուրգուրում էր այդտեղ ծաղիկն ու խոտը, մացառն ու ծառը, փչելով մերթ թույլ, մերթ զորեղ շնչով: Անտառային թռչունները երգում էին հատ ընդ հատ, մինչդեռ ճնճղուկները աղմկում օդը իրենց ճռվողյունով: Կողքիս հոսող առվակը խոխոջում էր մեղմաձայն և վարսազեղ ափերը հանդարտ քերելով սահում դեպի խորունկ ձորի լանջի վերը և աղմկում այնտեղ տիրող լռությունը: Ես նստած սպասում էի և անտառի քաղցրաբույր հովը վայելում:

Եվ ահա քույր-Աննան երևաց ծառերի մեջ: Նա առաջանում էր դեպի ինձ լուռ և մտախոհ: Այդ վայրկենին նա այնքան էր վեհ ու գեղեցիկ, որ ես ակամա հայացքս սևեռելով՝ սկսա դիտել նրան անհագ հիացմունքով: Հոյակապ հասակը, սիգաձեմ գնացքը և ազնվաշուք դեմքը նմանեցնում էին նրան անտառային մի դիցուհու, կամ հայոց պաշտած սուրբ կույսերից մինին: Պակասում էր միայն մի լուսապսակ, որ յուր մեջ ամփոփելով այդ հողաստեղծ արարածին, դարձներ նրան երկնային — այնքան գեղանի , վեհաշուք էր նա, չնայելով որ տարիքը անցած էր քառասունից...

Մոտենալով առվակին, նա նշմարեց ինձ նստարանի վրա և ժպտաց:

— Անշուշտ չեք բարկանում, որ ես ճշտությամբ հետևում եմ պարտապանիս. — ասացի ծիծաղելով և ոտքի ելա:

— Իհարկե ոչ, ես էլ իմ պարտքը չէի մոռացել: Բայց Իմ օրիորդին ճանապարհ դնելու համար այս կողմն անցա, նա գնում է իրենց գոմի տունը, որ մոտ է այս տեղից:

Մենք միասին բարձրացանք դեպի ուսումնարանը և նստանք բակում գտնվող ծառերի տակ, ուր արդեն աթոռներ կային: Քույր-Աննան հրամայեց աղախնին թեյ բերել մեզ, իսկ մինչև այդ նա լուռ մտածում էր, անշուշտ կամենալով անցյալը, կարելվույն չափ, կենդանացնել հիշողության մեջ: Քառորդ ժամից հետո նա սկսավ խոսել:

ՔՈՒՅՐ ԱՆՆԱՅԻ ՊԱՏՄՈՒԹՅՈՒՆԸ

ԱՌԱՋԻՆ ՕՐ

— Թե ինչպես են անցել իմ մանկության օրերը, չեմ հիշում, բայց այն օրից, որ սկսա գիտակցաբար ապրել, գրեթե ոչինչ, նույնիսկ մի աննշան դեպք, ես չեմ մոռացել: Տասներկու տարեկան աղջիկ էի, երբ հայրս, որ քաղաքում պաշտոնական անձն էր, ինձ կարդացնելու որոշումն արավ: Այդ ժամանակ աղջիկ կարդացնելը մի հազվագյուտ և միայն հարուստ տներին վայել սովորություն էր: Լավ հիշում եմ, թե այդ օրը ինչ մեծ տոն էր ինձ համար: Հայրս, մինչև անգամ, մի փոքրիկ հացկերույթ էր սարքել հյուրասիրելու ինձ համար նշանակված վարժապետին, որ մեր քաղաքի ամենագիտնական քահանան էր: Նա առաջին անգամ իմ ձեռքը տվավ մի պատկերազարդ այբբենարան: Առաջին դասս սկսա «Խաչ օգնեա ինձ» բառերով, բառեր, որոնց ես այդ ժամանակ թութակի պես արտասանեցի, բայց որոնք հետո իմ դժվարատար օրերի միակ մխիթարիչ հառաչանքները դարձան...

Ես սկսա սովորել եռանդով: Քերականը ավարտելուց հետո, սաղմոսն ու ռուսերենը միասին սկսա: Երկու տարուց հետո, իմ հոր կարծիքով, ես հայերենն արդեն ավարտել էի, որովհետև ավետարանը կարդում և թարգմանում էի, ցանկացածս նամակը գրում էի. կրոնից էլ արդեն գիտեի մի փոքր բան. ուրեմն դրանից ավել սովորելիք չէր մնում: Այդպես էր ասում գոնե հայրս, որի հեղինակությունը մեծ էր իմ աչքում: Բայց ռուսերենը դեռ երկար պիտի շարունակեի, մինչև որ այդ լեզվով ազատ խոսելն ու անսխալ գրելը սովորեի, որպեսզի հարկավոր դեպքում հորս չամաչացնեի յուր պաշտոնակիցների առաջ: Բայց որովհետև իմ վարդապետ քահանայի ռուսերեն լեզվի պաշարը մեծ չէր, ուստի հարկավոր եղավ արքունական դպրոցի ուսուցիչներից մինին վարձել: Վերջինս, թեպետ ծերուկ, բայց եռանդով էր պարապում ինձ հետ, այնպես որ կարճ ժամանակի մեջ հորս սպասածից ավելի առաջադիմություն ցույց տվի ռուսերենում: Ես ոչ միայն ազատ խոսում ու գրում էի, այլև կարող էի մասնավոր վարժուհու պաշտոն կատարել:

Այնուհետև ինձ համար բացվում էր ասպարեզ համարձակ մտնելու այն շրջանները, ուր մեր քաղաքի զարգացած մարդիկ, կանայք և օրիորդներն էին լինում: Գավառական քաղաքներում, առհասարակ, բարձր շրջանը կազմում են մի քանի ազնվական տներ և պաշտոնական անձանց ընտանիքներ: Ես և՛ ազնվական, և՛ պաշտոնական մարդու աղջիկ էի: Իմ հայրը, Սիմոն-բեգը, քաղաքի գավառապետի օգնականն էր: Այդ մի մեծ պաշտոն էր այն ժամանակ: Նա շենք ու շնորհքով մարդ էր և բավական ազդեցիկ: Բացի այդ, նա յուր բարի և միշտ օգնող բնավորությամբ սիրելի էր ամենին, մեծից սկսած մինչև փոքրին:

Ինչպես մեր, նույնպես և մեր շրջանին պատկանող ընտանիքներում, հաճախ տեղի էին ունենում խնջույքներ, հացկերույթներ և պարահանդեսներ, ուր հրավիրված էր լինում քաղաքի ընտիր հասարակությունը: Ես իմ ծնողների հետ գնում էի անխտիր ամեն տեղ: Սիրում էի պարել, խոսել, ծիծաղել, ուրախանալ և ուրախացնել: Ամենքը սիրում էին ինձ, ես էլ սիրում էի շատերին: Ի՛նչ էր մտածմունքը, ինչ էր տխրությունը, չգիտեի: Բոլոր ժամանակ, որ նստած էի լինում տանը, ես զբաղվում էի միայն մի հաշվով. — ով և երբ պիտի այցելե մեզ, ում և երբ պիտի այցելենք մենք, ով ունի խնջույք, ով պարահանդես, երբ պիտի պարենք, երբ ուրախանանք... Ես մի անհոգ, անմեղ և միշտ հրճվող թռչնիկ էի: Նույնիսկ ծնողներս, որոնց միամոր աղջիկն էի ես, ոչինչ չէին խնայում ինձ ուրախացնելու և զվարճացնելու համար: Նրանք շրջապատում էին ինձ ամեն տեսակ զգվանքներով:

Այսպես անցավ կյանքս մինչև տասն և վեցերորդ տարին: Իսկ այնուհետև արդեն դիպչում էին ականջիս նոր բառեր, նոր խոսքեր:

Ասում էին, որ ես արդեն հարսնացու եմ, որ ինձ համար այս ու այն երիտասարդս առաջարկություն է անում, որ ես շատ գեղեցիկ եմ... Իմ ընկերուհիները նախանձով էին նայում վրաս: Ասում էին, թե ես գրավել, կաշկանդել եմ երիտասարդներին, թե նրանք ամեն տեղ միայն իմ մասին են խոսում: Այս խոսքերից շատերը ես չէի հասկանում, բայց աշխատում էի հասկանալ:

Շատ ժամանակ չէր, ինչ այս նորությունները սկսել էին ինձ զբաղեցնել երբ անսպաս մի հանգամանք մոռացնել տվավ նրանց և իմ կյանքի ընթացքը բոլորովին փոխեց»: 1864 թվականն էր: Մեր քաղաքի հայոց հոգևոր դպրոցի համար նոր տեսուչ և նոր վարդապետներ էին եկել: Ինչ մարդիկ էին նրանք, չգիտեի, միայն թե նրանց գալն ու սկսած գործերը մեծ աղմուկ էին հանել քաղաքում: Ամեն տեղ նրանց մասին էին պատմում, խոսում և վիճում: Այդ առիթով մեր տանը նույնպես սկսան խոսել: Մեզ մոտ հաճախող բարեկամների ու ծանոթների զրույցն էլ այդ մարդկանցն էր վերաբերում: Ինչ տուն կամ ընտանիք որ մտնում էի, այնտեղ էլ նրանց մասին խոսք կար: Ես այդ ժամանակ միայն հայոց հոգևոր դպրոցի ինչ լինելն իմացա, և զարմանում էի, թե ինչու մինչև այն ոչինչ չէի լսել նրա մասին:

Բոլոր խոսք ու զրույցներից հայտնվում էր, որ հայոց հոգևոր դպրոցի նախկին տեսուչն ու վարժապետները հեռացված և նրանց փոխարեն նորերն են կարգված: Այդ պատճառով քաղաքի մեջ երկու կուսակցություն էր կազմվել. մեկը՝ հին խմբի պաշտպան և նորերին թշնամի, մյուսը՝ նորերին պաշտպան և հներին թշնամի: Հայրս, իբրև հառաջադեմ խմբի կուսակից, վերջինների կողմն էր և յուր ազդեցիկ ձայնով մեծապես նպաստում էր նոր խմբի ձեռնարկությունների հաջողության:

Անզգայապես ես էլ սկսա այդ նորություններով հետաքրքրվել: Ամեն օր, երբ հայրս վերադառնում էր տուն, անպատճառ մի նոր և ինձ հաղորդելու արժանի նորություն էր բերում: Այս պատճառով նրա գալստյան ես սպասում էի այժմ մի առանձին հետաքրքրությամբ:

Մի երեկո մեր տունը հավաքվեցան քաղաքում ձայն ու կշիռ ունեցող մի խումբ մարդիկ, որոնց հետ և նորեկ վարժապետներից մի քանիսը: Առանձին սենյակում փակված նրանք երկար խորհրդակցում էին: Շատ սպասեցի, որ խորհուրդը վերջանար և ես իմ հորից խորհրդի ինչ լինելն իմանայի, բայց այն շուտ չվերջացավ և ես քնեցի:

Հետևյալ առավոտ հայրս հայտնեց, որ արդեն որոշել է մեր քաղաքում բանալ հայոց օրիորդական դպրոց (որ առաջին փորձն էր), թե՝ հարուստներից մինն արդեն յուր տան մի հարկը ձրիաբար դրել է ապագա դպրոցի տրամադրության ներքո և թե՝ շատ շուտով դպրոցական պարագաները պիտի պատրաստվին, որպեսզի աշակերտուհիների ընդունելությունն սկսվի: — «Դու էլ, սիրելիս, կշարունակես այդտեղ քո ուսումը, — ավելացրեց հայրս, — քեզ դեռ շատ բան է պակասում»:

Հորս վերջին խոսքն ինձ զարմացրեց: Ես արդեն ուսումնավար աղջիկ էի համարում ինձ, իսկ նա դեռ նոր էր ասում, թե շատ բան էէ պակասում ինձ:

— Ի՞նչ պիտի սովորեմ այնտեղ, — հարցրի ես հեգնական ժպիտով:

— Հայերեն, սիրելիս, հայերեն, այդ բանում դու շատ ետ ես մնացել:

Ես բոլորովին զարմացա:

— Բայց չէ որ դու ասում էիր թե հայերենի համար ավետարան կարդալ ու թարգմանելը և մի փոքր էլ նամակ գրելը բավական է, — հարցրի ես տարակուսած:

— Այո՛, բայց այն ժամանակ քո առողջությունը թույլ էր, ես չէի կամենում որ երկու առարկայի դասերով ծանրաբեռնվիս: Բայց այժմ որ բավական առողջ ես, ուսմանդ պակասը պիտի լրացնես, — պատասխանեց նա:

Սակայն բուն պատճառը ուրիշ էր: Հայրս թեպետ շատ բարի, բայց սեփական կարծիք ու համոզմունք ասած բաները չուներ: Ամեն մի զորեղ լեզու կարող էր նրան իր գերին դարձնել: Առաջ նրան այնպես էին հասկացրել, որ հայերեն շատ սովորել հարկավոր չէ, ուստի ինքն էլ նույնն էր կրկնել: Այժմ հակառակն էր լսել և կամենում էր ըստ այնմ գործել: Եվ նրա այդ պահանջի դեմ, ես իսկապես, ոչինչ չունեի: Մինչև անգամ ուրախ էի կատարել այն, որովհետև հետաքրքրվում էի տեսնել, թե ինչ բան է «օրիորդական» կոչվող դպրոցը և ինչպես պիտի հավաքվեն այդտեղ բազմաթիվ աղջիկներ՝ միասին սովորելու համար:

Մի անգամ հայրս հացկերույթ սարքեց և հրավիրեց հայոց ուսումնարանի տեսչին յուր վարժապետական խմբով և դրանց հետ միասին յուր կուսակցության պատկանող՝ քաղաքի առաջավոր անձերից շատերին, այլև մեր շրջանի տիկիններից նրանց, որոնք վերջին անցքերով հետաքրքրվողներ էին:

Այդ օրը մեր տան մեջ բոլորովին անսովոր կերպարանք առավ հացկերույթը: Չկային առաջվա հասարակ ձևի զրույցները, աննպատակ վիճաբանությունները, անհամ կատակները, անտեղի երգ ու պարը: Այստեղ քչերն էին խոսում և, գլխավորապես, վարժապետական խումբը: Իսկ մնացածներն ուշադիր լսում էին, կամ մերթ ընդ մերթ մի նկատողություն անում: Բոլորի կերպարանքն էլ, թեպետ ուրախ ու զվարթ, բայց սքողված էր մի ինչ որ լրջությամբ:

Տեղի ունեցող ընդհանուր խոսակցությունը թեպետ իմ ականջներին անսովոր, այսուամենայնիվ, հետզհետե գրավում էր ինձ. ես լսում էի այն ուշադրությամբ: Գործ դրված բառերն ու խոսքերը միատեսակ մոտիկ, ընտանի էին թվում սրտիս: Այդ տեսակ խոսակցություն, հիշում էի, որ երբեմն ունենում էր հորս հետ նաև իմ դասատու քահանան, բայց հայրս արհամարհանքով և հեգնությամբ էր վերաբերվում նրան, ուստի վերջինս զգուշանում էր երկրորդ անգամ խոսելուց, որովհետև բավական քաջություն չուներ հորս համոզելու:

Իսկ այժմ ես բոլորովին զարմանում էի, թե ինչպես նույն հայրս, այն արհամարհող, հեգնող և ոչ ոքին իրենից բարձր չհամարող մարդը, խորին ակնածությամբ, աչքերը ճառախոս տեսչին հառած՝ լսում էր նրան և նրա ամեն մի խոսքին հավանության նշան անում գլխով:

Որքան հիշում եմ, այդ օրից արդեն արթնացավ իմ մեջ ազատ խորհելու և ազատ գործելու բնական եռանդը: Որովհետև հորս, որին ես մինչև այն ինձ առաջնորդ և իմ կյանքի ղեկավար էի ընդունում, տեսնում էի արդեն թափուր այն ուժից որ ես նրա մեջ երևակայել էի: Այժմ կարծես մի նոր, մի զորեղ հեղինակություն էի որոնում, որին կարողանայի հպատակվել և որը կարողանար առաջնորդել ինձ դեպի լավագույնը, դեպի կատարյալը: Որովհետև բոլոր այդտեղ խոսածներից, բոլոր իմ լսածներից ու հասկացածներից ես եկա այն եզրակացության, թե որքան փոքր ու չնչին արարած եմ ես, թե դեռ որքան շատ է պակասում ինձ փոքր ի շատե կատարյալ լինելու համար:

Երբ ներկա եղող հյուրերին առաջարկվեց խմել հայոց դպրոցների հառաջադիմության «կենացը», վարժապետներից մինը, որի համար հայոց լեզվի ու պատմության դասատու էին ասում, բարեկազմ, գրավիչ դեմքով ու կրակոտ աչքերով մի երիտասարդ, բաժակը ձեռքն առնելով սկսավ խոսել: Նա բացատրում էր, թե ինչ ուժ է դպրոցը և թե ինչ կարող է անել նա: Այդ պատճառով խոսում էր հայոց հին անցյալից — Մեսրոպի և Սահակա դարերից. պատմում էր նրանց սկսած և կատարած գործերը, խոսում էր մեր հին վանքերի մասին և այն գերազանց ոգվո ու զգացման համար, որ այդ վանքերը ներշնչել էին ուսանող երիտասարդությանը, խոսում էր երկար և վերջը գալիս այն եզրակացության՝ թե մեր եկեղեցին և ուսումնարանը այն անբաժան ու սրբազան հաստատություններն են, որոնցից ներշնչված ուժով միայն մենք պիտի մաքառենք տգիտության և խավարի բռնության դեմ: Այո՛, նա խոսում էր երկար, բայց ինչպես էր խոսում, կարող եք միթե երևակայել: Նրա խոսքերը նմանում էին մի հորդահոս աղբյուրի, որ խոխոջալով բխում է անսպառ ակունքներից և գետահետելով մարգերի, մարմանդների վրա ոռոգում յուր ականակիտ և զվարթարար ջրով խոտ, բույս, թուփ, ծառ և ամենը, ինչ որ պատահում է նրան ճանապարհին՝ արևի կիզիչ ճառագայթներից պասքած ու թառամած...

Ես հիացած ու ակնկառույց նայում էի այդ երիտասարդին, նայում էի և չէի կշտանում: Նրա դեմքի վրա վառվում էր մի սուրբ, մի ազնվական կրակ, որի կայծերը թափանցում էին իմ սրտի խորքը, առանց որ ես կամենայի: Չգիտեմ ինչու, բայց ես հետևում էի հափշտակել նրա հայացքը, որի մեջ այնքան կյանք ու կենդանություն էին ցոլանում: Նրա խոսքերը կարծես հրաշեկ երկաթով դրոշմվում էին իմ սրտին, ես կամենում էի, որ նա անվերջ խոսեր, որ ես շարունակ լսեի նրան... Պատահել է ձեզ երբևիցե գրավվել այնպիսի երգով, որը ցանկանայիք շարունակ ու անվերջ լսել և որի լռելը ցավ պատճառեր ձեր սրտին... Ահա այդպիսի մի երգ էր երիտասարդի բանախոսությունը, որի վախճանը ես չէի ուզում տեսնել: Բայց նա ավարտեց և դահլիճը թնդաց երկարատև ու անլռելի ծափահարությամբ:

Այդ երիտասարդի անունը Գարեգին էր:

Մի քանի օրից հետո ես կրկին պատահեցի երիտասարդ ուսուցչին մեր բարեկամներից մեկի տանը, ուր դարձյալ հրավիրված էր վարժապետական խումբը: Հացկերույթն այստեղ էլ նույն բնավորությունն ուներ, ինչ որ մեզ մոտ: Այստեղ էլ խոսքը, զրույցը, վիճաբանության նյութը հասարակական հարցերն էին և գլխավոր խոսողները՝ տեսուչն ու վարժապետները: Բայց ամենին դարձյալ գերազանցեց երիտասարդ Գարեգնի ճառը, որը նա խոսեց նոր բացվելիք օրիորդական դպրոցի մասին: Նա մատնացույց արավ մեր օրիորդների դաստիարակության անհրաժեշտությունը և հրավիրեց ներկա եղող կանանց աջակցել այդ սուրբ գործի հաջողությանը: Մինչև այժմ էլ դեռ կենդանի են հիշողությանս մեջ նրա իմաստալից խոսքերը, որոնք դեռ այն ժամանակներից գրված են իմ հիշատակարանում և որոնց ես այսօր մի անգամ էլ կարդացի, որովհետև կամենում էի անցյալը նորոգել հիշողությանս մեջ: — «Մոր կոչումը մեծ է և սուրբ, — ասում էր նա, — որովհետև նախախնամությունը նրան է հանձնել մարդկային ազգի բախտը, նրա ձեռքումն է գտնվում և եկող սերնդի ապագան: Հետևապես մայրերը կարող են երջանիկ անել այդ սերունդը, կամ մատնել կորստյան: Մայրն է, որ խնամում է այն մանկությունը, որ կրում է յուր մեջ կատարյալ հասակի արմատները: Եթե այդ արմատներն առողջ են, եթե նրանք ապականված ջրով և վնասակար հյութերով չեն սնվել ապա ուրեմն ծառը հաստատուն և պտուղները բարի կլինին:

Չպետք է տարակուսել այն սերնդի առաքինության վրա, որին դաստիարակում են առաքինի մայրեր: Առյուծներն աղվեսներին կաթ չեն շամբում և ոչ էլ դյուցազնուհիները գաճաճներ են սնուցանում: Ավելի մեծ է այն ազգը, որ արժանավոր մայրերով է հարուստ, քան այն ազգը, որ յուր թնդանոթներով է պարծենում: Հին պատմությունից մի օրինակ ավելի լավ է ապացուցում այս ճշմարտությունը: — Հռոմայեցիների զորքերը փախուստ տվին հայրենակից Կորիոլանի երեսից, որն յուր հայրենիքի դեմ ապստամբելով, հարձակվել էր Հռոմի վրա, թշնամի Վոլսկաց զորքերով: Քաղաքը սարսափի մեջ էր. ծերակուտի խնդիրն ու աղաչանքը արհամարհվեցան, Կորիոլանը անդրդվելի էր. նա սպառնում էր Հռոմը կործանել... Բայց երբ քաղաքի պարիսպներից դուրս երևաց Կորիոլանի մայրը, պառավ Վետուրիան, և որդին դիմեց նրան գրկախառնվելու, մայրը բացականչեց. «Հեռո՛ւ, ինձանից... Թող տեսնեմ, որդո՛ւ մոտ եմ գալիս, թե թշնամու. գերի եմ քո բանակում, թե՝ մայր... Միթե երկար ապրեցի նրա համար, որ քեզ տեսնեմ ապստամբ ու թշնամի: Ինչպես համարձակվեցար ավերել այն երկիրը որ ծնեց քեզ, ինչպես չթուլացավ քո զայրույթը, երբ հայրենիքի սահմանները մտար, ինչպես կարողացար հեռվից տեսնել Հռոմը և չհիշել, որ այնտեղ բնակվում են մայրդ, կինդ և զավակներդ... Եթե ես քեզ չծնեի, Հռոմը չէր վտանգվիլ այս կովից, եթե ես որդի չունենայի, ազատ կմեռնեի իմ հայրենիքում...»: Մոր խոսքերը ապստամբ որդու սիրտը շանթահարեցին. Կորիոլանի զայրույթն իջավ, նրա ոտքերը թուլացան և մոր գիրկն ընկնելով՝ բացականչեց. «Մայր իմ, հայրենիքդ փրկեցիր, բայց որդիդ կորուսիր...», և Վոլսկաց ձեռքը մատնվելով, համաձայն յուր դաշինքին, սրախողխող եղավ. Տեսեք ուրեմն, թե ո՛վ է մայրը, տեսեք թե որի դաստիարակության համար է, որ մենք պիտի զոհենք ամեն բան: «Կանա՛յք, — ոգևորված բացականչում էր երիտասարդը, — հանեցեք ձեր զարդերը. գովեք մեզ ձեր մատանիները, ձեր գինդերը, ձեր ապարանջանները, ոչ որ ոսկի հորթ ձուլենք ձեզ համար, այլ ձեր աղջիկների կրթության և դաստիարակության համար հիմնենք տաճար ու սրբարան, որ ապագայում լուսավոր, առաքինի և ձեր անվանը փառք ու պատիվ բերող որդիք ու թոռներ պիտի շնորհե ձեզ: Դուք, հայ կանայք, որ մինչև այսօր օրինակելի առաքինությամբ ապրելով հայ ընտանիքի սրբության ու հաստատության խարիսխն էիք կազմում, իմացեք, որ ձեզանից հետո նույնը լինել չեն կարող ձեր որդիները, եթե միայն ձեր լույսով լուսավորվեն, որովհետև դարը փոխվում է, կյանքը այլակերպվում, ապականությունը զորանում և առաքինությունը նվազում... Պետք է այդ չարիքների դեմ թումբեր հաստատել, այդ թումբերն են հիմնավոր ուսումը և ճշմարիտ լուսավորությունը: Դրանց տարածելու համար մենք կարոտում ենք ձեր աջակցության և օրհնության»:

Մեր տանը եղած ժամանակ ես հարմարություն ու միջոց չունեցա ավելի մոտ ծանոթանալու այդ վարժապետին: Բայց այստեղ դեպքն ինքն իրեն ներկայացավ: Ճաշից վերջը նա մոտենալով ինձ և ընկերուհիներիս, տեղեկություններ հարցրեց մեր ուսման ու պարապմունքի մասին: Երբ կարգը հասավ ինձ և ես իմ սովորածների հաշիվը տվի, նա ասաց.

— Դուք դարձյալ պիտի շարունակեք սովորել և եթե եռանդ ու ցանկություն ունենաք, կարող եք պատրաստվիլ վարժուհի մեր նոր բացվելիք դպրոցի համար: Կգա մի օր, երբ մենք չենք լինիլ և դուք պատրաստված լինելով՝ մեր սկսածը կշարունակեք: Յուրաքանչյուր մարդու վրա, կին լինի նա, թե տղամարդ, սրբազան պարտք կա որոշ չափով հասարակության ծառայելու: Իհարկե, շատ ունեցողը շատ կտա, քիչ ունեցողը՝ քիչ, բայց այդ պարտքից ազատ չէ ոչ ոք: Զգուշացեք, օրհորդներ, — ասում էր նա, դառնալով բոլորիս, — որ ձեր ծաղկող հասակն ապարդյուն չանցնե նման բարդի ծառին որ ուռճանում, բարձրանում է մինչև ամպերը, բայց ոչ հովանի է տալիս արևակեզ անցորդին և ոչ էլ պտուղ տնկող մշակին: Այժմյանից արդեն պիտի սովորեք օգտավետ լինել այն հասարակությանը, որին ձեր հարազատն եք անվանում: Մի նվիրեք ձեր սիրտը վաղանցուկ հրապույրներին և ոչ էլ շլացեք փայլուն երևույթներով: Դրանք ասուպներ են, որոնք մի վայրկյան վառվելով երկնակամարի վրա, ապա հանգչում, անհետանում են մթության մեջ: Հետևելով դրանց, դուք կմոլորվեք և իզուր կվատնեք ձեր թանկագին հարստությունը, այն է՝ երիտասարդական հասակի աննման եռանդն ու կորովը և այդպիսով ձեր ժառանգները կմատնեք բարոյական աղքատության: Մի օր ետ կնայեք և կտեսնեք, թե որքան դատարկ, որքան ապարդյուն է անցել ձեր կյանքը, բայց այն ժամանակ արդեն ուշ կլինի: Փափուկ և անդորր ապրողից ավելի երջանիկ է ա՛յն մարդը, որ կյանքը նվիրում է իր նմաններին օգնելուն, մանավանդ բարոյական ձեռնտվությամբ: Սովորեցե՛ք ապրել այդ կյանքով, սովորեցրեք նույնը և նրանց, որոնց առաջնորդ պիտի լինեք: Այդպիսով դուք ապագա սերունդը կբախտավորացնեք և մարդիկ կօրհնեն ձեզ:

Այս և սրա նման շատ բաներ էր խոսում երիտասարդը: Նա կարծես հետևում էր հին առաքյալներին, նպատակ ունենալով՝ «քարոզել և ուսուցանել» ուր և լիներ, դպրոցում, թե եկեղեցում, ընտանիքներում, թե հրապարակում: Նա միշտ զգացված, միշտ ոգևորված էր: Նրա խոսքերն աղբյուրանում էին ո՛չ իբրև հասարակ զրույց, այլ իբրև հրահալելիք, որ կրակված ծորում ու թափանցում է կաղապարի ամենաթաքուն խորքերը...

Եվ որքան հիացմունքով, որպիսի հափշտակությամբ էինք լսում մենք նրա քարոզները:

Մի շաբաթ անցավ այն օրից և այդ բոլոր ժամանակ ես մտածում էի երիտասարդ վարժապետի վրա: Նրա բոլոր խոսածները կենդանի էին դեռ իմ լսողության մեջ. ես շարունակ որոճում, քննում էի նրանց, կամ աշխատում բացատրել ինչ որ ինձ համար մութ ու անհասկանալի էր մնացել: Ես նկատում էի, որ իմ մեջ սկսվում է մի ինչ որ հեղափոխություն, մի ուժգին ձգտումն՝ լինելու այն, ինչ որ երիտասարդ ուսուցիչս էր կամենում: Նա շատ լավ տպավորություն էր թողել և ծնողներիս վրա, որոնք շարունակ նրա մասին էին խոսում: Այս բանը ինձ մեծ հաճույք էր պատճառում: Ի՞նչ տարօրինակ համակրություն էր այս, որ ես տածում էի դեպի երիտասարդ վարժապետը, չգիտեմ, միայն թե ցանկանում էի լսել նրա մասին, շարունակ: Գարեգին անունն իսկ, երբ արտասանում էին, քաղցր էր հնչում իմ ականջին: Բոլորովին նոր, բոլորովին աննման բարեկամության մի զգացմունք էր այս, որպիսին ես, արդարև, չէի տածել երբեք դեպի ոչ մի իմ ծանոթն ու ընկերուհին:

Ցանկանում էի, որ նա իմ եղբայրը լիներ, որ մեր տան մեջ, մեզ հետ միասին ապրեր, որ ես շարունակ առիթ ունենայի նրան տեսնելու, նրա գրավիչ և ոգևորող խոսքերը լսելու: Երբ պատահում էի իմ ընկերուհիներից մինին, մեր խոսակցության առարկան անպատճառ Գարեգին վարժապետն էր: Մենք բոլորս էլ համաձայն էինք նոր բացվելիք օրիորդական դպրոցում նորից աշակերտելու, եթե միայն մեր ուսուցիչը Գարեգինը լիներ:

Շատ չանցավ, դպրոցի բացման օրն էլ հասավ: Ընդարձակ և զարդարուն դահլիճի մեջ հավաքվել էր խուռն բազմություն: Այստեղ էր սրբազանը՝ յուր քահանաներով, տեսուչն յուր վարժապետական խմբով, ընդունված աշակերտուհիներն՝ իրենց ծնողների և բարեկամների հետ, դպրոցի բացման նպաստող պատվավոր քաղաքացիներն ու նրանց կանայք — դպրոցի նորընտիր խնամակալուհիները, որոնցից մինն է մայրս, ապա ուսանողներ, արհեստավորներ և ուրիշ շատերը:

Ես էլ իմ ընկերուհիների հետ, առանձին կանգնած, հետքրքրությամբ դիտում էի հանդեսը, որ բացվեց սրբազանի մի փոքրիկ ճառով, կաթողիկոսի կոնդակի ընթերցումով և քահանաների հոգևոր երգերով: Ապա գեղեցիկ և ազդու բանախոսություն արավ տեսուչը, նյութ առնելով իրեն կանանց ազդեցությունն ընդհանուր մարդկության վրա և, հետևապես, նրանց կրթության ու զարգացման նշանակությունը ընտանիքների երջանկության և ազգերի հառաջադիմության համար: Մեր նոր սերունդը, որ շատ է խոսում այժմ հայ կնոջ կրթության մասին, չէ հետաքրքրվում սակայն մեր մեջ սկսված այդ գործի ուսանելի անցյալով: Եվ այդ է պատճառը որ այդ գործի հիմնադիր նա համարում է միայն վերջին ժամանակի այս ու այն գործչին, անտես անելով այդպիսով պատմական ճշմարտությունը: Եթե դուք չեք պատկանում անցյալի ուսումնասիրությունից խորշող երիտասարդների թվին, ապա ուրեմն կարդացած կլինեք տեսչի այդ բանախոսությունը 64 թվականի «Մեղու»-ի համարներում, կամ 71 թվականի «Սիոն» ամսաթերթում: (Ես խոստովանեցի իմ անծանոթ լինելը հիշված թվականների թերթերին): — Հոգ չէ, — շարունակեց քույր-Աննան, — ես ունեմ «Սիոն»-ի համարը և կտամ ձեզ կարդալու այդ ճառը, որ կանանց լուսավորության գործի մի հրաշալի ներդրողն է, որի նմանը, չեմ հիշում, թե լույս տեսած լինի երբեք հայ լրագրության մեջ և որը մեծ նշանակություն ունի, մանավանդ այն պատճառով, որ արտասանվել է քառորդ դար մեզանից առաջ: Արժեր, այսօր էլ այդ գրվածքը կարդային ամեն տեղ և յուրաքանչյուր հայ ծնող յուր աղջիկը դաստիարակելու գործում առաջնորդվեր նրա մեջ արտահայտված մտքերով:

Բայց ես դառնամ իմ պատմության: — Տեսուչը, որ յուր վեհ ու պատկառելի կերպարանքով գրեթե սուրբի տպավորություն էր անում մեզ վրա, յուր այդ ճառով այնպես վառեց ու բորբոքեց ներկա եղողներին, որ բացի առատ նվերները, որ ստորագրեցին նրանք անդրանիկ դպրոցի օգտին, այլև քառասունից ավելի տիկնայք որդեգրեցին աղքատներից մի-մի որդեգրուհի՝ խոստանալով հոգալ նրանց մտավոր ու նյութական բոլոր պիտույքը: Նույնիսկ առաջնորդը հետևեց կանանց օրինակին՝ որդեգրելով երկու աղջիկների: Այսպիսով ծնունդ առավ մեր քաղաքի անդրանիկ օրիորդական դպրոցը, որ կնքվեցավ Ս. Մարիամյան անունով:

Իմ ուրախությանը չափ չկար, երբ մի քանի օրից հետո հայրս տուն վերադառնալով հայտնեց, թե օրիորդական դպրոցում արդեն բացվում է այն դասարանը, ուր ես և իմ ընկերուհիներն, իբրև հասակավորներ, առանձին պիտի հայերեն սովորենք Գարեգին վարժապետի մոտ: Օհ, ինչ հրճվանքով, ինչպիսի բերկրությամբ լսեցի ես այդ լուրը և ինչպես պինդ սեղմեցի հորս իմ կրծքին:

Հասավ ցանկալի օրը: Վեց աշակերտուհիներ, բոլորս էլ համարյա մի աստիճանի զարգացումով, հավաքված օրիորդական դպրոցի մեզ համար նշանակված դասարանը, ուրախ-ուրախ խոսում և պատմում էինք միմյանց հազար էլ մի դպրոցական նորություններ և սպասում մեր սիրելի ուսուցչին

Վերջապես նա եկավ և ողջունեց մեզ մի սրտաշարժ ճառով, ապա բաժանելով յուրաքանչյուրիս մի-մի ավետարան ու Եղիշե, ասաց. «Այս երկու գրքերը կլինեն ձեր ուսման սկիզբը ու վերջը»:

Մեզանից ոչ ոք, իհարկե, չըմբռնեց այդ խոսքերի իմաստը: Ես, մինչև անգամ, դժգոհ եղա, որ դեռ նոր պետք է ավետարան կարդամ, մի գիրք, որ արդեն քահանա վարժապետիս մոտ կարդացել, վերջացրել էի: Ինձ վրա, նույնիսկ, մի տխուր հիասթափություն եկավ: Ես ինչեր էի երազել թե պիտի սովորեմ Գարեգնի մոտ և այժմ ինչ գրքեր էր նա մեր ձեռքը տալիս:

Բայց անցավ մի քանի դաս, և ես զղջացի իմ դժգոհության վրա, որովհետև տեսա թե որքան մեծ և որքան բարձր ուսում է եղել այդ ինձ «մի հասարակ գիրք» երևացող՝ ավետարանի մեջ. ուսում, որն ըմբռնելու և յուրացնելու համար հարկավոր էր մեզ դեռ երկար աշխատություն: Անշուշտ, նույնը կլիներ և՛ Եղիշեի գիրքը, որի մասին, իհարկե, ես չէի կարող դեռ կարծիք հայտնել, բայց ավետարանի վրա առածս դասերից դատելով՝ արդեն հավատում էի իմ ուսուցչի արժանավոր ընտրության:

Այստեղ մենք ուսանում էինք կրոն՝ ավետարանի վրա, լեզու Եղիշեի վրա, և ազգային պատմություն վարժապետի բերանացի պատմածներով:

Կրոնի դասերն, իհարկե, չէին նմանում այն դասերին, որ մի ժամանակ ավանդում էր ինձ քահանան, չոր ու ցամաք աղոթքների փոխարեն ուսուցիչն այժմ ծանոթացնում էր մեզ ավետարանի վարդապետության, բացատրելով Քրիստոսի պատվերները պարզ և դյուրըմբռնելի ոճով: Կրոնը, — ասում էր նա, — սովորեցնում է մեզ սիրել բարին, ճշմարիտը և ընկերը, և հեռանալ այն ամենից, ինչ որ արգելք է լինում այդ սիրու աճելության»: Այսպես սահմանելով կրոնը, նա աշխատում էր զարթեցնել մեր սրտերում սիրո գեղեցիկ զգացումը: Եվ նրա աշխատությունը ապարդյուն չէր անցնում: Գուցե իմ վերաբերմամբ կարող եմ ասել, թե՝ յուրաքանչյուր դասից հետո ես ինձ զգում էի մի տեսակ փոխված, մի ինչ որ թեթև ու բարձր մթնոլորտում, ինձ թվում էր թե այդ միջոցին ես ավելի եմ սիրում ինձ շրջապատողներին, ավելի քաղցր ու ներող աչքով նայում նրանց թերություններին: Ինչ վերաբերում է ազգային պատմության, դա արդեն ոգևորության անսպառ աղբյուր էր մեզ համար: Ուսուցիչն այդ առարկան ավանդում էր մեզ ոչ իբրև դաս, այլ իբրև հոգի, կենդանացնելով մեր առաջ անցյալը և սովորեցնելով՝ ներկայի համար նրանից օգտվելու ճանապարհը:

Պետք է ասել, որ իմ ընկերուհիների մեջ ամենից ավելի եռանդով սովորում էի ես: Ուսուցչիս արտասանած ամեն մի բառը, խոսքը, պատմածը հափշտակում էի ագահությամբ: Իսկ դրանից հետո էլ ոչ մի գործ, կամ զբաղմունք չէին կարողանում հեռացնել ինձ ստացածս դասերը պատրաստելուց: Իմ ուրախությանը չափ չէր լինում, երբ առանց ամենափոքր սխալի և դժվարության պատասխանում էի դասերս: Ուսուցիչը գովում էր ինձ հաճախ, բայց չէի կամենում, որ նա գովեր ինձ իմ ընկերուհիների ներկայությամբ, դրա համար ամենափոքր ինքնասիրություն անգամ չունեի: Ես կամենում էի, որ նա միայն ինքը հասկանար, թե յուր տված դասերը չէի կարող չսովորել, որ իմ միակ ուրախությունն ու ցանկությունը իրեն գոհություն պատճառելու էր:

Մի քանի ամսից հետո հայրս հայտնեց ինձ, թե ուսուցիչս խորհուրդ է տվել իրեն, հանել ինձ դպրոցից: Ես բոլորովին զարմացա, սա անսպաս նորություն էր:

— Ինչպե՛ս, — բացականչեցի ես, — միթե նա իմ մեջ պակասություն է նշմարել:

— Ոչ, սիրելիս, նա կամենում է քեզ հետ մեր տանը պարապել, — ասաց հայրս մեղմով ժպտալով:

— Բայց պատճա՞ռը:

— Պատճառը հարգելի է. նա ասում է թե՝ «ձեր աղջիկը չափազանց ընդունակ է և տրամադիր արագ հառաջադիմելու բայց յուր ընկերուհիները խանգարում են նրան իրենց համր ընթացքով, պետք է ձեր աղջկան ազատ ասպարեզ տալ առաջ գնալու»:

— Իսկ դո՛ւ, հա՛յրիկ, մի՞թե համաձայն չես, — այժմ արդեն սրտատրոփ հարցրի ես:

— Ես կանեմ այն, ինչ որ դու կցանկանաս, սիրելի աղջիկս, — ասաց նա զգվանքով և ես ուրախությունից խելագարված նրա գիրկը թռա:

— Այո՛ հայրիիկ, ես կամենում եմ, որ նա այստեղ, մեր տանը դասախոսե, — ասացի ես: — Իրավ որ իմ ընկերուհիները խանգարում են ինձ. նրանք սովորելու ոչ եռանդ, և ոչ ցանկություն ունեն: Առաջին օրերը միայն ոգևորված էին, իսկ այժմ, օ՜հ, ես ամաչում եմ նրանց տեղ, գրեթե ոչինչ չեն սովորում. հենց որ վարժապետը դասախոսում է, նրանք դարձյալ ոգևորվում են, բայց տուն վերդառնալուց կրկին նույն սառն ու անզգա աղջիկներն են դառնում, ինչ որ են իսկապես:

— Թո՛ղ ցանկացածդ լինի, — ասաց հայրս, — ես կխնդրեմ Գարեգնին, որ վաղվանից գա մեզ մոտ:

Օ՜հ, ի՜նչ ուրախություն, ի՜նչ ավետիք էր այս ինձ համար: Ես որպիսի՛ սիրով, որքա՛ն խանդաղատանքով գրկեցի նորեն իմ բարի հորը, ինչպե՛ս նրան այժմ ջերմությամբ էի սիրում:

Եվ իրավ, իմ ընկերուհիները խանգարում էին ինձ: «Այժմ ես տասնապատիկ ավելի եռանդով կսովորեմ, մտածում էի ես, իմ թանկագին ժամանակն էլ չեմ զոհիլ իմ ընկերուհիների աննպատակ շատախոսությանը... այժմ արդեն արագ կառաջադիմեմ»: Եվ իմ ենթադրությունները սխալ չէին:

Սկսած այն օրից, որ Գարեգինն եկավ մեր տանը դասախոսելու, ես հետզհետե մեծ հառաջադիմություն արի: Մի քանի ամսվա մեջ հայերենից արդեն բավական բան էի սովորել, պատմությունը կիսել և կրոնի ուսմունքը գրեթե ավարտում էի: Այժմ իմ ուսանելի առարկաների թվին ավելացրեց ուսուցիչս և հայոց գրականության ու եկեղեցական պատմության դասեր: Հետո գալիս էր ինձ մեր մատենագրություններից ամենաընտիրները՝ շարունակ կարդալու: Երբեմն ժամերով նստած նա խոսում էր ինձ այնպիսի դասեր, որ ես ոչ մի գրքում չէի կարող կարդալ, և այդպիսի հոգեշունչ դասերին հաճախ ներկա էին լինում հայրս, մայրս և մոտիկ ազգականներս, որոնք բոլորն էլ հիանում և մխիթարվում էին:

Այսպես առաջ էր գնում ուսմանս գործը, որին ես նվիրվել էի հոգվով ու սրտով:

ԵՐԿՐՈՐԴ ՕՐ

Այժմ պետք է պատմեմ ձեզ իմ կյանքի, այսպես ասած, հոգեկան մասի պատմությունը, որն իմ վերաբերմամբ բավական տխուր էջեր է պարունակում:

Իհարկե, եթե քսան և մի երկար տարիներ անցած չլինեին այն ժամանակի վրա, որին պատկանում է այս պատմությունը և եթե ես արդեն սիրով ու համոզմամբ հաշտված չլինեի այն դրության հետ, որի մեջ գտնվում եմ այժմ, ինձ համար ոչ միայն ծանր, այլ գուցե և անհնարին լիներ այդ պատմությունն անել, ինչպես և ոչ մեկին չեմ արել մինչև այսօր: Բայց ժամանակը, որ ամեն ինչ մաշում է, հնացրել է արդեն և իմ վերքերը, թեպետ բոլորովին չէ բուժել նրանց: Ուստի այժմ հանգիստ և առանց հուզվելու կարող եմ պատմել ձեզ բոլորը, ընդունելով, թե ես էլ այս աշխարհում ունեցա մի օր մի եղբայր, որին կարողացա բանալ իմ սիրտը՝ անցյալի վերաբերմամբ:

Բայց տարին լրանալու մոտ, ես մի տարօրինակ փոփոխություն էի նշմարում իմ մեջ: Մի ինչ որ անձուկ ճնշում էր սիրտս և անհանգստացնում հոգիս: Ինձ այլևս չէին գոհացնում ստացածս դասերի հաջող պատրաստությունը և ուսուցչիս այս առթիվ հայտնած շնորհակալությունը: Երբ նստում էի դաս պատրաստելու, դեռ կեսը չանցած, միտքս թռչում էր ուրիշ տեղ, աչքերս սևեռվում էին մի առարկայի վրա և երբեմն ժամերով մնում էի այդպես կես քուն, կես արթուն: Ինքս էլ չգիտեի ինչու եմ նստել անգործ, ինչի վրա եմ մտածում... Եվ երբ ուշաբերելով, նորեն սկսում էի կարդալ, տեսնում էի, որ սովորածս արդեն մոռացել եմ: Շատ անգամ փախչում էի իմ ծնողների ընկերակցությունից, քաշվում էի սենյակս, կեղծելով, իբր թե գիրք եմ կարդում և սակայն այդտեղ անձնատուր էի լինում մտածության: Ինչն էր, իսկապես, իմ մտածմունքի առարկան, չգիտեի, կամ գուցե թվում էր ինձ թե՝ չգիտեմ... Այնքանը ճիշտ էր, որ երևակայությանս առաջ հաճախ պատկերանում էր իմ ուսուցիչը: Ես նայում էի նրան կարծես գողունի հայացքով, դիտում էի նրա զվարթ և վստահ պատկերը, նրա կյանքով ու կրակով լի աչքերը, լսում էի կարծես նրա քաղցրահնչյուն ձայնը, հոգեշունչ խոսքերը, խրատականները... և հանկարծ սթափվելով բարկանում էի ինձ վրա, խանգարում երևակայությանս թռիչքը, ցրում մտածողություններս և ինքս ինձանից կամենում էի փախչել, ինչպես մի մարդ, որ հալածվում է յուր խղճից մի հանցանք գործած լինելու համար: Եվ սակայն խիղճը չէր, որ հալածում էր ինձ, այլ բանականությունը, որ սրտիս հետ միացած փորձում էր մեղադիր լինել իմ անպարտ խղճին...: Շատ անգամ իմ մեջ զարթնում էին հակառակ զգացմունքներ, միմյանց հակասող հուզմունքներ: Երբեմն մի հասարակ մտածմունք, որ կապ ուներ իմ բուռն ցանկությունների հետ, այնպիսի ուրախություն էր պատճառում ինձ, որ ես կամենում էի երգել, խաղալ, թռչկոտել: Իսկ երբեմն, դարձյալ, մի չնչին պատճառից տրտմությունն ու թախիծը պաշարում էին ինձ, մտքերս մոլորվում, և ես ուր գտնվիլս անգիտանում էի:

Մի քանի անգամ փորձեցի ստիպել ինձ՝ նախկին զգաստությամբ և աշխատասիրությամբ պարապել իմ դասերով, կամ առտընին գործերով: Պատահում էր, նույնիսկ, հաղթահարում էի ինձ և շարունակում գործս ուշադիր լրջությամբ, բայց այդ լինում էր մի քանի օր: Փոքրիկ առիթ պատահած ժամանակ մտածմունքներն ու հուզմունքը նորեն պաշարում էին ինձ:

Երբ ուսուցչիս գալու ժամը մոտենում էր, ես փոխարեն դասերիս ընթերցումը շարունակելու, գնում, կանգնում էի այն պատուհանի մոտ, որտեղից նրա գալը կարող էի տեսնել: Եվ երբ նա երևում էր, սկսում էի դիտել նրան հեռվից, քննել նրա շարժվածքը, քայլվածքը և, եթե կարելի էր, նույնիսկ դեմքն ու հայացքը, մինչև որ նա գալիս մտնում էր բակը և սկսում սանդուղքով բարձրանալ: Այնուհետև ես փոքրիկ չարաճճի աշակերտի նման վազում, հավաքում էի գրքերս և նստում իմ սովորական տեղը: Բայց սիրտս այդ միջոցին տրոփում էր անհանգիստ, կուրծքս բարձրանում և իջնում, ես սկսում էի կասկածել ինձ շրջապատող առարկաներից, կարծես հավատալով, թե նրանք կմատնեն ինձ...: Երբեմն շփոթվելուց մինչև անգամ տեղիցս չէի բարձրանում, երբ մտնում էր ուսուցիչս. երբեմն էլ դժվարանում էի ուղիղ նայել երեսին: Բայց նա ծանրությամբ նստում էր յուր տեղը, սովորական կերպով հարցնում կամ դասախոսում և առանց ամենափոքր ուշադրություն դարձնելու իմ շփոթությունների վրա՝ հեռանում: Ուսուցչիս, իհարկե, ես ճանապարհ էի դնում մինչև սանդուղքը, հետո պատշգամբի վրա կանգնած՝ հետևում նրան երկար, անթարթ աչքերով, մինչև որ նա հեռանում, ծածկվում էր իմ աչքից: Պատահում էր նաև, որ ես ամբողջ ժամերով մնում էի այդտեղ կանգնած և աչքս հառած այն կետին, որտեղից անհետանում էր նրա երևույթը, և այդ հափշտակված դրությունից հանում էր ինձ կամ հայրս, որ ծառայությունից վերադառնալով՝ երևում էր հեռվից, կամ ձայնը իմ մոր, որ խոսում էր աղախնի կամ ծառաների հետ:

Շատ անգամ ինքս ինձ մտածում էի թե՝ ինչ պիտի լինի իմ այս տարտամ և անհանգիստ դրության վերջը: Երբեմն որոշում էի թողնել պարապմունքս, բավական համարելով արդեն սովորածներս, որովհետև կարծում էի թե՝ ուսուցչիս երկար բացակայությունը կբժշկե իմ այս հիվանդության նմանվող այլայլությունը: Բայց երբ մտածում էի, թե այդպիսով կարող եմ զրկվել նրան տեսնելու, լսելու, հետը խոսելու անհուն հաճույքից, երկյուղով շշնջում էի. «Անկարելի է, անկարելի է. նա երբեք չպիտի հեռանա ինձանից...»:

Բայց ինչ տարօրինակ և անծանոթ բարեկամության մի անձուկ է այս, որ պատել, պաշարել է ինձ, — մտածում էի երբեմն. — ես կորցրել եմ իմ հոգու խաղաղությունը, սրտիս անդորրությունը. էլ ուրիշ ոչնչի վրա չեմ ուզում մտածել, ամեն ընկերություն ինձ նեղացնում, ամեն ուրախություն՝ տաղտկացնում է միայն լուռ ու մութ անկյուններն են, որոնք քաշում են ինձ դեպի իրենց և ուր խորհում, մտորում եմ միայն նրա համար... ինչ է արդյոք այդ փոփոխության անունը. միթե ես սիրում եմ նրան...

— «Սիրում եմ», այս երկու բառերն իսկ կապում, կաշկանդում էին լեզուս, ես կամենում էի արտասանել նրանց հաճախ, բայց ինքս ինձանից քաշվում էի:

Վերջին ժամանակներն ավելի ու ավելի սկսա անձնատուր լինել իմ թաքուն մտածմունքներին: Առողջությունս հետզհետե խանգարվում էր, երեսս՝ գույնը նետում, ախորժակս փոխվում և մի ընդհանուր թուլություն տիրում էր վրաս: Ծնողներս սկսան անհանգստանալ — «Ի՞նչ է պատահեց քեզ, ինչո՞ւ գունատ ես, ինչո՞ւ տխուր ես», — շարունակ հարցնում էին և անհանգստացնում ինձ, սակայն ես չգիտեի ինչ պատասխանել: «Ոչինչ և ոչինչ», — այս էր իմ միակ պատասխանը:

Այսուամենայնիվ, ես արդեն հաշտվել էի այն մտքի հետ, թե սիրում եմ երիտասարդ Գարեգնին... Եվ այս սերը նոր չէր և ոչ էլ օրերի, կամ շաբաթների ծնունդ. նա դարբնվել էր իմ սրտում ամբողջ տարվա ընթացքում մի-մի կայծերով, որոնք տակավ առ տակավ միանալով այժմ վառում էին այդտեղ անշիջանելի հնոց սիրո և հիացման.. Եվ այդ կրակը, հարկավ, ես չէի կարող մարել. նա պետք է վառեր, բորբոքեր իմ սիրտը, գուցե նա լափեր, սպառեր իմ գոյությունը. այդ ճակատագրից այլևս անկարող էի ազատվել: Միայն թե մի բան անհրաժեշտ էր այդ դեպքում. այն է աշխատել, որքան հնար էր, երևալ արտաքուստ նույնը և մշտականը, որպեսզի ծնողներիս հետապնդությունից ազատվեի, որովհետև ներքին ճնշումից ավելի վատ էր ազդում վրաս արտաքին այդ ճնշումը: Այս պատճառով հետզհետե սովորում էի ոչ միայն քողարկել զգացմունքներս, թաքցնել հուզմունքս, այլև կեղծել ուրախություն, աշխատելով նույնիսկ խաղալ, երգել, զբաղեցնել շրջապատողներիս և այս ամենը նրա համար, որ իմ ներքին աշխարհը անտեսանելի կացուցանեմ օտար աչքերից... իսկ այս դեպքում՝ օտար էի համարում ես ամենքին, նույնիսկ ծնողներիս: Այսուամենայնիվ, այս դրությունն էլ երկար չտևեց: Կեղծելը, որ առաջ հետապնդությունից ազատվելու միջոց էի համարում, շուտով դարձավ ինձ անտանելի, ես սկսա ամաչել նույնիսկ ինձանից և իմ ցավը դարմանելու համար աշխատել դիմել ազնիվ միջոցի: — «Ինչու համար եմ ստորացնում ինձ, — մտածում էի ես. — միթե արդարև հանցանք եմ գործում՝ սիրելով երիտասարդներից ամենաազնվին և արժանավորին. ինչո՞ւ այս բանը չհայտնեմ ծնողներիս, ինչու օրն ի բուն զուր տեղը տառապիմ. միթե նրանք սիրտ չունին, զգալ չգիտեն, կամ երբեք չեն սիրել...»:

Հազիվ այս մտածմունքը հանգստացնում էր սիրտս կամ փոքր ինչ հուսադրում ինձ, և ահա՝ մի ուրիշը գալի ոչնչացնում էր նրա ազդեցությունը... «Ի՞նչ եմ ասում, մի՞թե խելագարվել եմ... հնարավոր բան է արդյոք հորս նման մի խիստ մարդուն այսպիսի անլուր, անօրինակ նորություն հայտնել: Ո՞վ է այդ բանն արել այս քաղաքում, որին կարող են հիշել ծերունիները... Եվ միթե սա կայծակի մի հարված չի լինիլ իմ պատվասեր հոր համար, որն այնքան բարի և ազնիվ սրտով ընդունեց յուր տան մեջ օտար երիտասարդին: Կարող էր միթե նա երևակայել, թե յուր պարկեշտ, ամոթխած Աննան, այսօրինակ համարձակ ընտրությամբ ամոթահար կանե իրեն յուր բարձակիցների առաջ... Եվ միթե Սիմոն-բեկը, քաղաքի առաջնակարգ, պատվավոր և հարուստ մարդը կկապե յուր միամոր աղջկա բախտը մի վարժապետի հետ...

Բայց երբ նորեն առողջ դատողությունը հաջորդում էր իմ նախապաշարմունքներին, ես ինձ հարցնում էի. — «Ինչե՞ր եմ խոսում, ո՞վքեր են այդ պատվավոր քաղաքացիները, ինչով են նրանք ավելի բարձր ու ազնիվ, անձնվեր հայ ուսուցչից, միթե իրենց դիրքով, իրենց հարստությամբ, կամ ա՛յն համոզմունքով, որ իրենք իրենց համար կազմել են տգիտաբար: Քանի՞ փող արժե ա՛յն դիրքը, ա՛յն հարստությունը, որ միայն իրենց անձին և գոյությանը դյուրություն տալու է ծառայում: Մի՞թե բարձրը և ազնվագույնը սիրել գիտցող սիրտը պիտի ակնածե այդ անկենդան կուռքերից: Ինչ պետք է ինձ նրանց հայեցակետը, քանի որ ես իմ սեփականն ունիմ: Գարեգինն ամբողջ գլխով բարձր է իրեն շրջապատող հասարակությունից, այդ հարուստ ու պատվավոր մարդիկ գլուխ պիտի խոնարհեցնեն նրա ազնիվ սրտի և հայրենասեր հոգու առաջ...»:

Եվ այսպիսի ժամանակ, երբ մտածում էի, թե սիրում եմ նրան, որի վրա բոլոր աչքերը նայում են սիրով ու հափշտակությամբ, մի ներքին հպարտություն լցնում էր հոգիս, և ես հաստատապես վճռում էի տանել ամեն նեղություն ու զրկանք, բայց երբեք չհրաժարվիլ սիրածս անձից:

Սակայն այսպիսի որոշումով զգացածս ուրախությունը դարձյալ թունավորում էր մի ուրիշ մտածմունքով. — մի՞թե ամուր չէ այս սերը, — հարցնում էի ինքս ինձ. — ինչպես իմանամ, թե Գարեգինը նույնպես կսիրե ինձ, թե նա կբաժանե իմ հրատոչոր զգացմունքը... Մի՞թե նրա վեհ, բարձրաթռիչ հոգին կարող է երբևիցե դեգերել եսասիրության այն նեղ մթնոլորտում, ուր ապրում է իմ հոգին: Կա իմ մեջ մի արժանիք, որ նրա արժանիքներից փոքրագույնին հավասարեր, կամ մի ձիրք, որ նրա հիացումը գրավեր: Հասարակ մի աղջիկ, ողորմելի զարգացումով և ավելի ևս ողորմելի ձգտումներով, միթե ես իրավունք ունիմ սիրել նրան կամ հուսալ՝ նրանից սիրվելու... Օ՛հ, ոչ, սա տղայական մի ցնորք է, որին իզուր հետևում է իմ թույլ ու անզոր սիրտը: «Ավելի լավ է զգաստանամ և աշխատեմ մոռանալ նրան...», — որոշում էի ես վերջապես և սակայն այդ որոշումը ևս թողնում անգործադիր:

Եվ այսպես օրերն անցնում էին, իսկ իմ դրությունը մնում էր նույնը, կամ գնալով վատթարանում: Այժմ արդեն ծնողներս պարզ կերպով հետևում էին իմ քայլերին, աշխատելով որսալ իմ բերանից բառեր կամ խոսքեր, որոնք հարկավոր էին նրանց իմ գաղտնիքներին հասու լինելու համար: Այդ պատճառով ես հետզհետե դառնում էի ավելի զգաստ և խորագետ, փախուստ էի տալիս նրանց նպատակավոր զրույցներից, կամ աշխատում շփոթել այդ զրույցները խնդրին չվերաբերող հարցերով: Եվ ես, որ առաջ առիթ էի փնտրում միշտ Գարեգնի մասին խոսելու կամ նրա անունը հեղհեղելու, այժմ զգուշանում էի մինչև անգամ այդ անունն արտասանելուց: Գուցե և իմ այսքան զգուշավոր լինելն ավելորդ էր, բայց ուրիշ կերպ հանգիստ լինել չէի կարող:

Մի օր մենք հրավիրված էինք մեր բարեկամներից մեկի տունը: Գիտենալով, որ ծնողներս անպատճառ պիտի գնան այնտեղ, որովհետև խոստացած էին, ես հայտնեցի, թե գլխացավ ունիմ, ուստի չեմ կարող ընկերանալ իրենց: Ծնողներս առանց դժվարության թողեցին ինձ տանը, աղախնի հետ, և իրենք գնացին:

Մի ժամից հետո Գարեգինը պիտի գար դասի: Իմ գլխում մի հանդուգն միտք հղացավ, այն է՝ բանալ նրա առաջ իմ սիրտը և անկեղծությամբ խոստովանել դեպի իրեն ունեցածս ջերմագին սերը: — «Ինչ պիտի անե նա ինձ, — մտածում էի ես երկչոտ սրտին հատուկ զգուշությամբ. — շատ, շատ, գուցե, մի նախատինք, կամ հանդիմանություն լսեմ նրանից, այն ժամանակ ավելի լավ, ես կբժշկվիմ այս մաշող ցավից, կվերադառնամ իմ նախկին, խաղաղ դրությանը: Իսկ եթե նա կասե, թե բաժանում է իմ զգացումը, օհ, այն ժամանակ, հեռու ինձանից թախիծ ու մտածմունք, այն ժամանակ արդեն ես ամենաերջանիկ աղջիկը կլինիմ աշխարհում և նույնիսկ այդ երջանկությամբ զորացած կոչնչացնեմ իմ ճանապարհը փակող արգելքները. կմեղմեմ, նույնիսկ, իմ հոր խստասրտությունը ու կստանամ մորս օրհնությունը»:

Եվ այս մտածմունքով ոգևորված սպասում էի իմ սիրելի ուսուցչին:

Առաջին անգամ, երբ նրա ողջույնը լսեցի, սիրտս մի հանկարծական ոստյուն արավ, որին հաջորդեց անհանգիստ և երկարատև բաբախում: Այդ ժամանակ աչքս ընկավ հանդիպակաց հայելուն և ես տեսա, թե ինչպես շառագունել եմ: Իմ այսօրինակ հուզմունքից սաստիկ ամաչեցի:

Դաս ասելու ժամանակ ես դարձյալ այլայլված էի, մտքերս չէի կարողանում անփոփել, սովորածս մոռացել էի: Տեսնելով, որ այլայլությունս գնալով ավելանում է, «ներեցեք ինձ, խնդրեմ, — ասացի ուսուցչիս, — այսօր դաս ասել չեմ կարող, սաստիկ հուզված եմ...»: Այդ ասելով սկսա գրքերս ժողովել:

Իմ այս տարօրինակ վարմունքը զարմացրեց Գարեգնին: Մի քանի րոպե նա լուռ սևեռեց հայացքն իմ աչքերին և ապա հարցրեց.

— Ինչ է պատահել ձեզ, օրիորդ, միայն այսօր չէ, որ հուզված եք դուք, վաղուց է, ինչ ես նշմարում եմ ձեր մեջ մի տարօրինակ փոփոխություն... ոչ դեպի լավը: Դուք չունիք այլևս սովորելու այն աշխույժը, որ գոհություն էր պատճառում ինձ. ձեր ընդունակությունը, կարծես, կիսով չափ կորցրել եք: Արդյոք որևէ տկարություն ունիք:

Ես աչքերս գետնին հառած չէի պատասխանում, բայց սիրտս անհանգիստ տրոփում էր:

— Խնդրում եմ ասացեք, ունիք որևէ հիվանդություն, — հարցրեց նա նորեն:

— Ոչ, — պատասխանեցի ես կիսաձայն:
— Ուրեմն առողջ եք:
— Դժբախտաբար ոչ...
Գարեգինը ծիծաղեց...
— Այդ ինչ է նշանակում, հիվանդություն չունիք և, միևնույն ժամանակ, առողջ չեք:
— Այդ նշանակում է թե... — Ես չկարողացա շարունակել:
— Ինչ է նշանակում, խոսեցեք, ինչու եք լռում:
— Այդ նշանակում է թե՝ իմ հիվանդությունը այն տեսակներից է, որ աչքի զարնել չի կարող:
— Այնուամենայնիվ, հայտնեցեք մեզ էությունը, ցույց տվեք նրա տեղը, գուցե կարողանանք տեսնել և բժշկել, — նկատեց նա ժպտալով:
— Օ՛, նա շատ խորն է... այնտեղ, ուր մարդկային աչքը թափանցել չէ կարող, — ասացի ես ջերմությամբ ու հետզհետե սիրտ առնելով:
— Ձեր խոսքերը չեմ հասկանում, — նկատեց ուսուցիչս:
— Ուրեմն ավելի պարզ ասեմ, իմ հիվանդությունը գտնվում է իմ սրտի, իմ հոգու մեջ:
Գարեգինը մի անհանգիստ շարժում արավ և լռեց:
— Դուք հարցնելու այլևս բան չունի՞ք, — նկատեցի ես, աչքերս գետնին հառած:
— Էլ ուրիշ ինչ հարցնեմ, ասում եք ձեր հոգին է հիվանդ, իսկ դրա համար բժիշկ չկա, դուք ինքներդ պիտի բժշկեք ձեզ:
— Բայց քանի որ չեմ կարողանում...
— Դիմել եք դուք ձեր ծնողներին:
(Ոչ:
— Ուրեմն հանձնեք ձեզ նրանց խնամքին և վստահ եղեք, որ նրանց բարության և դեպի ձեզ ունեցած սիրույն վրա:
Նրանք կարող են ձեզ օգնել և, եթե հնար է, նաև բժշկել:
— Բայց եթե ես դիմեի ուղղակի նրան, ով այս հիվանդությունը պատճառել է ինձ, միթե նա չէր կարող բժշկել, — հարցրի ես ջերմությամբ և դողացող ձայնով:
Ուսուցիչս թափանցել էր արդեն իմ սրտի խորքը:
— Օրիորդ, ես ակամա ինձ չվերաբերյալ խոսակցության մեջ մտա, — նկատեց նա, — եթե ձեր ծնողներն այստեղ լինեին, ես հարկ եղածը նրանց հետ կխոսեի և գուցե կարողանայի իմ տված խորհուրդներով օգնել նրանց ձեզ ապաքինելու: Բայց քանի որ նրանք բացակա են, թույլ տվեք, որ այս հարցի մասին ուրիշ անգամ խոսվի...
Ես կամենում էի լռել, բայց մի ներքին ձայն դրդեց ինձ խոսել:
— Այնուամենայնիվ, դուք հենց այժմ կարող եք ինձ ասել թե իմ հոգուն այս հիվանդությունը պատճառող մարդուն եթե դիմեի, կարող էր նա ինձ բժշկել, — հարցրի կրկին, աչքերս միշտ խոնարհած:

— Չգիտեմ, եթե դուք կարծում եք թե նա կարող է բժշկել, դիմեցեք, — պատասխանեց նա անփույթ եղանակով:

— Ուրեմն բժշկեցեք իմ հոգին, դուք եք նրան հիվանդացրել. ես ձեզ եմ դիմում, — բացականչեցի հուզված և այնպիսի համարձակությամբ, որ ճնշման դեմ ապստամբող հոգիներին է հատուկ:

Երիտասարդը մնաց շվարած: Ըստ երևույթին նա չէր սպասում այս դիմումին, ուստի և չգիտեր ինչ պատասխաներ: Իսկ իմ մեջ եռանդը հետզհետե ավելանում և երկյուղը տեղի էր տալիս անկեղծության, ես գրեթե ինձ մոռացած, շարունակեցի:

— Լսեցե՛ք, սիրում եմ ձեզ... սիրում եմ ջերմ, սրտագին և անվերջ սիրով և ես հանցավոր չեմ... դուք վառեցիք իմ մեջ այս կրակը... — և այս խոսքերի հետ միասին, գրեթե հափշտակելով, առի նրա ձեռքը և սեղմեցի իմ շրթունքներին:

Մի թույլ, անլսելի հառաչանք դուրս թռավ երիտասարդի սրտից, նա նայեց ինձ հրացայտ աչքերով, և ձեռքը քնքշությամբ ետ քաշելով, տեղից բարձրացավ:

— Ես կաշխատեմ օգնել ձեզ, որ ապաքինվիք ձեր հիվանդությունից, գուցե և բոլորովին մոռանաք այն, — ասաց նա լուրջ և սառը եղանակով, ապա «մնաք բարով» ասելով՝ դուրս գնաց:

— Օ՜ ոչ, նա ինձ չէ սիրում, նա չէ կարող սիրել, նա արհամարհում է ինձ... — գոչեցի ես արտասուքից. Խեղդվող ձայնով և սրտաբեկ ու հուսահատ ընկնելով բազկաթոռի վրա սկսա դառնապես լալ:

Հետևյալ օրը մեծ տագնապի մեջ էի: Իմ համարձակ որոշումն անհաջող ելք էր ստացել: Իսկապես չգիտեի, թե ինչպես պիտի բացատրեի Գարեգնի խորհրդավոր խոսքերը. — «Ես կաշխատեմ օգնել ձեզ, որ ապաքինվիք ձեր հիվանդությունից, գուցե և բոլորովին մոռանաք այն», — ասաց նա: Ինչ էր նշանակում այդ: Արդյոք մերժման խոսքեր էին դրանք: Չէ որ մոռացումը հետևանք է լինում անհույս սիրույն... Եթե այդպես է, ինչո՞ւ ուրեմն այս անմիտ քայլն արի. ինչո՛ւ նվաստացա նրա առաջ... Միթե մի համեստ և օրինավոր աղջկա կվայելեր այդպիսի հանդուգն վարմունք, մտածում էի ես ու տանջվում: Ապա ցանկանում էի, որ նա այդ օրը չգար, որովհետև երեկվա անցքից հետո ես քաջություն չէի ունենալ նրա երեսը ելնելու: Մյուս կողմից էլ մտածում թե՝ լավ կլիներ, որ գար, որպեսզի նրա հայացքից ու խոսքերից կարողանայի վերջնականապես իմ ճակատագիրը որոշել: Ճիշտ է, սկզբում ծանր կլիներ ինձ դեմ առ դեմ խոսել հետը, բայց դրանով հետո իմ տագնապը կնվազեր:

Որքան ուժ ունեի, ժողովեցի դաս պատրաստելու, որպեսզի գոնե այսօր կարողանամ մի բան պատասխանել: Կարդացի, գրեցի, բայց առանց ոչինչ հասկանալու և մեքենայաբար: Հետո նստա իմ սովորական տեղը, պատուհանի առաջ և սպասեցի նրան: Ժամը տասներկուսը զարկեց: Ուր որ է նա պիտի երևար, այս նրա գալստյան ժամն էր: Սիրտս սկսավ անհանգիստ տրոփել: Շարունակ մտածում էի թե ինչպես պիտի նրա դեմը ելնեմ: Մտքիս մեջ խոսքեր, դարձվածքներ էի պատրաստում, որպեսզի հարկավոր դեպքում պատշաճավոր պատասխան տամ: Մինչև անգամ մտածում էի թե՝ դեմքի ինչ արտահայտությամբ պիտի ողջունեմ նրան, կամ նրա ողջույնն առնեմ:

Սակայն անցավ քառորդ ժամ, անցավ կես ժամ, և նա չկար: Այնուամենայնիվ, ես սպասում էի: «Գուցե մի անակնկալ դեպք ուշացրել է նրան, նա անպատճառ կգա», — մտածում էի ես: Բայց անցավ ամբողջ ժամ և նա դարձյալ չկար: Սա չարագուշակ նշան էր, որովհետև Գարեգինը րոպեների նկատմամբ իսկ, ճշտապահ էր: — «Չլինի թե ինձանից հեռացել է բոլորովին», — մտածեցի ես և մի գաղտնի երկյուղ իմ սիրտը ճմլեց: Վայրկյանները սլանում էին և ինչպես արագ, ինչպես սրընթաց: Վերջապես երկրորդ ժամը զարկեց: Ինձ հրավիրեցին ճաշի, և ես մտա սեղանատուն:

— Այս ի՞նչ է, վարժապետդ այսօր չեկա՞վ, — հարցրեց հայրս:

— Ոչ, երևի մի անակնկալ դեպք արգելել է նրան, — պատասխանեցի ես, ինքս իմ խոսքերից վախենալով:

— Բոլորովին անսպասելի էր, — հարեց մայրս, — ամբողջ տարվա մեջ նա երբեք չէ բացակայել, չլինի հիվանդ է:

— Կարող է պատահել, երևի կիմանանք, — ավելացրեց հայրս և սրանով հարցը փակվեց:

Բայց նրա «երևի կիմանանք» խոսքը դող հանեց սիրտս: Ես գուշակում էի նրա չգալու պատճառը և չգիտեի ինչ անել ամոթապարտ լինելուց ազատվելու համար:

Մեծ տանջանք կրեցի՝ ծնողներիս հետ ճաշի ժամն անցնելու համար, ախորժակ չունեի, բայց պետք է ուտեի, խոսելս չէր գալիս, պետք է խոսեի: Տխրությունը սիրտս ճմլում էր, պետք է զվարթ երևայի: Ուրիշ անգամ, գուցե, այդքան չաշխատեի, ծնողներիս ուշադրությունն ինձանից հեռացնելու, բայց այդ օրն, ինձ թվում էր, թե իմ լռության ու տխրության ամեն մի վայրկյանը կարող էր ինձ մատնել: Օհ, ինչպե՛ս ծանր է կեղծել. ինչպես ծանր է ծածկել: Միթե ես այդ բաների համար էի ստեղծված: Եվ սակայն հարկը ինչ բաների չէ վարժեցնում մարդուն:

Սեղանից հեռանալս և մի սենյակում փակվելս մեկ եղավ: Աղախնին պատվիրեցի ոչ ոքի չթողնել ինձ մոտ մտնելու առարկելով կարևոր պարապմունք ունիմ:

Մտնելով սենյակս սկսա դարձյալ անձնատուր լինել իմ մտածմունքներին: Բայց տեսնելով, որ դրանով միայն ուղեղս եմ լարում և ուժերս սպառում, որովհետև տանջվելուց զատ ուրիշ բան չէի առաջացնում, աշխատեցի քնել: Դա միակ միջոցն է մաշող մտմտուքից գեթ մի քանի ժամ ազատվելու համար, եթե միայն հաջողի: Բարեբախտաբար քնելն ինձ հաջողում էր:

Հետևյալ օրը նույնպես Գարեգինը չերևաց: Իմ մեջ այլևս կասկած չմնաց, որ երիտասարդն յուր մշտական բացակայությամբն է կամենում իմ հիվանդությունը բուժել: Դա մի սարսափելի ճշմարտություն էր ինձ համար: — Այս ինչ արի, ինչ չարիք բերի իմ գլխին, — մտածում էի ես — գոնե առաջ ամեն օր տեսնում էի նրան, խոսում էի հետը մի ժամ, իսկ այժմ ինչ է իմ դրությունը:

Այս ամենի վրա ավելացավ և շուտով ամոթահար լինելու երկյուղը, երբ երեկոյան դեմ հայրս գնաց հոգևոր դպրոցը, ուր բնակում էր Գարեգինը, նրա բացակայության պատճառն իմանալու:

Տեր աստված, որքան հոգեկան տանջանք կրեցի ես այդ մի ժամվա մեջ... Արդյոք ի՞նչ պիտի ասեր նա հորս, ինչ պատճառ պետք է բերեր, չէ որ իմ խոստովանության պատմությունը պիտի աներ... իսկ իմ հայրը... օհ, խելագարվում էի. որպեսի ամոթով, որքան ճնշվելով պիտի լսեր նրանից յուր պարկեշտ, ամոթխած ճանաչված աղջկա անլուր, անպատկառ արարքը... օհ, ինչպե՛ս ծանր, ինչպես անտանելի էր այդ. սիրտս ուժգին բաբախելուց, ասես թե, կամենում էր դուրս թռչել, գլուխս այրվում էր, մի վայրկյան հանգիստ չէի գտնում, մերթ նստում, մտածում էի, մերթ նորեն վեր թռչում տեղիցս, չգիտեի ուր գնալ, ուր դիմել, նույնիսկ սենյակները հալածում էին ինձ, իմ պարապմունքի սեղանը, իմ գրքերը՝ բոորն էլ այդ վայրկենին դարձել էին ատելի, ոչնչով զբաղվել, ոչնչով իմ մտքերը ցրել չէ կարողանում:

Վերջապես օրհասական վայրկյանը հասավ. հայրս երևաց բակում: Բայց, ով զարմանք, հենց այդ րոպեին էլ իմ հուզմունքը դադարեց, հուսահատությանս ու երկյուղիս հաջորդեց բոլորովին ուրիշ, ինձ անծանոթ մի զգացմունք, իմ հոգին նոր ուժ ու կորով ստացավ, նա կարծես պատրաստվում էր ապստամբելու իրեն ճնշող, կաշկանդող ուժերի դեմ: — «Այո՛, սիրում եմ, այդպես էլ կասեմ, ես հանցանք չեմ գործում, ուրեմն վախենալու էլ ոչինչ չունիմ...», — ասացի ինքս ինձ և աներկյուղ սպասեցի հորս ներս գալուն:

— Վարժապետդ շտապ ավարտելու գրելիք է ունեցել, այդ պատճառով չէ եկել. շատ ներողություն էր խնդրում. ես ասացի ոչինչ, մի՛ նեղանաք: Բայց վաղվանից կգա, — ասաց հայրս սենյակը մտնելով:

Ես մնացի ապշած. չէի կամենում հավատալ ականջներիս, ուրախությունը կարծես չէր զորում մոտենալ իմ կծկված սրտին... «Մի՞թե այս ճշմարիտ է. միթե նա ճշմարիտը խոսեց..», — մտածում էի ես:

Բայց որովհետև հայրս ուրիշ ոչինչ չասաց և հանգիստ սրտով մտավ սեղանատուն թեյ խմելու, ուստի իմ մեջ այլևս կասկած չմնաց, որ անցյալ օրվա պատմությունից նա ոչինչ չգիտե: Վասնզի հայրս չէր այն մարդկանցից, որոնք առանձին շնորհք են ունենում ամեն տեսակ գաղտնիք իրենց սրտում ծածկելու, իսկ դեմքի վրա հակառակ զգացմունք արտահայտելու: Եթե նա ունենար մի գաղտնիք և ստիպված լիներ ծածկել, այնքան անշնորհք ձևով կաներ այդ, որ ամեն ոք կգուշակեր յուր գաղտնիք ունենալը:

— Ազնի՛վ և առաքինի երիտասարդ, այժմ ավելի քան երբեք սիրում եմ քեզ... — բացականչեցի ես, երբ մնացի միայն իմ զգացմունքների հետ. — այսուհետև այլևս տխրությունն ու մտածմունքը թող չհուզեն ինձ. ես լուռ անմռունչ կսիրեմ քեզ և եթե դու չբաժանես իսկ իմ զգացմունքը, գոնե չես արգելիլ սիրել քեզ... ինձ այնքանն էլ բավ է, որ ամեն օր քեզ տեսնելու, քեզ հետ խոսելու բախտը ունենամ...

Հետևյալ օրը Գարեգինն եկավ յուր ժամանակին: Նա նույն հանգիստ ու զվարթ դեմքով ողջունեց ինձ, ինչպես և առաջ: Հարկ չկա ասելու, որ ամբողջ դասի ժամանակ ես չէի համարձակվում աչքերս բարձրացնել: Բայց երեկվանից արդեն, երբ հուզմունքս անցել էր, ես բավական դաս էի պատրաստել, բավական գրել էի և այս էր, որ մի փոքր անզգալի էր դարձնում մեր այդ օրվա տեսակցության ազդեցության ծանրությունը:

Գարեգինը ուրախ տրամադրությամբ հետևյալ դասերը խոսեց, կարդալու համար նոր գիրք նշանակեց, գրելու նյութ տվավ և քաղցրությամբ ողջունելով դուրս գնաց:

Երբեք այնպես հանգիստ, այնպես ուրախ չէի զգացել ինձ, ինչպես այժմ:

Սրանից հետո մի շաբաթ ևս նա շարունակեց յուր այցելությունները: Բայց այդ բոլոր ժամանակ նա կարծես յուր տված դասերի ու սովորեցրածների վերջաբանն էր կազմում, նշանակելով միայն կարդալու հատվածներ և տալով շարադրության նյութեր: Մի մի անգամ էլ հիշեցնում էր թե՝ այսուհետև ավելի առաջ գնալու համար ինձ մնում էր միայն շարունակ կարդալ և կարդացածից, օգտվել, այնպես որ յուր գալը, գրեթե, ավելորդ էր:

Վերջին ուրբաթ նա միայն շարադրելու մի նյութ տվավ, այն է՝ գրել «մարդկային պարտուց» վրա, պատվիրելով բաժանել իմ շարադրությունը երեք մասերի և բացատրել նրանց մեջ թե՝ որն է մարդկային պարտքը առ աստված, առ ընկերն և առ անձն:

— Այդ գրությամբ դուք պիտի ապացուցանեք, որ իմ այսքան ժամանակվա աշխատությունն ապարդյուն չէ անցել, — ասաց նա, — ես կամենում եմ իմանալ, թե որ աստիճան իրավունք ունիմ այսուհետև պարծենալ ձեզմով ուրիշների առաջ:

Այս խոսքերն արդեն բավական էին նույնիսկ բանաստեղծական ավյուն ներշնչելու ինձ: Ես ամբողջ օրը և գիշերվա կեսն աշխատեցի իմ շարադրության վրա: «Մարդկային պարտքն առ աստված» բացատրելուց հետո, ես երկար կանգ առի «մարդկային պարտքն առ ընկերն» մտքի վրա: Ժողովեցի իմ երևակայության առաջ պատմության նշանավոր հերոսները, հայտնի հայրենասերները, ժողովրդի նահատակները, թվեցի նրանց գործերը, դրվատեցի անձնազոհության գաղափարական բարձրությունը, առաջ բերի Քրիստոսի այն մեծախորհուրդ խոսքը թե՝ «ամեն ամեն ասեմ ձեզ, եթե ոչ հատն ցորենոյ անկեալ յերկիր մեռանիշ ցի՝ ինքն միայն կայ, ապա եթէ մեռանիցի, բազում արդիւնս առնէ» և իմ բացատրություններն ու մակաբերությունը կցեցի նրան: Շատ քիչ գրեցի, սակայն, մարդկային պարտքն առ «անձն» մտքի մասին, բավականանալով միայն բացատրությամբ այն խորհուրդների, որ կրոնը տալիս է մեզ «աստուծո պատկերի և նմանության» հետ վարվելու համար»:

Իմ շարադրությունը շատ հաջող դուրս եկավ, և ես գոհ սրտով գնացի պառկելու: Խեղճ ես, դեռ չգիտեի թե՝ որքան ծանր ու դժվարին է գործով կատարել այն, ինչ որ այնքան հափշտակությամբ գովել, դրվատել էի: Եթե, մարդիկ լավ գործերը նախ կատարեին և ապա նրանց մասին գրեին, որքան քիչ բան կունենայինք այդ առթիվ կարդալու...

Հետևյալ օրը Գարեգինը որոշյալ ժամանակից ուշացավ: Հայրս արդեն ծառայությունից վերադարձել էր, մենք նստած՝ հենց Գարեգնից էինք խոսում, երբ նա ներս մտավ: Հետո իմացա, որ նա դիտմամբ էր ուշացել:

— Շատ ուրախ եմ, որ ծնողներդ էլ այստեղ են,-ասաց նա, — նրանք էլ ձեր շարադրության ընթերցումը կլսեն, հապա, բերեք, կարդացեք:

Ես ուրախությամբ վերցրի սեղանից իմ երեք թերթից բաղկացած շարադրությունը և սկսա պարզ ու մեկին առոգանությամբ կարդալ:

Կարդացի, երկար կարդացի: Գարեգինը մերթ ընդ մերթ ընդհատում էր ինձ «կեցցիք», «ապրիք», «շատ գեղեցիկ» խոսքերով: Երբ ես ավարտեցի, նա սկսավ խոսել:

— Իմ ուրախության չափ չկա, բոլոր աշխատությունս վարձատրված եմ տեսնում այսօր, ես գոհ եմ, — ասաց նան ի նշան շնորհակալության, իմ ձեռքը սեղմեց: Ապա դառնալով ծնողներիս, շարունակեց. — Այսուհետև օրիորդ Աննան ինքը կարող է առաջ գնալ, որքան և ցանկանա: Նա հայերեն լավ գիտե. պատմություն սովորել է. Ռուսերենին տեղյակ է. նրան մնում է կարդալ և միշտ կարդալ: Բայց այդ էլ, իհարկե, զգուշավոր ընտրությամբ: Ոչինչ այնպես չի խանգարում կանոնավոր զարգացումն, ինչպես խակ մտքերով և մոլար վարդապետությամբ տոգորված գրքերը կամ լրագիրները: Այդ պատճառով ես ինքս կարող եմ միշտ ընտրել ընթերցանության համար պիտանի գրքերը և ուղարկել օրիորդին կարդալու: Ինչ վերաբերում է ինձ, ես, իհարկե, այսօրվանից օրիորդի նկատմամբ հանձն առածս պաշտոնը կատարած, վերջացրած եմ համարում, հետևապես և ձեզ ամեն օր այցելելու պատիվը չեմ ունենալ:

Վերջին հայտարարությունը կարծես ինձ հարվածեց և բոլոր տունը գլխիս շուռ բերավ. բայց ես ջանք արի պահել ինձ զոռով:

Ծնողներս երկար և ջերմաջերմ շնորհակալություն արին ուսուցչիս

խնդրելով նրան՝ հաճախ այցելել իրենց։ Ես, իմ շփոթությունը հայտնի չկա ցուցանելու համար, վեր կացա տեղից և հանդիսավոր ձևով ասացի.

— Ձեր երախտիքն այնքան մեծ է ինձ վրա, որ ես ոչնչով չեմ կարող փոխարինել։ Այդ պարտքի ծանրությունը ինձ անզգալի անելու համար, պետք է որ դուք պաշտոնական բարեկամ լինելուց դադարեք։ Իմ ծնողները ձեզ կընդունեն իրենց սիրելի որդու, իսկ ես իմ հարազատ եղբոր տեղ։ Այցելեցեք մեզ, խնդրում եմ, կարելվույն չափ հաճախ։ Մենք միշտ սիրով պիտի սպասենք ձեզ։

— Այո, այո, խնդրում ենք, շատ ենք խնդրում, դուք մեր որդին, մեր ընտանիքի անդամն եք, — գրեթե միաբերան ասացին ծնողներս։

Գարեգինը շնորհակալություն հայտնեց և խոստանալով, որ կարողացածին չափ կաշխատե մեզ այցելել, ողջունեց և դուրս գնաց։

Ես հետևեցի նրան մինչև բակի դուռը։ Եվ երբ նա այդտեղից դուրս գալիս պարզեց ինձ ձեռը վերջին «մնաք բարևն» ասելու, ես ջերմությամբ առի այն իմ ձեռքի մեջ և նկատեցի. — այսուամենայնիվ, պարոն Գարեգին, մնաց դարձյալ մի դաս, որ չտվիք ինձ ուսանելու...

— Ո՞րն է այդ դասը, — հարցրեց նա ժպտալով։

— Այն, թե ինչ պետք է անե խեղճ օրիորդը, որի սրտում վառված սուրբ սիրո կրակն անարգվում է, նույնիսկ, սրբության պաշտպանից։

— Դուք այդ դասը սովորելու կարիք չունիք, օրիորդ, — պատասխանեց երիտասարդը ծանրությամբ, — որովհետև սրբությունը չի կարող անարգվիլ յուր երկրպագուից...

Եվ նա մի քաղցր հայացք ձգելով վրաս, ջերմությամբ սեղմեց ձեռս և հեռացավ։

ԵՐՐՈՐԴ ՕՐ

Որքան մտատանջությունների պատճառ դարձան ինձ համար Գարեգինի՝ բաժանման րոպեին արտասանած վերջին, խորհրդավոր խոսքերը։ «Սրբությունը չի կարող անարգվիլ յուր երկրպագուից», — ասաց նա։ Ո՞վ էր արդյոք այդ «երկրպագուն»։ Կարո՞ղ էի միթե հուսալ թե՝ դա ինքն է, իսկ դրա համար ունեի ես ապացույց, գեթ մի թույլ փաստ, ավաղ, և ոչ մի։ Եթե նա բաժանում լիներ իմ զգացումներն, ինչու ապա դիտմամբ պիտի հեռանար ինձանից։ Նա ամենալավ պատրվակն ուներ մեզ մոտ հաճախելու, միշտ ինձ հետ տեսնվելու, որովհետև նա իմ ուսուցիչն էր։ Բայց նա, ոչ միայն այդ պաշտոնից չկամեցավ օգտվիլ այլև ինձանից բոլորովին հեռանալու համար կիսատ թողեց ուսմանս գործը։ Միթե, արդարև, ես այլևս սովորելու ոչինչ չունեի... Բայց չէ, նա չկամեցավ յուր հաճախակի այցելություններով առավել ևս բորբոքել մի անգամ արդեն վառված կրակը։ Անարգանք էր այս ուղղված իմ անկեղծ խոստովանությանը, թե բարձրագույն ազնվության ապացույց՝ զի չկամեցավ յուր բարոյական խնամքին և դաստիարակության հանձնված մի օրիորդի թուլությունից օգտվել, — ճիշտը չգիտեի, միայն ես հակված էի դեպի վերջին կարծիքը:

Անցավ մի ամբողջ շաբաթ և ես Գարեգնին տեսնել չկարողացա: Նա մեզ մոտ չեկավ, իսկ ես պտրտել նրան չէի կարող: Մի քանի անգամ մտադրվեցա այցելել օրիորդաց դպրոցը նրան այնտեղ պատահելու հույսով. Բայց ամեն անգամ էլ պատվասիրության զգացումը թույլ չտվավ ինձ այդ անել:

— «Ինչո՞ւ այդ աստիճան ստորանալ, — մտածում էի ես. — եթե նա պատճառներ է ստեղծում ինձանից հեռու մնալու, մի՞թե կվայելե, որ ես երթամ նրան պտրելու, իհարկե ոչ: Գուցե հենց այդ վարմունքով նա կամեցել է զգալ տալ ինձ թե՝ իմ մասին նա բնավ չէ մտածում: Ինչու ուրեմն քաջություն չունենալ մոռացության տալ նրան...» Եվ ես այնուհետև որոշում էի աշխատել մոռանալ նրան:

Բայց մի՞թե այդ հնարավոր էր, միթե ես այդ կարող էի անել: Այդ տեսակ որոշումները ոչ այլ ինչ էին, եթե ոչ բռնի փորձեր՝ ներքին հրդեհի ուժը մի քանի ժամերով միայն թուլացնելու: Անցնում էին այդ ժամերն և ահա հրդեհը դարձյալ բորբոքվում, դարձյալ նոր ուժով երևան էր գալիս, մանավանդ, երբ մտածում էի, թե իմ առաջ բերած պատճառներն աննշան հյուլեներ են, համեմատած այն արժանիքների հետ, որոնցով զարդարված էր երիտասարդը և որոնք իմ մեջ վառել էին սիրո այս չարաբաստ կրակը:

Ինձ մնում էր լուռ և անտրտունջ տանել իմ հոգեկան տանջանքը, առանց շրջապատողներիս մեջ որևէ կասկած հարուցանելու:

Որքան զարմացա և ուրախացա, երբ երկրորդ կիրակի այցելության եկավ մեզ Գարեգինը: Ինչպե՛ս սիրտս հրճվանքից սկսավ բաբախել, որքան հուզվեցա... Դեռ նա սենյակ չէր մտել, որ մայրս նկատեց ինձ՝ «ինչո՞ւ ես շառագունել»: Նայեցի հայելուն և ամաչելուց ավելի ևս շիկնեցի. այդպիսի դեմքով չէր կարելի դիմավորել նրան. ես քաշվեցա իմ սենյակը՝ լվացվելու: Մի քառորդ ժամից, երբ հուզմունքս քիչ անցավ, եկա իմ թանկագին հյուրի մոտ: Նա խոսում էր արդեն ծնողներիս հետ: Տեսնելով ինձ, վեր կացավ տեղից, շատ սիրով ողջունեց. բայց այդ ողջույնի մեջ, հակառակ սպասածիս, ես ջերմ ու սիրաշունչ ոչինչ չգտա: Այդ բանը սիրտս կոտրեց: Այսուամենայնիվ պետք է գոհ լինեի, որ նա այժմ ինձ մոտ, իմ առաջ նստած էր:

Երբ դժգոհությունս հայտնեցի այն մասին թե՝ նա շատ ուշ է մեզ այցելում, Գարեգինը պատասխանեց.

— Իմ ծանոթ ընտանիքների մեջ չկա մեկը, որին այնքան սիրով և հաճությամբ կամենայի այցելել, որքան ձերն, օրիորդ: Բայց իմ զբաղմունքներն այնքան շատացել, այնքա՛ն ծանրացել են, որ ստիպված եմ այդ հաճույքից ևս զրկել ինձ: Երևակայեցեք, շաբաթվա մեջ քաննչորս դաս, տղայոց կամ աղջկանց դպրոցում, այնուհետև դպրոցական մի քանի գործերի վրա անմիջական հսկողություն. հետո ուսուցչական ժողովներ, ապա արձանագրությունների կազմությունը, այդ բոլորն այնքան ժամանակ են խլում ինձանից, որ բարեկամներիս այցելելու համար, գրեթե, ժամանակ չէ մնում ինձ: Երբեմն, երեկոյան դեմ, մի կամ երկու ժամ ազատ ժամանակ եմ ունենում, բայց այդ էլ գործ եմ դնում ավագ դասատան աշակերտներին ինձ մոտ հավաքելով և նրանց հետ խոսելով: Գիտե՞ք, շատ բան կա դասից դուրս՝ նրանց հետ խոսելու: Ամեն այցելություն, ամեն զվարճություն պետք է զոհել այդ սուղ ժամանակը շահավոր կերպով գործադրելուն: Վարժապետներիս վրա ծանր պարտք կա, թե ներկայի. թե ապագայի վերաբերմամբ, բավական չէ վարձկան մշակի պես նշանակած ժամերին դասախոսել և հեռանալ, պետք է անձնվիրությամբ աշխատել, պետք է գործին շունչ ու հոգի տալ, որովհետև նոր սերնդի ապագայում արած սխալ բաների պատասխանատուն մենք ենք...

Հետո նա պատմեց մի քանի անախորժ նորություններ այն մասին, թե ինչպես քաղաքում հակառակ կուսակցության մարդիկ աշխատում են իրենց այնքան սիրով ու եռանդով սկսած դպրոցական գործը զանազան մեքենայություններով խանգարել: Ցավ հայտնեց, որ այդ չարագործության հեղինակներն ոչ թե հասարակ, ուսումից ու կրթությունից զուրկ մարդիկ են, այլ նրանք, որոնց մի անգամ հանձնված է եղել դպրոցի ղեկն ու բախտը: Եվ այդ հասկացող ու զարգացած մարդիկ դպրոցի դեմ նյութում էին խարդավանանք միայն այն պատճառով, որ առիթ ունենան պարծենալու թե իրենք կարողացան քանդել այն, ինչ որ ուրիշները կամենում էին շինել...

Որքան էլ քաղցր էր ինձ՝ երկար լսել իմ սիրած երիտասարդին, այսուամենայնիվ, նա այդ հաճույքը ինձ չպատճառեց: Հազիվ մի ժամ մնաց մեզ մոտ, և այդ մի ժամը ինձ համար անցավ մի քանի րոպեների պես: Ներողություն խնդրելով, որ ավելի ուշանալ չէ կարող, ողջունեց մեզ և հեռացավ, խոստանալով դարձյալ այցելել, եթե ժամանակ կգտնե:

Բայց այդ ժամանակը նա շատ ուշ գտավ, կամ գուցե չկամեցավ շուտ գտնել: Ես սպասեցի նրան երկար: Անցավ առաջին կյուրակին, անցավ երկրորդը երրորդը, և սակայն նա չերևաց մեր տանը: Այդ բոլոր ժամանակի ընթացքում ես մի անգամ միայն պատահեցի նրան եկեղեցում, ուր նա դարձյալ սիրով ու ժպտադեմ ողջունեց ինձ և հեռացավ...

Դրանից հետո իմ տխրությունը օրըստօրե ավելացավ: Ես նորեն սկսա անձնատուր լինել իմ թաքուն մտածմունքներին: Ընտանեկան գործերով չէի պարապում և բոլոր օրը, համարյա, հիվանդ էի հոգվով ու մարմնով:

Մայրս, որ, ինչպես հետո իմացա, հետևելիս է եղել իմ քայլերին, մի օր կանչեց ինձ առանձին ու ասաց.

— Սիրելի Աննա, հինգ ամսից ավելի է, ինչ ես մի տարօրինակ փոփոխություն եմ նշմարում քո մեջ: Դու այլևս առաջվա աղջիկը չես, այն զվարթ, ուրախ, միշտ երգող, ծիծաղող աղջիկը: Ամեն օր տխուր ես, ամեն օր մտածմունքների մեջ մի տեսակ վերացած, հափշտակված... անշուշտ մի ցավ ունիս, որի մասին շարունակ մտածում ես: Ասա՛, հոգիս, ինչ ցավ, ի՞նչ հոգս է այդ, ասա, մորիցդ մի՛ ծածկիր, քո սրտի ցանկությունը կատարելու համար ես ամեն բան կանեմ, ամեն ինչ կզոհեմ, միայն թե դու անկեղծ եղիր, խոստովանիր ինձ ամեն բան ճշմարտությամբ, առանց ամաչելու ու քաշվելու:

— Ոչ մի ցավ չունիմ, — պատասխանեցի ես:

— Անկարելի է. ցավ չունեցողը տխուր չի լինիլ և ոչ էլ ամբողջ օրը մտածմունքների մեջ: Խոստովանիր, ասում եմ, ինչ որ սրտումդ կա, եթե քո ցավը մորդ չհայտնես, ուրիշ էլ ո՞ւմ կարող ես հայտնել:

Ես կամենում էի բանալ նրան իմ սիրտը, կամենում էի խոստովանել իմ գաղտնիքը, մանավանդ ուր նա այնքան մտերմաբար սկսավ խոսել հետս, բայց լեզուս չէր հնազանդվում կամքիս, չէի կարողանում խոսել: Ես մնացի լուռ:

— Աննա, սիրելիս, հայտնի՛ր ինձ ցավդ, պատմիր մորդ քո սրտի գաղտնիքը, — թախանձեց կրկին մայրս:

Բայց ես լուռ էի:

— Կկամենա՞ս, որ ինքս ասեմ, — հարցրեց նա ժպտալով:

— Ի՞նչ, — զարմացա ես:

— Թե ինչու տխուր ու շարունակ մտածմունքի մեջ ես:

— Ասա՛, եթե այդպիսի բան գիտես, — պատասխանեցի ես անհանգստությամբ:

— Դու սիրում ես Գարեգնին և նրա մասին ես այդքան շատ մտածում:

Ես մնացի ապշած և աչքերս լայն բանալով՝ հարցրի.

— Այդ ո՞վ ասաց քեզ:

— Դու ինքդ, սիրելիս, դու ինքդ:

— Ինչպե՞ս թե ես ինքս, ես այդպիսի բան ասած չունիմ. խոսքդ չեմ հասկանում, — նկատեցի ես:

— Արթուն ժամանակ դու ոչինչ չես ասել, բայց քնած ժամանակ շատ բան ես հայտնել: Դու գրեթե միշտ զառանցում ես, բոլոր ժամանակ քո երազներում խոսում ես Գարեգնի մասին, կանչում ես Գարեգնին... ինչու համար և ուրեմն այս բոլորը:

— Ա՛խ, մայր իմ, մա՛յր իմ, դու արդեն բոլորը գիտես... — բացականչեցի ես և հեկեկալով նրա գիրկն ընկա: Արտասուքն սկսավ վազել աղբյուրի պես: Նա ջերմությամբ սեղմեց ինձ կրծքին և սկսավ համբույրներով գլուխս ու երեսս ծածկել:

Մայրական սիրելի կրծքի վրա՝ երկար գլուխս դրած լաց էի լինում:

Նա չէր խանգարում իմ սրտի զեղումը, կարծես գուշակելով, որ թափվող արտասուքը մի մխիթարություն, մի բալասան էր՝ այնքա՛ն երկար ինձ տանջող ու տոչորող ցավերի համար:

Երբ մի փոքր հանգստացա, մայրս սրբեց իմ աչքերը, համբուրեց նրանց և կրկին անգամ ինձ յուր կրծքին սեղմելով՝ խանդակաթ ձայնով ասաց.

— Իմ սիրելի, իմ անուշիկ Աննա, իզուր ես քեզ այդքան երկար տանջել, իզուր ես և այժմ այդքան վրդովվում: Քո սրտի ցանկությունը կատարելու համար ոչ մի դժվարություն չկա: Եթե դու սիրում ես այդ երիտասարդին և այդքան էլ նրա համար այրվում ու տոչորվում, նա կլինի ուրեմն քո փեսան, քո ամուսինը: Վաղվանից արդեն ես ամեն բան կպատմեմ հորդ ու մենք, երկուսս միասին, կտնօրինենք ամեն ինչ այնպես, որ քո սրտի ցանկությունը անթերի կատարվի:

Ուրիշ ի՞նչ ուրախություն կարող էր հավասարվիլ այդ րոպեին զգացած իմ ուրախության: Ես գրկեցի մորս, սեղմեցի նրան կրծքիս և առանց շնորհակալության մի բառ արտասանել կարողանալու ջերմաջերմ համբույրներով նրա երեսն ու ձեռքերը ծածկեցի:

Այդ րոպեին, արդարև, ես ամենաերջանիկ աղջիկն էի: Հետևյալ առավոտ հայրս մտավ ինձ մոտ և յուր սովորական անկեղծությամբ ու ծիծաղով ասաց,

— Այդ ինչ է, Աննիկս, առանց իմ գիտության փեսա՞ ես ընտրել:

Ես ժպտացի ու գլուխս խոնարհեցի, զգում էի, որ երեսս այրվում է:

— Մի ամաչիր, հոգիս, — շարունակեց նա՝ մոտենալով և գլուխս շոյելով. — ես ամեն բան գիտեմ, մայրդ արդեն պատմեց, ընտրությունդ վատ չէ. սիրածդ երիտասարդը միակն է բոլոր քաղաքի մեջ, ամենից խելոք, ամենից ազնիվ: Իհարկե, մի փոքր դժվար է ինձ համար՝ աղջիկս տալ մի աղքատ վարժապետի, մինչդեռ շատ հարուստ ու անվանի երիտասարդների ես մերժել եմ: Բայց քանի որ դու նրան ես սիրում, ես դրա դեմ ոչինչ չունեմ: Դու փոքր չես, քո չարն ու բարին ինքդ կարող ես հասկանալ, որ քո ընտրածը հարուստ չէ, այդ էլ, ասենք, ոչինչ, փողով հարուստ ու խելքով աղքատ մարդն էլ բանի պետք չէ: Ինչ որ մենք ունինք, այն բավական կլինի ձեր երկուսին: Դու մեր միակ որդին ես, նա էլ թող երկրորդը դառնա: Վաղվանից ես արդեն ամեն ինչ կտնօրինեմ այնպես, որ քո սրտի ցանկությունը կատարվի շատ շուտով: Ուրախ և հանգիստ եղիր, սիրելի Աննիկս, և այլևս մի՛ մտածիր ոչնչի վրա. քո փափագը կատարելը իմ առաջին ցանկությունն է: — Այս ասելով՝ նա ջերմությամբ համբուրեց ինձ ու դուրս գնաց:

Բոլորովին հարց չեղավ թե՝ արդյո՞ք երիտասարդն էլ սիրում է ինձ և համաձայն կլինե յուր բախտը ինձ հետ կապելու: Ծնողներս այն կարծիքի էին, որ եթե իրանք համաձայնվին այդ շնորհը նրան անելու, այնուհետև վերջինիս մնում էր միայն շնորհապարտ լինել իրենց հավիտյանս հավիտենից:

Պետք է խոստովանել, որ ես ևս նույն կարծիքին էի: Ես մինչև անգամ հավատացած էի, թե Գարեգինը սիրում է ինձ նույն չափով, որչափով որ ես իրեն (թեպետ տանջող մտածմունքների ժամանակ հակառակն էի կարծում), իսկ նրա շարունակ իրեն սառն ու ինձանից հեռու պահելը վերագրում էի յուր զգուշավոր ազնվության, այն մտքով՝ թե հույս չունենալով երբևիցե հասնել ցանկալի նպատակին, նա աշխատում է աստիճանաբար նվազեցնել և ի վերջո մարել մի անգամ արդեն վառված սիրո կրակը:

Իսկ այժմ, երբ արդեն կասկածն ու տարակուսանքը անցել էին, երբ ծնողական համաձայնությունը, որ առաջին և վերջին արգելքը կարող էր լինել, ստացվել էր, ուրիշ ինչ ուժ կարող էր խափանել իմ երջանկության ճանապարհը: Հարկավ և ոչ մի: Ինձ մնում էր ուրախանալ, հրճվիլ, ծիծաղել, համոզվիլ, թե արդեն բախտավոր եմ, արդեն երջանիկ եմ. թե վերջապես հասել եմ այնքան ժամանակից ի վեր իմ գուրգուրած նպատակին...

Բայց ինչու, չգիտեմ, հենց այսպիսի ուրախության ժամանակ մի անախորժ կասկած, մի գաղտնի երկյուղ դարձյալ ճնշում էր սիրտս և թունավորում իմ զգացած ուրախությունը: Ուրիշ ինչ տխուր նորություն պիտի բացվեր ինձ համար, գուշակել չէի կարողանում, բայց, կարծես, սպասում էի նրան... կարծես մեկը շշնջում էր իմ ականջին թե «այդպես շուտ և այդքան շատ մի ուրախանար, դու չես կարող ժառանգել նրան»:

Հետևյալ օրն արդեն, որ կյուրակի էր, ծնողներս հայտնեցին թե հյուրեր պիտի ունենան, ուստի և պատվիրեցին ուշադիր լինել սենյակների կարգ ու սարքին: Ինձ համար անակնկալ մի հրավերք էր այդ, բայց իրենք երևի, նախընթաց օրվանից էին դրա մասին հոգացել: Երբ հարցրի թե «ովքե՞ր պիտի լինին մեզ մոտ», նրանք ծիծաղելով պատասխանեցին «միայն քո և մեր բարեկամները»:

Ես ուրիշ ոչինչ չհարցրի, որովհետև ստացածս պատասխանի եղանակն զգուշացնում էր ինձ ավելին չխոսել: Սակայն սիրտս զգում էր, որ ծնողներս ուզում են մի անտեղի գործ կատարել:

Այսուամենայնիվ, ես նրանց ցանկության արգելք լինել չէի կարող, եթե մինչև անգամ կատարելիք գործի վնասակարությունը գիտենայի: Որովհետև հայրս սիրում էր, որ, նույնիսկ չնչին գործերում, յուր հեղինակությունը հարգվի:

Ժամը 2-ին մեր տուն եկան պարոն տեսուչը և Գարեգինը: Երբ նրանց մոտ մտա, հայրս ծիծաղելով ասաց.

— Ահա՛ այսօրվա մեր միակ թանկագին հյուրերը:

Ես սիրալիր հարգանքով ողջունեցի երկուսին, իսկ հայրս բացատրեց նրանց յուր տարօրինակ հայտարարության պատճառը.

— Սա իմ քմահաճույքն է. շատ եմ սիրում իմ Աննային անսպաս ուրախություններ պատճառել: Ձեր գալու մասին ես նրան ավելի վաղ չհայտնեցի նրա համար, որ յուր ուրախությունը հանկարծահաս լիներ:

Հյուրերը իրավունք տվին հորս նման հաճույքներով զվարճանալու:

Չնայելով, որ ճաշի վրա միայն հինգ հոգի էինք, այսինքն երեք մենք և երկու մեր հյուրերը, այսուամենայնիվ, ուրախ և զվարճալի անցավ այդ ընտանեկան ճաշկերույթը: Երբ բաժակները մի քանի անգամ դատարկվեցան, հայրս մինչև անգամ յուր խռպոտ ու կերկեր ձայնով երգեց մի հին երգ, որին անմիջապես հետևեց Գարեգինը յուր մի ախորժալուր և հոգեշունչ երգով:

Շատ սրտագին բարեմաղթություններ եղան մեր կենացների վրա: Մինչև անգամ տեսուչն ու Գարեգինը զգացված բանախոսություններ արին: Ամեն հայի տուն ու ընտանիք ողնորում էր այդ դպրոցական առաքյալներին, իսկ մեզ մոտ, նրանք արդեն, իրենց զգում էին հարազատների մեջ: Այդ իհարկե, անկերծ ուրախություն էր պատճառում թե ինձ և թե՛ իմ ծնողներին:

Բայց մի բան ինձ զարմացնում էր: Ես որ մինչև այն՝ այնքան անձկությամբ, այնքան տենչանքով փափագում էի Գարեգնին տեսնել, այժմ, երբ նա իմ առաջ նստած խոսում, երգում և զվարճանում էր, չէի կարողանում նրանով ուրախանալ, նրա ներկայության քաղցրությունը վայելել... Ես, մինչև անգամ, չէի կամենում, որ նա այդ րոպեին մեր տանը լիներ, սիրտս անհանգիստ էր, ինչպես սիրտը մի գորովագութ մոր, որ որդու հետ միասին հանկարծահաս մի աղետի պատահած լինելով, մոռանում է յուր անձը և միայն սիրելիի ազատության համար մտածում... Եվ ինչպե՛ս գուշակում էր իմ հոգին:

Ճաշից վերջը, երբ կրկին ինձ համար կենաց առաջարկվեց, հայրս բաժակը ձեռքն առնելով ի մեծ զարմացումն իմ, անշուշտ և հյուրերի, հետևյալ անսպաս բանախոսությունն արավ.

— Ձեզ հայտնի է, որ ես միայն մի աղջիկ ունիմ. սա է թե՛ իմ և թե յուր մոր միակ ուրախությունը բոլոր աշխարհում: Արդեն տեսնում եք նա գեղեցիկ է ինչպես հրեշտակ, իսկ նրա սիրտն ու հոգին գեղեցիկ են ավելի, քան յուր պատկերը: Նրան ուսում ու կրթություն տալու համար ես ոչինչ չեմ խնայել: Մեր քաղաքում գտնված ամենալավ ուժերից հետո ես հանձնեցի նրան մեր լավագույն վարժապետի, մեր ամենից սիրելի Գարեգնի խնամքին: Ի՞նչ սովորեցրեց նա նրան, չգիտեմ, բայց որ ինքը, վարժապետը, գոհ է յուր աշակերտուհուց, այդ ինձ համար շատ բան է նշանակում: Կարող եմ հանգիստ լինել ուրեմն, որ իբրև հայր, իմ դստեր վերաբերմամբ, իմ պարտականության մեծագույն մասը կատարել եմ: Մնում է ամենափոքրը, այն է՝ ընտրել նրա համար մի արժանավոր ամուսին: Այդ արժանիքն, իմ համոզմամբ, չէ կայանում երիտասարդի ոչ հարստության, ոչ կալվածների և ոչ համբավի մեջ, որովհետև, աստուծո ողորմությամբ, ես այնքան հարստություն ու ստացվածք ունիմ, որ կարող է իմ այդ երկու որդիներին էլ բավել շատ երկար տարիներ: Ես ցանկանում եմ միայն, որ երիտասարդը լինի ազնվամիտ, բարեբարո, առաքինի և լուսավոր: Ահա հենց այդպիսի երիտասարդ էլ ես գտել եմ, որին նաև իմ դուստրը սիրելով սիրում է: Նա ամենիս սիրելի, մեր առաջ նստած Գարեգինն է: Ես նրան եմ հանձնում իմ Աննայի ձեռքը՝ հայրական վերջին պարտքից սիրովդ ազատվելու համար...

Վերջացնելով խոսքը, հայրս բաժակը դատարկեց:

Բայց ես ամոթից շփոթվել, շառագունել էի, քրտինքը առուներով խաղում էր մարմնիս վրա, չգիտեի թե որ կողմ դարձնեմ աչքերս՝ ոչ ոքին չնայելու, ոչ ոքին չտեսնելու համար:

Տեսուչը զարմացած աչքերով նայում էր մերթ հորս, մերթ ինձ և մերթ Գարեգնի վրա: Իսկ վերջինս միայն մի անգամ արագ անհանգիստ շարժում և ապա անվրդով՝ հորս ամենավերջին խոսքին սպասեց: Այդ սպասող վայրկյանն իմ հույսն արդեն կործանեց... մի ձայն կարծես շշնջաց իմ ականջին թե՝ «քո գուշակությունը մարմին առավ...»:

Երբ հայրս ավարտեց, վերկացավ Գարեգինը: Նախկին զվարթությունը տեղի էր տվել նրա մեջ մի տեսակ վեհ ու պատկառելի թախծության: Ինչո՞ւ, չգիտեմ, ինձ այնպես թվաց թե՝ նա այդ րոպեին կանգնած է գլխատման բեմի առաջ և, իբրև արի նահատակ, պատրաստվում է յուր հավատո հանգանակը փառաբանելու: Նա մեղմ ու ազդու ձայնով սկսավ խոսել:

— «Իմ կյանքը, սիրելի բարեկամներս, թեպետ հասակավոր չէ, բայց նա հոծ և լի է փորձերով ու պատահարներով: Ես բավական շատ ապրել եմ աշխարհում, շատ չար ու բարի եմ տեսել, շատ տեսակ անձանց ու ընտանիքների եմ ծանոթացել, բայց այդ իմ բոլոր կյանքի մեջ, իմ տեսած ու ապրած աշխարհի մեջ, ես միայն մի օրիորդի պատահեցա, որ յուր աննման արժանիքներով կարողացավ գրավել ինձ այնքան, որ քիչ էր մնում թե դեպի իմ սրբազան ուխտն ու երդումն ունեցածս հավատարմությունը սասանեցնե: Այդ աղջիկը հազելի բարեկամ, ձեր դուստրը և իմ աշակերտուհին է...

«Որովհետև դուք շատ անկեղծությամբ ու պարզությամբ խոսեցիք, թույլ տվեք, որ ես էլ նույն ձևով շարունակեմ և ավարտեմ իմ խոսքը:

«Ամենամեծ պատիվը, որ ինձ նման մի մարդու կարող էին առաջարկել, այդ ձեր առաջարկածն է, հարգելի բարեկամ: Ձեր աղջիկն արժանի է ոչ թե ինձ նման մի հասարակ, նյութական կարողությունից զուրկ, մի որոշ անուն ու համբավ չունեցող հայ վարժապետի, այլ ինձանից թե՛ զարգացմամբ, թե՛ կարողությամբ և թե՛ արժանավոր համբավով շատ ավելի բարձր մի երիտասարդի ամուսինը լինելու: Եթե ես, երբևիցե, մտադիր լինեի ամուսնական ընկերակցությամբ ինձ երջանիկ անելու, արդարև, ձեր պատվաբեր առաջարկությունը կընդունեի իբրև ինձ ղրկված մի շնորհ, մի պարգև, որովհետև, ձեր դստեր նկատմամբ, ճանաչել ու գնահատել գիտցող երիտասարդը կարող է վստահությամբ ասել ահա կին, որ պիտի երջանկացնե յուր ընտանիքը...

«Սակայն ցավելով պիտի խոստովանիմ, որ անկարող եմ ձեր առաջարկությունն ընդունել, որովհետև ես ուխտել ու երդվել եմ նվիրել իմ անձը ոչ թե սոսկ մի ընտանիքի, այլ իմ ամբողջ ազգին և այս ուխտը սուրբ է ինձ համար պատանեկական օրերից սկսած մինչև այսօր: Աշխարհային ոչ մի բարիք, ոչ մի փառք և ոչ մի հրապույր չէ գայթակղեցրել ինձ. ես հավատարիմ եմ մնացել իմ ուխտին էլ այսուհետև էլ հավատարիմ պիտի մնամ նրան, եթե, մինչև անգամ, երկրի բոլոր բարիքները համահավաք նվիրեն ինձ:

«Ո՞վ կարող է հերքել, որ աշխարհում, ճշմարիտ երջանկություն ձեռք բերելու համար, անհրաժեշտ է ամուսնանալ: Ընտանիքը, մանավանդ սիրո, առաքինության և աշխատասիրության հիմունքների վրա հաստատված ընտանիքն, այն կենարար աղբյուրն է, որից բխում է մարդկային կյանքի երանավետությունը, ամենքիս տենչալի երջանկությունը:

«Սակայն կա և մի ուրիշ մարմին, որ ավելի սիրելի, ավելի պաշտելի է, քան մեր սեփականը: Այդ մարմինը հայրենիքն է: Ես ուխտել եմ իմ անձը նրան նվիրել, նրա սիրուց զատ աշխարհում ուրիշ սեր չճանաչել, նրա ցավերից զատ ուրիշ ցավերով չվշտանալ, նրա բախտավորությունից զատ ուրիշ բախտավորություն չխնդրել... Իմ ուժերը փոխանակ մի ընտանիքի, կամ որոշ թիվ մարդկանց բախտին նվիրելու, ես ուխտել եմ բոլոր ազգին նվիրել:

«Այդպիսի մի մեծ մարմնի բարիքներին ծառայելու համար, արդարև, իմ ուժն ու ցանկությունը փոքր են ու աննշան, սակայն ծովն էլ կազմված է կաթիլներից: Ես ավելի լավ եմ համարում կաթիլներից մինը լինել և ծովի հատակն իջնել, քան ծովի գոյության համար դառնալ անօգուտ մի բան և լողալ նրա երեսին...

«Ներեցեք ինձ, ուրեմն, աղաչում եմ ձեզ, որ հրաժարվում եմ ձեր ինձ առաջարկած այդ գերազանց պատվից: Որքան և ինձ համար, իբրև մահկանացուի, մեծ է այս զոհը, մանավանդ որ ես հոգվով չափ սիրում եմ ձեր աղջկան, սակայն անհրաժեշտ է, որ ես բերեմ այդ զոհը, որովհետև իմ սրբազան ուխտին և երդմանը դրժել չեմ կարող...»:

Հայրս զարմանալի սառնասրտությամբ լսեց այս խոստովանությունը և ծածկելու համար յուր ներքին վիրավորանքը, որ բավական կենդանի ցոլանում էր դեմքի վրա, հարցրեց.

— Մի՞թե քո ազգին օգնեու համար անպատճառ պիտի ամուրի մնաս և ամուսնանալով հանդերձ չես կարող նրա օգտին աշխատել:

— Ո՛չ, — պատասխանեց Գարեգինը. — որովհետև գեղեցիկ է ասված. «Ոչ ոք կարէ երկուց տէրանց ծառայել, կամ զմինն ատիցէ և զմիւսն սիրիցէ, կամ զմինն մեծարիցէ և զմիւսն արհամարհիցէ...»: Ով որ կամենում է բոլորանվեր կերպով ծառայել ազգին, նա չպետք է ամուսնանա: Որովհետև ամուսնությունն ինքը ունի յուր որոշ պարտքերը, որոնց ամեն մի օրինավոր ամուսին պարտավոր է անթերի կատարել:

Այդ միջոցին, ահա, հորս առաջարկությամբ, մեր հյուրերը սեղանատնից հյուրասենյակը քաշվեցան, իսկ ես դուրս գնալով փակվեցա իմ ննջարանում: Այստեղ արդեն միայնակ տեսնելով ինձ արտասուքս սկսավ հեղեղի պես հոսել, ընկա մահճակալի վրա, ծածկեցի երեսս բարձերի մեջ և երկար, շատ երկար իմ դառն ու հուսահատ վիճակը ողբացի:

Թե այնուհետև ինչ խոսեց հայրս հյուրերի հետ, չիմացա, միայն նրանց հեռանալուց հետո, նա մտավ սենյակս, երևի ինձ մխիթարելու համար: Տեսնելով, որ լալիս եմ, նա մոտեցավ ինձ, քնքշաբար սեղմեց յուր կրծքին և ասաց.

— Մի՛ լար, իմ սիրելի, իմ անուշիկ Աննա, եթե քո սիրած երիտասարդը մերժեց քեզ, ես էլ իմ կողմից քո վրեժը կլուծեմ: Քո հայրը մեռած պիտի լինի, որ նա այսուհետև հանգստություն գտնե... ես չարաչար կհալածեմ նրան, տանջանքներ կպատճառեմ և վերջը կոչնչացնեմ...

— Ի՞նչ, դու պիտի սպանե՞ս նրան, — ճչացի ես սարսափահար:

— Այո՛, բայց ոչ իմ ձեռքով, — պատասխանեց նա այնպիսի մի եղանակով, որ կարծես վրեժխնդրության դևն էր խոսում յուր մեջ:

Ես մի կողմ հրեցի հորս և ձեռքս կրծքիս դնելով՝ զայրույթից թուլացող ձայնով ասացի.

— Առաջին գնդակն այստեղ ուղղել տուր, իսկ երկրորդը նրա վրա, հեռացիր, դու իմ հայրը չես...

Իմ հանկարծական գրգռումը զարմացրեց հորս. նա մնաց շվարած և չգիտեր ինչ պատասխանել: Խեղճ մարդ, ամեն տեսակ զգացմունքի վրա էլ նայում էր պատվասիրության տեսակետից: Նա այնպես էր կարծում թե սիրած երիտասարդի մերժումը՝ զայրույթ կամ ատելություն պիտի ծնեցներ իմ մեջ. նա չգիտեր, որ ճշմարիտ սերն ատելության չի փոխվիլ, որ մերժումը կարող է ճնշել, կամ խոցոտել այդ սերը, բայց սպանել նրան՝ երբեք... Երկար նայեց նա ինձ վրա, սևեռեց հայացքն ուղիղ իմ աչքերին, ցանկացավ, երևի, որ նրանք տեղի տային յուր հզոր հայացքին, բայց նրանք անքթիթ՝ արտահայտում էին իմ ցասումը...

Վերջապես նա մեղմանալով՝ մոտեցավ ինձ և այս անգամ ավելի քնքուշ ձայնով հարցրեց.

— Ուրեմն, դեռ էլի սիրո՞ւմ ես նրան:

— Այո՛, և ես նրան իմ մահվան օրը կմոռանամ, — պատասխանեցի ջերմությամբ:

— Բայց նա քո հորն անպատվեց, քեզ անպատվեց..:

— Նա չանպատվեց և ոչ մեկին: Պետք է բավական բարձր և ազնիվ լինել նրան հասկանալ կարենալու համար: Նրա խոստովանությունն անկեղծ էր. նրա ուխտը սուրբ է: Մինչև այժմ ես սիրում էի նրան, իսկ այսուհետև՝ պիտի պաշտեմ...

— Ուրեմն ես թշնամի չի պիտի լինեմ այդ մարդուն, — հարցրեց նա:

— Երբեք, — պատասխանեցի ես:

— Բայց կարող եմ չլինել, թույլ կտա ինձ այդ իմ պատիվը:

— Եղիր ուրեմն և իմ թշնամին, եթե այդ հաճելի է քեզ, — ասացի ես:

Հայրս ոչինչ չպատասխանեց և դուրս գնաց:

ՉՈՐՐՈՐԴ ՕՐ

Հարկ չկա ասելու, որ այս բոլորից հետո իմ դրությունն ավելի վատթարացավ: Տխրությունը տիրեց ինձ բոլորովին, ծիծաղ ու խնդում չքացան ինձ համար, տուն ու ընտանիք ունենալս մոռացա, ինձ հետ խոսողներին կամ չէի լսում, կամ եթե լսում էի՝ չէի հասկանում: Փախչում էի բոլորից և փակվում իմ սենյակում կամ մեր պարտիզի մի անկյունում առանձնանում անձնատուր լինելով խորին մտածության: Իմ հիշողությունը բթացել, անզգայացել էր ամեն բանի համար, բայց չէր մոռանում միայն Գարեգնին և այն բոլորը, ինչ որ կապ ուներ Գարեգին անվան հետ: Մտածում և երանում էի այն անցյալին, երբ նա իմ կողքին նստած այնքան մոտ, որ ես նրա շնչառությունն էի լսում, դաս էր խոսում ինձ: Ես լսում ու նայում էի նրան անսահման սիրով, անհուն ցանկությամբ... հիանում էի, երբ նա ամբողջապես զգացմունք դարձած խոսում ու քարոզում էր ինձ, կամ երբ ոգևորությունը վառում էր նրա աչքերում աշխույժի կրակը: Երանում էի այն ժամերին, երբ սրտատրոփ սպասում էի նրան, կամ երբ նրա սիրալիր այցելությամբն արդեն գոհ ճանապարհում էի նրան՝ հուսալով մի օրից կրկին տեսնելու... Երբ հպարտացած նրան սիրելովս մտածում էի թե նա իմն է հավիտյան, թե ոչ ոք ինձանից չէ կարող խլել նրան... Երանում էի նույնիսկ իմ տխրության այն օրերին, երբ նա, թեպետ ինձանից հեռացած, բայց դարձյալ նվազ հույս էր ներշնչում թե՝ այսօր չէ, վաղը, մի քանի օրից, կամ գուցե մի շաբթից՝ կգա ինձ տեսնելու:

Իսկ ա՛յժմ... այժմ ամեն հույս կորել, անհետացել էր. Գարեգինն այլևս իմը չէր, նրան այլևս չպիտի ժառանգեի... Օ՛, ինչպես ծանր էր մտածել այդ մասին... Հանկարծ չունենալ այլևս նրան, որին մի օր առաջ ունեիր, որը քո մտածության, քո քաղցր երազների, քո ապագա երջանկության սնուցիչն էր, որը քեզ կյանք և ուրախություն էր բերում, քեզ շունչ, սիրտ և հոգի էր տալիս... որի համար դու կամենում էիր ապրել, որի համար գործում, աշխատում, հառաջադիմում էիր, որի հաջողությունը քեզ ուրախացնում և հաղթանակը հպարտացնում էր... Եվ հանկարծ դառնալ, նայել շուրջդ, տեսնել, որ նա այլևս չկա, որ դու միայն ես, որ քեզ պատում է անպարունակ դատարկություն…

Մայրս, որ գրեթե նույնչափ վշտահար էր այս դժբախտ դեպքի պատճառով, հնարներ էր որոնում իմ թախիծը, տխրությունս մեղմելու: Տեսնելով, որ յուր խորհուրդներն ու մխիթարականները չեն կարողանում ինձ մաշող մտածմունքները ցրել սկսավ գրեթե ամեն օր հրավիրել իմ նախկին ընկերուհիներից մինին, կամ մյուսին ինձ զբաղեցնելու և մտահոգությունս ցրելու համար: Ընկերուհիներս գալիս էին: Նրանց այնպես էր հասկացրել մայրս թե ես տխրելու հիվանդություն ունիմ, ուստի և պետք է ուրախացնեն ինձ: Ընկերուհիներս, իհարկե, աշխատում էին այդ նպատակով, բայց առանց մեծ հաջողության: Միայն թե նրանց բերած նորություններն սկսում էին հետզհետե հետաքրքրել ինձ:

Այսպիսով, ես նրանցից իմացա, որ հոգևոր դպրանոցի վարժապետական հին խմբի և նրանց պաշտպանների լարած մեքենայությունները վերջապես հաջողվել են, որով և նոր խումբը մնացել էր նեղ դրության մեջ, որ հակառակորդներից ու դավադիրներից կազմակերպված բանակը կարողացել է ժողովրդի ամեն ավերում տարածել և շատ շատերին համոզել թե՝ վարժապետական նոր խումբը բողոքականություն է քարոզում աշակերտներին, անբարոյականացնում է նրանց, կամ թե ծնողների դեմ ապստամբեցնում:

Այս անխիղճ զրպարտությունները, որոնք միշտ անազնիվ մարդկանց զենքերն են եղած ազնիվ հակառակորդների դեմ, ոտքի էին հանել քաղաքում սինլքոր խուժանը, որ առանց ճշմարտության հասու լինել կամենալու, հրապարակներում հավաքված, գոռում ու գոչում էր թե՝ «խաչ հանեցեք դրանց»:

Մի փոքր հետո իմացա, որ այս զրպարտության ու խառնակության ձայներն Էջմիածին հասնելով համոզել էին նաև Մատթեոս կաթողիկոսին կոնդակով հրամայել հոգևոր դպրանոցի հոգաբարձության՝ արձակել տեսչին յուր վարժապետներով: Պատմում էին թե՝ որպիսի աղիողորմ տեսարան էր ներկայացնում այդ ժամանակ հազիվ բարեկարգ դրության հասած այդ ուսումնարանը, որին նորեն սպառնում էր ավերումը: Աշակերտները լալիս ու փարում էին վարժապետներին, աղաչելով նրանց չթողնել իրենց վարձկան մշակների հույսով, չհանձնել դպրոցը դառնազգեստ գայլերին… Բայց ինչ կարող էին անել վարժապետները. նրանց վերևից հրամայում են էին հեռանալ, ուրեմն պիտի հեռանային և իրենց նոր վարած ու ցանած բուրաստանը թողնեին ճանապարհի շահամոլ անցորդներին:

Այսուամենայնիվ, տեսուչը, բարեկամների խորհրդով, դիմեց մի վերջին միջոցի: Հանձնելով դպրոցը յուր հավատարիմներին: Նա առավ յուր հետ Գարեգնին և պատվավոր հոգաբարձությունից մինին ու գնաց Էջմիածին՝ իրերի դրությանը Մատթեոս կաթողիկոսին ծանոթացնելու համար: Բայց նրա առաքելությունն ապարդյուն անցավ, ուստի և հուսահատ ու վշտահար վերադարձավ նա Թիֆլիս՝ յուր Հայրենիքը:

Մինչդեռ Գարեգինը նորեն եկավ մեր քաղաքը յուր սիրելի դպրոցն ու «բուրաստանը» (ինչպես սիրում էր նա անվանել դպրոցը), վերջին անգամ տեսնելու և յուր ձեռնասուն աշակերտներին վեջին հրաժեշտի ողջույնը տալու:

Մեծ եղավ իմ ուրախությունը, երբ նրա վերադարձն իմացա: Կարծում է թե՝ նա եկել է նորից մեր քաղաքում մնալու և յուր սիրած դպրոցում պաշտոնավարելու. ուստի գոհ էի, որ այժմ, նեթ հեռվից, երբեմն-երբեմն նրան տեսնելու բախտը պիտի ունենամ:

Մի առավոտ միայնակ զբոսնում էի մեր պարտեզում և, իհարկե, դարձյալ Գարեգնի վրա մտածում: Սպասուհիս մոտենալով հայտնեց, որ մի կին կամենում է ինձ տեսնել: Հրամայեցի կանչել նրան: Սա օրիորդական դպրոցի աղախինն էր, որ մոտենալով՝ մի նամակ հանձնեց ինձ: Դեռ չհարցրած թե ումնից է նամակը, նա անհետացավ: Բանալով ծրարը, զարմացա, տեսնելով որ գրողը Գարեգինն էր: Սիրտս թունդ ելավ ու սկսավ սաստիկ տրոփել: Ինչ է գրում նա ինձ, ինչ կարող է գրել... մտածեցի ես վայրկենապես և ապա շտապով սկսա կարդալ նամակը, որ մոտավորապես, հետևյալ բովանդակությունն ուներ:

«Ազնիվ օրիորդ.

«Բարի մարդկանց մեքենայությունների շնորհիվ ստիպված եմ հեռանալ ձեր հայրենի քաղաքից, որի հետ սիրտս կապված է ամենաքաղցր հիշատակներով: Սակայն, այստեղից հեռանալուց առաջ, փափագելով փափագում եմ տեսնել և իմ հրաժեշտի ողջույնը տալ ձեզ: Բայց որովհետև ձեր տուն մտնելն անհնար է ինձ այն ակամա վիրավորանքի պատճառով, որ ես ստիպված հասցրի ձեր ծնողներին, ուստի խնդրում եմ, եթե ձեզ նույնպես ցանկալի է գեթ վերջին անգամ տեսնվել ինձ հետ, բարեհաճեք այսօր նեթ մի քանի վայրկյանով մտնել օրիորդական դպրոցն, ուր գտնվում եմ այժմ և ուր կսպասեմ ձեզ մինչև ժամը տասներկուսը»: Ստորագրված էր՝ «Ձեզ նմանավիշտ Գարեգին»:

Ի՞նչ եղա այդ րոպեին, չեմ կարող ասել: Մի քանի տեսակ զգացմունքներ միասին թունդ ելան իմ սրտում՝ և՛ ուրախություն, և՛ վարանք, և՛ երկյուղ, և՛ տխրություն... բոլորը միմյանց հակասելով, մինը մյուսին ետ կամ առաջ մղելով... Ուրախանում և հրճվում էի մտածելով, որ ուրեմն, խաբված չեմ, որ Գարեգինն ևս սիրում է ինձ, կամենում է տեսնել, յուր հրաժեշտի ողջույնը տալ ինձ: Այդ պատճառով ուզում էի իսկույն նեթ թռչել նրա մոտ, մի անգամ էլ տեսնել, մի անգամ էլ լսել նրան... Բայց վարանում էի իմ որոշման մեջ՝ մտածելով թե արդյո՞ք դա պատշաճից դեմ, կամ նույնիսկ վիրավորական չի լինիլ իմ ծնողների պատվի համար: Բայց եթե չտեսնեի նրան, եթե նա հավիտյան հեռանար ինձանից՝ առանց յուր վերջին խոսքն ինձ ասելու... Օ, ի՛նչ կանեի ես այն ժամանակ. կարո՞ղ էի ներել ինձ այդ հանցանքը: Եվ երբ հանկարծ մտածում էի թե՝ նա արդեն հեռանում է, թե նրա նամակը մի ճշմարիտ, բայց և չարագուշակ լուր է բերել ինձ, թե ես, ուրեմն, ընդմիշտ զրկվում եմ նրանից... գլուխս ուղղակի այրվում, սիրտս փոթորկում էր և կամենում կարծես դուրս թռչել յուր տեղից:

Բայց և այնպես պետք էր օգուտ քաղել դեպքից: Վերջին անգամ իմ սիրելուն տեսնելու համար՝ ինձ մնում էր միայն մի երկու ժամ: Ուստի շտապով վերադարձա սենյակս, հագնվեցա և սպասուհիս հետս առնելով դիմեցի դեպի օրիորդական դպրոցը:

Այստեղ պատահեցի Գարեգնին այն սենյակում, ուր նա հաճախ առանձնանում էր դասից ազատ միջոցներին: Նա զբաղված էր մի ինչ որ գրությամբ: Տեսնելով ինձ, իսկույն բարձրացավ տեղից և յուր մշտածիծաղ ժպիտով ողջունելով ինձ, խնդրեց նստել:

— «Ուրախ եմ, որ եկաք, — սկսավ նա խոսել՝ իմ հանդեպ նստելով: — Մի քանի օրից, սիրելի օրիորդ, ես հեռանում եմ այստեղից և, հավանական է, որ այլևս չվերադառնամ: Մեր սիրած դպրոցները ես թողնում եմ գրեթե անտեր, որովհետև նրանք, որոնք ստիպեցին մեզ բաժանվել դրանցից և որոնք մեր գործի շարունակողը պիտի լինին, ոչ այլ ինչ են, եթե ոչ անսիրտ վարձկաններ: Վշտահար սրտով հեռացավ մեր ազնվոգի տեսուչը, նույնպիսի սրտով էլ հեռանում եմ ես, որովհետև մեր հույսերն օդը ցնդեցան, իսկ ծրագրերը խեղդվեցան երկունքում... Ի՛նչ արած, երևի այս երկրի դժբախտ մանուկներին այսքանն էր վիճակված:

«Սակայն այդ վշտերի հետ միասին ծանրանում էր իմ սրտի վրա և մի ուրիշ մեծ վիշտ, որն ամենից ավելի պիտի տանջեր ինձ, եթե ես չմտածեի թեթևացնել այն որևէ միջոցով:

«Այդ վիշտը, օրիորդ, ձեր առ իս ունեցած չարաբախտ սիրո պատճառած վիշտն է:

«Դրա պատմությունը հայտնի է ձեզ այնպես, ինչպես և ինձ. այն նորոգելու, իհարկե, կարիք չկա: Բայց ես ցանկանում եմ մի քանի խոսք ասել նկատմամբ մի հանգամանքի, որին անծանոթ եք դուք և որը վերաբերում է ձեր հարգելի հոր ինձ արած առաջարկության: Այդ առաջարկությունը, սիրելի օրիորդ, որքան էլ զերազանց և ինձ պատվաբեր, այսուամենայնիվ, մեծ վիշտ պատճառեց սրտիս նրա համար, որ այդ եղավ ձեր ներկայությամբ և որ ես ձեր ներկայությամբ էլ ստիպվեցա մերժել այն շատերին ցանկալի՝ մեծագին պատիվը:

«Քանի որ դուք գիտեք այն ամենը, ինչ իմ մերժման է վերաբերում, ես կամենում եմ, գնալուց առաջ, իմացնել ձեզ նաև այն, ինչ որ դեռ չգիտեք, որպեսզի դրանով հանգստություն տամ մի փոքր իմ չարատանջ սրտին:

«Իմ մերժումը լսելով դուք անշուշտ համոզվեցաք թե՝ շնորհներից քաղցրագույնը այսքան կոպտությամբ մերժող մարդու մեջ ոչ սիրտ կարող է լինել և ոչ զգացմունք որ գուցե անիծեցիք այն սուրբ, բոցավառ սերը, որ տածել եք ինձ համար»:

— Երբե՛ք, երբե՛ք, — ընդհատեցի ես ջերմությամբ, — այդպիսի աննպաստ կարծիք ձեր նկատմամբ չեմ ունեցել ես, մինչև անգամ, հաստատ հավատում էի...

— Վերջացրեք, օրիորդ, դուք ուրեմն հաստատ հավատում էիք թե ես նույնպես սիրում եմ ձեզ:

— Այո:

— Շնորհակալ եմ, անչափ շնորհակալ, դուք ինձ մխիթարեցիք, այժմ ես հանգիստ եմ, — ասաց Գարեգինը մի առանձին խնդությամբ և ապա շարունակեց, — այժմ լսեցեք: Ես վաղուց արդեն անտարբեր չէի դեպի ձեզ: Ես չկարողացա փակել իմ աչքերը ձեր գրավիչ գեղեցկությունն ու կախարդող հայացքը չտեսնելու համար, բթացնել իմացականությունս՝ ձեր ներքին արժանիքն ու փայլուն բարեմասնությունները չճանաչելու համար կամ խեղդել զգացմունքս ձեզ չսիրելու և չպաշտելու համար: Գիտեք, մինչև ձեր ինձ սեր խոստովանելու օրն իմ հոգին բյուր անգամ խոստովանել է ձեզ այն լռիկ և անձայն...

«Սակայն մեզ, ուսուցանող երիտասարդներիս վրա սրբազան պարտք կա՝ ջերմեռանդությամբ պատկառ մնալ ուսանող աշակերտուհու առաքինության: Ինձ համար, իբրև ուսուցչի, անհնար և, նույնիսկ, ամոթ էր ամենաթույլ ակնարկով իսկ ձեր զգացմունքը քաջալերել: Թեպետ սերը նույն ինքն առաքինությունն է, սակայն ժամանակն ու հանգամանքները հազիվ են նրան յուր սկզբնական կամ որ նույնն է՝ առաքինական սահմաններում պահում: Այդ իսկ պատճառով ես պարտավոր էի ամեն ջանք գործ դնել, իմ սրտի հնոցը սառույցի կեղևով պատելու: Եվ եթե ես մինչև անգամ այդ չանեի իբրև ուսուցիչ, գոնե, իբրև կուսակրոնության ուխտյալ՝ պարտավոր էի անել: Որովհետև, եթե իրավ ես պատրաստվում էի նվիրել ինձ մի սուրբ կոչման, ուրեմն և պիտի սովորեի արժանապես ծառայել այդ կոչմանը, պիտի վարժեցնեի ինձ զրկանքների, անձնվիրության: Գտնվելով այսպիսի պայմաններում, հարկավ, ինձ մնում էր տակավ առ տակավ մարել բնության ձեռքով իմ մեջ վառած կրակը, մարել այն մինչև վերջին առկայծումը... Սակայն, ավա՜ղ, հազիվ կարողացել էի թուլացնել իմ մեջ վառվող այդ հրդեհը, երբ ձեր սիրավառ խոստովանությունը բորբոքեց այն կրկին: Այո՛, այն համբույրը, որ դուք դրոշմեցիք իմ ձեռքին, թափանցեց սիրտս, ինչպես մի կայծակ, որ ամպերի միջից անտառին զարնելով՝ այրում, փաղաղում է հանդիպող ծառերը և նրանցով մայրիի մեջ անշիջանելի հրդեհ բորբոքում: Կարող եք երևակայել թե ինչ քաշեցի ես այն երկու օրը, երբ դիտմամբ հեռու մնացի ձեզանից: Որքա՜ն ուժ գործ դրի ես, մինչև որ երրորդ օրը կարողացա սառնասրտությամբ ոտք դնել ձեր տանը և քաջություն ունենալ ողջունելու ձեզ սովորական ժպիտով:

Այնուհետև, ես արագ-արագ ավարտեցի ուսմանդ գործը, միայն ձեր և իմ անձից փախչելու համար... «Երկրորդ և առավել զորեղ հարվածը ձեր հոր առաջարկությունն էր, որ կարող էր տապալել իմ հաստատակամությունը և դրժել տալ ինձ իմ ուխտին ու երդմանը, մանավանդ որ այդ ժամանակ դուք նստած էիք իմ հանդեպ զինվորված ձեր բոլոր հրապույրներով, բայց ես օգնության կանչեցի ինձ՝ հայրենիքի բարձրագույն սերը և նրա զորությամբ հաղթահարեցի սպառնացող վտանգը:

«Երբ վերջին անգամ, իբրև ուսուցիչ, ես հեռանում էի ձեզանից, դուք, քաջ գիտենալով, որ ես փախուստ եմ տալիս ձեր սիրուց, ծանր դիտողություն արիք ինձ, ասելով, որ ես անարգում եմ ձեր սրտում վառված սիրո սուրբ կրակը, մինչդեռ պաշտպան պիտի լինեի նրան: Դուք, անշուշտ, հիշում եք, որ ես պատասխանեցի թե սրբությունը չի անարգվիլ յուր երկրպագուից: Դրանով կամենում էի ասել թե՝ ես ձեր սրբազգաց սիրո ջերմեռանդ երկրպագուն եմ: Եվ ինձ մշտական վիշտ պիտի պատճառեր այն մտածմունքը թե՝ ես հեռացա ձեզանից առանց իմ զգացմունքներին ձեզ ծանոթացնելու:

«Այժմ դուք արդեն բոլորը գիտեք և ես հանգիստ եմ:

«Մնում է միայն մի հարց. — Արդյոք ներո՞ւմ եք դուք ինձ այս զոհաբերությունը: Որովհետև այս դեպքում ես իրավունք ունիմ միայն իմ սերը խեղդելու, բայց ոչ նաև ձերը»:

— Խոնարհում եմ այդ զոհաբերության առաջ, — պատասխանեցի ես, — որովհետև նա սուրբ է, որովհետև նա ավելի բարձրագույն սիրո համար է: Որքան էլ ծանր լինի իմ զրկանքը այսուամենայնիվ, ես նրա մեջ ունիմ այն մխիթարությունը թե դուք հեռանում եք ինձանից ոչ թե մի ուրիշ կնոջ, այլ հայրենիքին ձեր սիրտը նվիրելու:

— Շնորհակալ եմ. այդպես էլ հավատում էի իմ ներշնչած ոգուն, գիտեի, որ նա կարդարացնե իմ հույսը», — ասաց Գարեգինը կարծես հրճվելով և սեղմեց ձեռս ի նշան շնորհակալության: Ապա կրկին դառնալով ինձ, ավելացրեց. — Իսկ այժմ, օրիորդ, դուք ազատ եք. աշխատեցեք սիրել ձեր առաքինության արժանի մի երիտասարդ, ամուսնացեք նրա հետ և երջանիկ եղեք: Ընտանեկան քաղցրությունը, որ ինձ վիճակված չէր ճաշակել, անշուշտ մի գերագույն բարիք է, որ այնքան շատ երգվել է բանաստեղծներից...

— Ձեզանից հետո սիրել մի ուրիշին... մի՞թե դուք ինձ ընդունակ եք համարում այդ բանին, — հարցրի ես հուզվելով:

— Ժամանակը մոռացնել կտա ամեն ինչ, — հարեց նա, — և այդ անհրաժեշտ է: Մի լավ մայր լինել, կնշանակի ամեն բան լինել:

— Երբեք, երբեք. իմ կյանքում միայն ես ձեզ սիրեցի և այդ սերն էլ ինձ հետ գերեզման կտանեմ, — ասացի ես ջերմությամբ:

— Դուք այդ չեք անիլ և չեք կարող անել:

— Երդվում եմ իմ այս անդրանիկ սիրով, երդվում եմ և չեմ դրժիլ երդմանս:

— Ինչ պիտի անեք ուրեմն:

— Այն, ինչ որ դուք:

— Մի երիտասարդ կարող է վարդապետ լինել, իսկ մի աղջի՞կ...

— Միանձնուհի:

— Թողե՛ք, ի սեր աստուծու, այդ ցնորքը: Ինչ պիտի անեք կուսանոցի բորբոսնած պատերի մեջ: Ինչու այդ պայծառ կյանքը խավարեցնել, մտածելու ընդունակ ուղեղը բթացնել, գործելու կարող աշխույժը մարել, սիրելու ընդունակ սիրտը սպանել... ինչո՞ւ, վերջապես, կենդանի թաղվել գերեզմանում այն ժամանակ, երբ ուրիշներն ապրում ու վայելում են աստուծո լույսն ու արևը, զգալ, որ կարող ես նույնն անել և դու, բայց սիրտդ սեղմելով զրկվիր այդ հաճույքից:

— Բայց ես չեմ դրժիլ երդմանս, չեմ սիրիլ ոչ ոքին, ցույց տվեք ինձ, ուրմեն, այս աշխարհից փախչելու մի ուրիշ ճանապարհ, ապա թե ոչ, ձեր հեռանալուց հետո ես կսպանեմ ինձ, — ասացի հաստատ ձայնով:

Գարեգինը նայեց ինձ մի վայրկյան սառը և խորախորհուրդ և ապա քաղցրությամբ նկատեց.

— Անձնասպանության մասին մտածելը փոքրոգություն է. աշխատեցեք չլինել փոքրոգի: Ով որ չէ ուզում ապրել և դեպի մարդիկ ունեցած յուր պարտքը կատարել, նա մի դասալիք է, որ թշնամու զորությունից վախենալով՝ թողնում է ընկերներին կռվի դաշտում և ինքը փախչում: Այդպիսի ճանապարհով ձեռք բերած փրկությունը՝ մահերից անարգն է. այդպիսի փրկության մի ձգտիք երբեք:

— Ի՛նչ անեմ ուրեմն...ցույց տվեք ինձ ազատության մի ուրիշ ճանապարհ, այս աշխարհում, այս մթնոլորտում ես այլևս չեմ ապրիլ, զի ձեզանից հետո նա ինձ համար պիտի դառնա կատարյալ դժոխք...

Գարեգինը մի քանի րոպե մնաց լուռ և աչքերը գետնին հառած՝ մտածում էր: Ապա դառնալով ինձ, հարցրեց.

— Ունի՞ք բավական ուժ ձեր ուխտին հաստատ մնալու:

— Կարող եմ պարծենալ, — պատասխանեցի ես:

— Ուրմեն, համաձայն եմ, ուխտեցեք «միանձնուհի» լինել:

— Ինչպես, — վարանելով հարցրի ես, — չէ որ դուք այդ կոչումը դատապարտեցիք:

— Այո, բայց այն ժամանակ իմ խոսքը անգործության մեջ իրեն սպանող միանձնուհու մասին էր: Հեռացեք աշխարհից, բայց մի' մտնեք կուսանոց: Գնացեք հեռու, հեռու, դեպի կորած հայ գյուղերը, դեպի այն ժողովուրդը, որին մոռացել են մեր գործողները, որի մեջ օրըստօրե նվազում, հանգչում է կենդանության ուժը: Գնացեք այնտեղ, ուր տգիտությունը բռնացած քանդում, ավերում է, ինչ որ պատմական ժամանակներից մնացել է գեղեցիկ և հարգելի: Մտեք այդ ժողովրդի մեջ, նվիրեցեք ձեզ նրա բարօրության և նրա մանկանց կրթության գործին: Սովորեցրեք նրանց ճանաչել յուր անցյալը, բարվոքել ներկան և գործել ապագայի համար: Ուսուցեք նրան հարգել իրեն, սիրել ընկերին և պաշտպանել նրան, երբ հարկը պահանջե: Եվ ահա այդ ժամանակ ձեր ուխտը սուրբ և նվիրումը պաշտելի կլինի:

Ես ուրախությունից վեր թռա տեղից, բռնեցի Գարեգնի ձեռքը և ջերմությամբ սեղմելով այն, բացականչեցի:

— Շնորհակալ եմ, իմ ազնիվ, իմ միակ սիրելի Գարեգին, շնորհակալ եմ այդ գեղեցիկ խորհրդի համար, որով սովորեցնում եք ինձ առավել բարձրագույն սիրո հետ փոխանակել ձեզ համար զգացածս անվախճան սերը: Ես հիացած եմ և պատրաստ այս րոպեին իսկ թռչելու դեպի այդ կորած անկյունները: Ուխտում եմ ձեր առաջ և երդվում եմ ձեր սիրով, որ ես «միանձնուհու» կոչումը կառնեմ վրաս և կնվիրեմ ինձ այդ սրբազան գործին: Այժմ ես ձեր քույրն եմ, համբուրեցեք ինձ ջերմ, եղբայրական սիրով, և այդ համբույրը թող օրհնե իմ ճանապարհը:

Գարեգինը ոտքի ելավ, քնքշությամբ գրկեց ինձ և հուշիկ յուր կրծքին սեղմելով դրոշմեց իմ ճակատին մի ջերմ և անուշ համբույր, գլորելով երեսիս արտասուքի կաթիլներ:

— Գնա, սիրեցյալ քույրիկ, ես օրհնում եմ քեզ. օրհնում եմ քո ճանապարհը, գնա՛, թող աստված լինի քեզ հետ... — ասաց նա գրեթե արտասուքից խեղդվող ձայնով:

Ես հեկեկացի և նրա գիրկն ընկա, մի քանի րոպե մենք այս դրության մեջ արտասվեցինք, ապա ջերմագին համբուրվելով՝ բաժանվեցինք միմյանցից հավիտյան...

Վերջին խոսքերը արտասանելիս քույր Աննայի շրթունքները ջղաձգաբար դողացին, նա հառաչեց, և գեղանի աչքերում արցունքներ փայլեցին... Քսան երկար տարիները դեռ չէին մարել, ուրեմն, սիրո սրբազան կրակը, նա դեռ մխում, առկայծում էր...

Բայց ես, որպեսզի քույր-Աննայի թախիծը փարատվեր, խնդրեցի նրան յուր զրույցը շարունակել:

— Գարեգնի հեռանալուց հետո, — խոսել սկսավ նա, — ես, գրեթե, շարունակ զբաղված էի այն մտածությամբ թե ինչպես պիտի իրագործեմ այն նշանավոր միտքը, որ նա ներշնչեց ինձ՝ «լինել գործող միանձնուհի»: Այդ բանի վրա մտածելն իսկ մոռացնել էր տալիս ինձ Գարեգնից հեռու և բաժանված լինելս, մանավանդ, երբ հիշում էի թե՝ այդ նրա ստեղծած միտքն է, նրա սիրած ու գուրգուրած գաղափարը մոռանալ ամեն ինչ և նվիրվել հասարակաց բարվույն: Հետևապես, եթե ես կարողանայի իրագործել այդ միտքը այն ճանապարհով, որը նա գծեց ինձ համար, ես ամենաբախտավոր կինը կլինեի աշխարհում:

Ծնողներս, իհարկե, զարմանում էին՝ տեսնելով, որ Գարեգնի

հեռանալուց հետո, հակառակ իրենց սպասածին, ես ոչ միայն տխուր չէի, այլ և առաջվա նման իրենց հետ ուրախ խոսում, ծիծաղում և ժամանակ էի անցկացնում:

— Այդպես կլինի, անփորձ, աղջիկ է, — ասում էր մի անգամ հայրս, մորս հետ առանձին խոսելիս, — երիտասարդը, որ հեռացել է, ինքն էլ հետզհետե կսառչի և կմոռանա նրան:

Եվ ուրախանալով, որ գործն այսքան դյուրությամբ և առանց ծանր հետևանքների վերջացավ, նոր խորհուրդներ ու ծրագրեր էին կազմում ինձ համար նոր փեսացու ընտրելու:

Բայց նրանց ուրախությունը երկար չտևեց, որովհետև շուտով երևան եկավ մեր քաղաքի հարուստ և, իմ ծնողների կարծիքով, շատ հարմար մի երիտասարդի ինձ փեսայանալու առաջարկությունը, որի մասին նրանք խոսեցին ինձ հետ:

— Իմ ձեռքը մեկին կամ մյուսին տալու համար այդ առաջին ու վերջին առաջարկությունը լինի, որ անում եք, — ասացի ես նրանց հաստատ ու վճռական ձայնով: — Գարեգնից բաժանվելուց հետո մի՝ կարծեք, թե իմ ձեռքը կհամաձայնվիմ տալ մի ուրիշին, թեկուզ այդ ուրիշը իջած լինի երկնքից, երբեք: Ես ուխտել ու երդվել եմ՝ բնավ չամուսնանալ և այս ուխտից չեն կարող դարձնել ինձ ոչ ձեր խնդիրները, ոչ աղաչանքները և ոչ սպառնալիքները: Այս իմ առաջին ու վերջին խոսքն է:

Ծնողներս, իհարկե, շատ վշտացան իմ այս պատասխանի վրա, երկար խոսեցին, խնդրեցին, թախանձեցին, բայց անօգուտ: Ես դարձել էի նրանց համար անգծելի մի քարաժայռ: Նույնիսկ իմ մոր արտասուքները, որ նա հաճախ թափում էր իմ առաջ, չկարողացան իմ սիրտը մեղմել: Ես հափշտակված, ոգևորված էի այն մեծ ու վեհ մտքով, որ հղացրել էր իմ գլխում իմ պաշտելի ուսուցիչը: Իմ հոգին հպարտանում և սիրտս լցվում էր մի անսպառ ուրախությամբ, երբ մտածում էի թե՝ կարող եմ մի օր այդ միտքն իրագործել, այն է՝ լինել «միանձնուհի» և այն՝ յուր տեսակում առաջինը:

Մի տարուց հետո հայրս մի փոքրիկ ճանապարհորդությունից վերադառնալով՝ հիվանդացավ սուր ջերմախտով: Չնայելով, որ ամեն միջոց գործ դրինք նրան առողջացնելու, բայց անօգուտ: Նա մեռավ, թողնելով մորս ու ինձ անմխիթար դրության մեջ:

Երբ այս ծանր վշտի առաջին ամիսներն անցան, մեր մոտիկ ազգականները խորհուրդ տվին մեզ մեր վիշտը մեղմելու և հանապազօրյա մտատանջությունները ցրելու համար, դուրս գալ քաղաքից և ամառն անցկացնել գյուղերը շրջելով:

Իմ ուխտն, իհարկե, ես չէի մոռացել, ուստի և այս ճանապարհորդությունը շատ հարմար էի տեսնում իմ նպատակների իրագործման համար: Այս պատճառով ես էլ իմ կողմից համոզեցի մորս՝ ընդունել ազգականների տված խորհուրդը:

Մայրս չընդդիմացավ, և մենք մեր երկու ազգականների ընկերակցությամբ ճանապարհորդեցինք 1866-ի ամբողջ ամառը: Այդ առիթով մենք գրեթե այս բոլոր նահանգը պտտեցինք, շատ գյուղեր անցանք, վանքեր, ուխտատեղիներ այցելեցինք և բերդեր ու ավերակներ տեսանք: Ինչ գյուղ կամ ավան որ մտնում էինք, ես խնդրում էի մորս մնալ այդտեղ մի քանի օր և այդ բոլոր ժամանակ ուշի-ուշով դիտում էի գյուղի դիրքն ու շրջակաները, տեղեկություններ էի հավաքում բնակիչների նիստ ու կացի, սովորության, բնավորության և, մանավանդ, նրանց մտավոր ու բարոյական կարոտության մասին, իմանալու համար թե որ գյուղը կամ ավանը ավելի հարմարություն ունի իմ ապագա գործունեության կենտրոնատեղին լինելու:

Հասնելով այս գյուղը, մենք շատ հավանեցինք սրա թե դիրքին, թե՛ օդին, թե ջրին և թե բնության գեղեցիկ տեսարաններին, որոնց նմանը, արդարև, ուրիշ տեղ չէինք տեսած: Մյուս կողմից էլ՝ քաղաքից շատ հեռու լինելու պատճառով, այս ամենից ավելի մոռացված, աչքաթող եղած և մտավոր ու բարոյական օգնականությունից զուրկ էր: Նույն դրության մեջ էին և այն յոթ-ութ հայաբնակ ավանները, որոնք գտնվում են սրա շրջականերում և որոնց նույնպես մենք այցելեցինք:

Այստեղ մնացինք մի ամբողջ շաբաթ: Արդեն երկրորդ, թե երրորդ օրվանից որոշել էի, որ այս գյուղն է իմ ընտրածը: Այդ պատճառով էլ հետամուտ եղա, որքան կարելի էր, մանրամասն տեղեկություններ հավաքելու թե՛ սրա և թե՛ շրջակա գյուղերի մասին: Այդ ժամանակ տեր-Հովսեփը մի երկու տարվա ձեռնադրած քահանա էր, բայց նրան այստեղ տեսնել չկարողացա, որովհետև մեր տեղս եկած օրերը նա գնացել էր քաղաք: Ստիպված էի իմ տեղեկությունները հավաքել գյուղացիներից և, գլխավորապես, մեր հյուրընկալից:

Մի առավոտ, երբ այս սիզավետ սարահարթի վրա զբոսնում էինք, մայրս սքանչանալով և կարծես մարգարեանալով բացականչեց. — «Երանի նրան, ով այստեղ ապրում, այստեղ մեռնում և այս գեղեցիկ տեսարանների մեջ թաղվում է...»:

Օգուտ քաղելով դեպքից, ես իսկույն հարեցի.

— Մայրի՛կ, արի հեռանանք քաղաքից և գանք այստեղ հաստատենք մեր բնակությունը: Իրավ, էլ ի՞նչ ունենք մենք այն խառնիճաղանջ մարդկանց բազմության մեջ: Հեռանանք բոլորից, ապրենք այս գեղեցիկ լեռներում, այս պարզ ու բարի գյուղացիների մեջ:

— Է՛հ, որդի, միթե կարելի է, — պատասխանեց մայրս հառաչելով. — այնտեղ տուն ունինք, տեղ ունինք և վերջապես ինչպես կարող ենք քո հոր գերեզմանը թողնել, — այս խոսքի վրա սկսավ արտասվել:

Ես մխիթարեցի նրան և այնուհետև այլևս այդ հարցին չվերադարձա: Բայց իմ մտքում արդեն որոշել էի հաստատապես, թե այս գյուղը պիտի լինի իմ ապագա գործունեության միջավայրը:

Երբ մեր ճանապարհորդության շրջանը լրացավ, վերադարձանք քաղաք, արդարև հոգվով ու մարմնով բավական կազդուրված:

Այնուհետև, ես շարունակ զբաղված էի իմ ծրագրով և մտքումս դրել էի, որ մի որոշ ժամանակ անցնելուց հետո, երբ մորս սիրտը բավական կամրանար, առնեի նրան և վերադառնայի ընտրածս գյուղը:

Սակայն ճակատագիրը ուրիշ կերպ տնօրինեց իմ վիճակը: Քաղաք վերադառնալուց հետո՝ հազիվ անցան մի քանի ամիսներ և ահա կրկին ամուսնական առաջարկությունները նորոգվեցան: Մայրս տարօրինակ թախանձանքով սկսավ ստիպել ինձ՝ ընդունել այդ առաջարկություններից մինը, որն էլ ես կցանկանայի, որովհետև ինքը բոլորն էլ հարմար և արժանավոր էր տեսնում:

— Հայրդ չկա, ուրիշ մեկը չունինք, որ մեր փակ դուռը բանա, թող գոնե փեսա ունենալու ուրախությունը, մեռնելուցս առաջ, մի քանի օր վայելեմ, — ասում էր նա և խնդրում, աղերսում ու արտասուքն աղբյուրի պես աչքերից հոսում:

Ես լսում ու տեսնում էի այդ բոլորը, սիրտս ճմլվում էր, որովհետև մորս սիրում էի, ուստի և ցանկանում նրա կամքը կատարել: Բայց իմ ուխտին ու երդմանը նույնպես չէի կարող դրժել: Մնում էր ինձ բացեիբաց մորս խնդիրը մերժել, որովհետև այդ ավելի հեշտ էր, քան ուխտից դառնալը: Ավելի ծանր ազդեցություն արին մորս վրա իմ նպատակի մասին արածս հայտնությունները:

— Վայ ինձ, ուրեմն դու միանձնուհի պիտի լինիս, — ասում էր նա լալով. — միթե նրա համար պահեցի, պաշտեցի քեզ, նրա համար այդ հասակին հասցրի, որ դու սնազլուխների վանքը մտնես... — Խեղճ կինը չէր հասկանում իմ իսկական նպատակը, թեպետև ես բացատրում ու աշխատում էի հասկացնել: Նա տեսել էր վանքի մեջ փակված միանձնուհիներ, լսել էր շատ բան նրանց կրած հոգեկան զրկանքների մասին, զրկանքներ, որ նրանք չեն կամենում քաղցրացնել մի ուրիշ, հոգեկան բարձր զվարճությամբ, այդ պատճառով էլ շարունակ իմ սև օրն ու սև բախտն էր լալիս:

Ամուսնու կորուստի վրա մայրս արդեն անմխիթար էր. իմ այս անդարձ վճիռն էլ վերջին հարվածը տվավ: Նա օրըստօրե սկսավ մաշվել, տխուր մտածմունքներն ուժաթափ արին նրան, և մի քանի ամիս շարունակ նա ծառայեց անկողնին: Ես պարզ տեսնում էի, թե ինչպես մայրս հետզհետե նվաղում, մոտենում է գերեզմանին, սիրտս կսկծում էր, ցավում, վշտանում էի, գիտեի, որ եթե յուր կամքը կատարեմ, գուցե նրան մեռելությունից դեպի կյանք վերակոչեմ: Բայց երբ հիշում էի և Գարեգնի առաջ արած իմ հանդիսավոր ուխտն ու երդումը, երբ մտածում էի թե մահվան ճիրաններից մի մայր ազատելով մեծ գործ արած չեմ լինիլ, մինչդեռ իմ ուխտին հավատարիմ մնալով, գուցե շատերին կարողանամ կոչել դեպի բարոյական կենդանություն, կրկին արիություն էր գալիս վրաս և վշտերս փոխվում էին ուրախության: — «Սրանք իմ դառնալիք խաչի թեթև ծանրություններն են, — մտածում էի ես, — թող պատրաստվիմ այսուհետև ավելի ծանրագույնին հանդիպելու:

1867 թվի մայիս ամսում մայրս վախճանվեց: Ծանր, շատ ծանր կորուստ էր սա ինձ համար: Աշխարհում այլևս ես մնում էի միայնակ. երբ չամուսնացած աղջիկը չունի ծնողներ, եղբայր կամ քույր, նա գրեթե այլևս ոչ ոք ունի աշխարհում... Այդ միայնությունը ես ավելի զգացի, երբ մորս մահվան պատճառով մեր տուն հավաքված բարեկամները հետզհետե սկսան իրենց տները քաշվիլ: Մորս կողմից ես մոտիկ և, մանավանդ, սրտացավ ազգական չունեի: Ինձ մոտ մնաց հորաքույրս յուր մի աղջկա հետ, որոնք և խնամում էին ինձ քնքուշ հոգատարությամբ: Երբ իմ նորագույն վշտի առաջին շաբաթներն անցան, ես նորեն սկսա իմ ուխտի մասին մտածել: Եվ զարմանալի է թե՝ որքան մխիթարություն էր բերում ինձ լոկ այդ մտածմունքը: Մինչև անգամ սիրտս լցվում էր մի տեսակ գաղտնի ուրախությամբ, երբ երևակայում էի մեծությունն այն գործի, որ ես պիտի հիմնեի և որին ամբողջովին պիտի նվիրվեի:

Օգուտ քաղելով իմ կատարյալ ազատությունից, ես գրեթե ամբողջ տարին զբաղվեցա իմ ապագա գործունեության ծրագրերի կազմությամբ և ուսումնասիրությամբ: Եվ երբ մորս մահվան տարեդարձը կատարեցի, սկսա այնուհետև այդ ծրագրերի սկզբնական գործադրությունը:

Ինձ հավատարիմ ազգակցի օգնությամբ վաճառեցի իմ ծնողներից ինձ ժառանգություն մնացած տունը, կալվածները, տան սարք ու կարգը, նույնիսկ իմ ունեցած զարդերն ու հագուստները և այն ամենը, ինչ որ գյուղ տանել, կամ գյուղում գործադրել չէի կարող և բոլոր գումարված փողը ավանդ տվի իմ հիշյալ ազգականին, որ վերին աստիճանի ազնիվ ու վստահելի լինելուց զատ, չափազանց համակիր էր նաև իմ գաղափարներին:

Երբ ամեն բան պատրաստել էի գյուղը քաշվելու համար, հենց այդ ժամանակ իմացա, որ իմ սիրելի ուսուցիչն արդեն վարդապետական կոչում է ստացել Երուսաղեմում, ուր նա խույս էր տվել ճակատագրի հալածանքից ազատվելու համար: Այս լուրն անսահման ուրախություն պատճառեց ինձ: Ուրեմն մենք երկուսս նվիրվում էինք մեր ուխտին գրեթե միաժամանակ:

Գործերս կարգի բերելուց հետո ես միայն մի քանի շաբաթ մնացի բարեկամներիս հետ: Ապա պատրաստել տվի ինձ համար միանձնուհու սև սքեմ և այդ սքեմով էլ դուրս եկա քաղաքից:

Վերջին անգամ իմ ծնողաց գերեզմանին այցելելով և վերջին անգամ նրանց շիրիմները համբուրելով՝ ես ճանապարհվեցա դեպի այս գյուղը՝ ընկերակցությամբ մի գյուղացու, որ առաջին անգամ հանդիպելուց՝ ինձ ճանաչեց իբրև միանձնուհի, կամ ինչպես ինքն էր ասում «ապաշխարող»:

ՀԻՆԳԵՐՈՐԴ ՕՐ

Երբ այստեղ մտա, ինձ գրեթե ոչ քո չճանաչեց, չնայելով, որ երկու տարի առաջ այս գյուղումն էի եղած մորս հետ: Իմ առաջնորդի նման՝ գյուղացիներն ևս ընդունեցին ինձ իբրև իսկական միանձնուհու և սկզբից արդեն վերաբերվեցան ինձ հարգանքով:

Առաջին ծանոթս տեր-Հովսեփը եղավ, որի տանն էլ իջևանեցի: Բայց մինչև մի որոշ գործի ձեռք զարնելս, ոչ ոքի ոչինչ չհայտնեցի իմ դիտավորության մասին: Այժմյան եկեղեցուց ոչ հեռի՝ վարձեցի մի սենյակ և սկսա ապրել այնտեղ իբրև մի ճշմարիտ «ապաշխարող»: Իմ բնակարանի թեպետ գյուղի մեջ եղածներից լավագույնը, սակայն նա ոչ այլ ինչ էր եթե ոչ խոնավ, մութ, փոքրիկ պատուհաններով մի խցիկ: Դուրս գալ քաղաքի փառավոր տանից և ապրել գյուղի այդ տեսակ մի հյուղում, դա արդարև չափազանց զգալի էր ինձ համար: Ես դժվարությամբ էի շնչում այդտեղի խեղդված օդը և առավել ևս դժվարությամբ ընտելանում ինձ շրջապատող աղքատությանը: Երբեմն մինչև անգամ զղջման նման մի բան կարծես կամենում էր իմ կամքի հաստատությունը սասանել: Բայց երբ մտածում էի, որ այս ամենը դեռ «սկիզբն է երկանց», որ իմ ուխտին հավատարիմ մնալու համար դեռ պետք է ուրիշ շատ նեղությունների հանդիպեմ և որ վերջապես այս բոլորն այն մեծ ու սուրբ գործի համար է, որին նվիրվել է և իմ սիրելի ուսուցիչը և որն, անշուշտ, նստած է այդ րոպեին նույնպես մի խցում, այն ժամանակ նորեն արիություն էր գալիս վրաս, ես սկսում էի սիրել իմ մութ, աղքատիկ բնակարանը, իմ սև և տխուր սքեմը, իմ մենավոր, անպաճույճ կյանքը:

Ավելի շատ մխիթարվում էի, երբ, դուրս գալով իմ տնակից, մտնում էի գյուղական խղճուկ եկեղեցին աղոթելու և ապա պատահելով գյուղացիներին ու գեղջկուհիներին խոսակցում էի նրանց հետ իրենց ցավերի և կարոտությունների մասին: Նրանց պարզ և անկեղծիք բնավորությունը, մտերմական, բայց համեստ զրույցները, անմեղ և շատ անգամ նախապաշարմունքով լի դատողությունները ինձ և՛ հիացնում, և՛ զվարճացնում էին: Մի քանի ամիս շարունակ ես ուշադրությամբ դիտում և ուսումնասիրում էի գյուղացիների բնավորությունը, նիստ ու կացը, սովորությունները, ընտանեկան հարաբերությունները: Հետո կամաց-կամաց սկսա մտնել ընտանիքների մեջ և աշխատել կապել նրանց ինձ հետ՝ օգնելով յուրաքանչյուրին երբեմն խորհուրդներով, իսկ հաճախ գործով:

Ամենից առաջ ես ուշադրություն դարձրի գյուղի աղքատ և անօգնական ընտանիքների վրա և նրանցից յուրաքանչյուրի կարոտության չափն իմանալուց հետո, հորդորեցի հարուստ գյուղացիներին՝ օգնել նրանց ինչ բանով որ կարող էին: Եվ որովհետև գյուղացու համար օրինակն ամեն խոսքից զորավոր է, ուստի ամենից առաջ ես սկսա օգնել կարոտներին: Իմ սեփական միջոցներով գնեցի եզներ, կովեր, այծեր և գյուղացուն պիտանի ուրիշ պարագաներ և բաժանելով այդ՝ ամենից ավելի կարիք ունեցողներին, նույնը անել հորդորեցի և հարուստ գյուղացիներին, այն է՝ իրենց ավելորդից մի-մի բան հատկացնել չունևոր դրացուն:

Մեծ եղավ իմ ուրախությունը, երբ տեսա թե իմ օրինակն ու հորդորը ապարդյուն չանցան: Գյուղացիների մեջ զարթեց գեղեցիկ նախանձավորություն միմյանց օգնելու: Եվ այդ նորությունը ոչ միայն հետզհետե գյուղի միջից հալածեց աղքատությունը, այլև գյուղացիների մեջ հաստատեց սեր և բարեկամություն, սովորեցնելով ընկերին՝ սիրել ընկերոջն և օգնել նրան:

Իմ երկրորդ գործն եղավ մի կանոնավոր ուսումնարանի բացումը: Տեր-Հովսեփը, ճշմարիտ է, ուներ յուր տան մեջ փոքրիկ դպրոց, ուր նահապետական ձևով մի քանի տղաներ էր կարդացնում, բայց ես համոզեցի նրան ընդարձակել այդ գործը:

Քահանան, առհասարակ, հեղինակություն ունի գյուղում, նա ժողովրդյան հոգևոր առաջնորդը լինելով, միևնույն ժամանակ և նրա համոզմունքի կառավարը: Մի օգտավետ գործ առաջ տանելու համար պետք է աշխատել ամենից առաջ քահանայի հաճությունը վաստակել և, եթե կարելի է, նույնիսկ գործի սկսող և հեղինակ նրան հռչակել: Այդ բանը գգվում է քահանայի ինքնասիրությունը և նա փոխանակ գործին խափան դառնալու, ինքն է նրա հաջողության ճանապարհը հարթում: Մեր թերթերում շատ անգամ կարդում ենք գյուղական վարժապետի և քահանայի մեջ տեղի ունեցած ընդհարումների մասին լուրեր կամ հոդվածներ: Ո՞վ է լինում արդար և ով մեղավոր, այդ շատ անգամ չի պարզվում, բայց ինձ համար գոնե մի բան մնում է միշտ պարզ, այն է՝ որ գյուղերում ծառայող մեր երիտասարդները, որոնք, անշուշտ, սիրում են իրենց գործը, չեն կամենում նույնիսկ ի սեր այդ գործի իրենց փառասիրության մի փոքրիկ մասը զոհել: Նրանք կամենում են հեղինակություններ ճանաչվել գյուղում, նույնը ցանկանում է և՛ քահանան: Երկուսի շահերն ընդհարվում են միմյանց, և այդ ընդհարման ժամանակ գործը վնասվում է: Բայց այդպես չպետք է լինի: Մեր վարժապետները, քանի որ ստիպված են գործել գյուղերում ոչ ավելի լավ, քան ինչ որ ունենք քահանաների հետ, պարտավոր են ի սեր գործի հաջողության՝ զոհել իրենց ինքնասիրությունը, նույնիսկ, ազնիվ փառասիրությունը: Թող գործի հեղինակ համարվի քահանան, թող նա՛ վայելե հաջողության փառքը, նա՛ լինի դարձյալ գյուղի առաջին հարգելին, միայն թե գործը հառաջադիմե: Հակառակելով քահանային և աշխատելով գցել նրա վարկը ժողովրդի աչքում, դրանով ոչ միայն դպրոցական գործի հաջողությանն ենք վնասում, այլև գործում աններելի հանցանք, սառեցնելով գյուղացու կրոնական ջերմեռանդությունը, որն և պատճառ է դառնում նրա բարոյականի քայքայման, իսկ երբ տգետ գյուղացու մեջ մեռնում է բարոյականը, այնուհետև նա ոչ այլ ինչ է, եթե ոչ մարդակերպ մի հրեշ, որի խոսքերը զզվանք և գործերը սարսափ են բերում մարդու վրա:

Որպեսզի տեր-Հովսեփն իմ դիտավորության մեջ յուր սկսած գործի խափանումը չնկատեր, ես նրան հանձնեցի ուսումնարանն ընդարձակելու հոգսը: Հարկ չկա ասել, որ կարևոր խորհուրդներն ու հրահանգները ես էի տալիս, իսկ ժողովրդի առաջ միայն ինքն էր երևում:

Մեր ժամականավոր ուսումնարանը քահանայի ընդարձակ ներքնատան մեջ էր, ուր ձմեռը կրակ էր վառվում նույն նահապետական օջախում և ծուխը բարձրանում նույն վաղեմի երդիկով: Բայց նորությունն զգալի էր աշակերտների թվի մեջ, որ տասննինգից հասել էր յոթանասունի, տեսակի մեջ՝ ըստ որում տղերանց հետ միասին սովորում էին և աղջիկներ, նույնպես դասավանդության եղանակի և առարկաների մեջ, որոնց մեծ մասը ես էի ավանդում:

Առաջիկա գարնան, ահա, այս ուսումնարանի շինության հիմը դրինք, որն և գրեթե նույն տարվա մեջ ավարտվեց: Ճշմարիտ է, գլխավոր և կշիռ ունեցող ծախսը ես արի, բայց գյուղացիներին էլ հորդորեցի մասնակցել գործին իրանց նպաստներով: Եվ այդ՝ ոչ թե նրա համար, որ իմ նյութական ուժը չէր բավում ամբողջ շինությունն ավարտելու, այլ որպեսզի նրանք հասարակական գործի համար զոհաբերություն անելը սովորեին: Այդ առաքինությունը, մանավանդ, անծանոթ էր այն ժամանակ այս գյուղացիներին, գոնե այն չափով, որպիսին ես էի պահանջում: Բայց բարի օրինակը վարակիչ դարձավ: Զարմանալի եռանդով ու ոգևորությամբ ձեռք զարկեցին նրանք գործին, ինչպես այդ անում են, առհասարակ, եկեղեցու շինության համար և շուտով ավարտեցին այն:

Ուսումնարանի շինությունն ավարտելուց և ուսման գործը կանոնավոր ընթացքի մեջ դնելուց հետո, ես քահանայի հետ շրջեցի մոտակա գյուղերը և ամեն տեղից էլ աշակերտներ հավաքեցի, որպեսզի մեր դպրոցից միայն այս գյուղը չօգտվեր, այլ ուրիշներն ևս շահվեին: Այսպիսով, մեր գործը հետզհետե ընդարձակվելով եկավ հասավ նախանձելի դրության: Այնուհետև աշխատեցի ուրիշ գյուղերից բերած մի քանի ուշիմ աշակերտներից ուսուցիչներ պատրաստել և նույնիսկ իրենց գյուղերում փոքրիկ դպրոցներ հիմնելով նրանց կառավարության հանձնել, հարկավ իմ անմիջական հսկողության ներքո: Այդ գործն ևս, ահա քանի տարի է, շարունակվում է արդյունավոր կերպով:

Երբ դպրոցական գործը հաստատուն հողի վրա դրվեցավ, ես ուշադրություն դարձրի գյուղական եկեղեցու բարեզարդության վրա: Ոչ մի հաստատություն այնքան մոտիկ չէ գեղջուկի սրտին, որքան եկեղեցին, և ոչինչ այնքան չէ վառում, բորբոքում նրա սիրտն ու հոգին, մեղմում բարքի կոշտությունը, սանձում կրքերը և ընդունակ դարձնում նրան բարիք գործելու, որքան ախորժալուր երաժշտությունը, հանդիսավոր պատարագը և մշտամրմունջ աղոթքները: Նրանք, որոնք այս ժողովրդին վայրենի են համարում և անընդունակ՝ բարվո և գեղեցկի արժանիքը հասկանալու, չարաչար սխալվում են: Գյուղացին, ճիշտ է, լեզու չուներ յուր զգացածն արտահայտելու և ոչ էլ շնորհք՝ նույնիսկ հիացման և հափշտակության ժամանակ յուր դեմքին քնքուշ արտահայտություն տալու, բայց նա բարվո և գեղեցկի ստրուկն է. նրա ոգևորությունը անօգուտ չէ անցնում, նրա զգացածը հեշտությամբ չէ մոռացվում: Իմ առաջարկություններից շատերը ես արել եմ այդ գյուղացիներին՝ մի հանդիսավոր պատարագից, կամ ժամասացությունից հետո, նրանց զգացված և ոգևորված միջոցին: Եվ այդ առաջարկությունները, որքան էլ որոշ դժվարությունների հետ լծորդված, այսուամենայնիվ ուրախությամբ ընդունել և անտրտունջ կատարել է ժողովրդի գոնե մեծագույն մասը, համոզված լինելով թե՝ ինչ որ հասարակության համար է անում, այն և յուր անձի համար է: Այս իսկ պատճառով եկեղեցու պայծառությունը դպրոցական գործի հառաջադիմության հավասար օգտավետ ճանաչելով ես աշխատեցի, որքան ուժերս ներում էին, առաջ տանել նրան և հասցնել այն դրության, որին ծանոթ եք արդեն:

Հետո կարգը գալիս էր գյուղացիների թե ներքին ընտանեկան կյանքի և թե նրանց դաշտային աշխատության մեջ մի քանի նորություններ մտցնելուն:

Հեռվից դիտողը այնպես է կարծում թե՝ գյուղացին սովորած լինելով պարզ ու անպաճույճ կյանքի, շատ աննշան էլ կարիքներ ունի, թե նա միշտ գոհ է յուր վիճակից և թե, առհասարակ, նրան շատ քիչ բան է պակասում: Մի բան ճշմարիտ է. այն, որ գյուղացին տրտնջալու և ամեն անցորդի յուր ցավերը պատմելու սովորություն չունի: Նա գլխակոր և անմռունչ աշխատում է, ինչպես և յուր անասունը: Բայց նա ամբողջապես կազմված է կարիքներից.: Այո՛, պետք է ապրել նրա ընտանիքում, տեսնել և շոշափել նրա աղքատությունը, ներկա լինել դաշտում նրա կրած տանջանքներին և չափել այդ տանջանքների գնով ձեռք բերած արդյունքի չնչին արժեքը, որպեսզի կարող լինի մարդ գաղափար կազմել գյուղացու կարոտությունների մասին:

Իսկ այդ կարոտությունները միթե կարծում եք թե՝ միայն նյութական օգնությամբ են վերացվում: Ոչ, նյութականը, հարկավ, ավելի մեծ և ավելի արագ գործ է կատարում: Բայց որտեղից ձեռք բերել այնքան նյութական օգնություն, որով ամեն գյուղացի կարողանա ապահովվել: Եղածը, հարկավ, կլինի ժամանակավոր նպաստ, վերջինի պակասելուց կարոտությունը դարձյալ երևան կգա նոր ուժով և այն լցնելու համար՝ գյուղացին դարձյալ կստիպի խնդրել:

Բայց կա, արդարև, գյուղացուն մշտապես կարոտությունից ազատող ապահով միջոց, այն է՝ սովորեցնել նրան ինքնօգնության, որը կայանում է յուր աշխատությունը և ստացած արդյունքը տնտեսելու և խելացի կերպով գործադրելու մեջ: Այս միջոցն արդարև շուտով չէ լցնում զորացող կարոտությունը, բայց լինում է հաստատ և տևողական: Մի անգամ արդեն զարթեց տկար մարդու մեջ ինքն իրեն օգնելու գիտակցությունը, նա այնուհետև ապահոված է ամեն տեսակ կարոտությանց դեմ: Միակ, փոքրիկ դժվարությունը գյուղացուն այդ բանին վարժեցնելն է:

Եվ ահա այդ նպատակով ես շարունակ աշխատեցի, ժողովներ կազմեցի, խոսեցի, բացատրեցի, նույնը նաև հաճախ քարոզել տվի տեր-Հովսեփին, մինչև որ վերջ ի վերջո հասա նպատակիս: Այժմ մենք ունինք այստեղ մի «հասարակաց շտեմարան», որին՝ յուրաքանչյուր գյուղացի, տարվա մեջ ստացած յուր արդյունքից տալիս է տասանորդ ցորեն, գարի կամ կորյակ, նայելով թե՝ ինչ արմտիք ունի ինքը: Իսկ կարոտության ժամանակ նա անարգել օգուտ է քաղում այդ շտեմարանից փոխառաբար, այն պայմանով, որ պարտքը վերադարձնե որոշ տոկոսի հետ: Այդ շտեմարանին տասանորդ չեն վճարում միայն չունևորները, բայց կարիքի ժամանակ նրանք էլ համահավասար իրավունքով օգտվում են նրանից:

Մենք ունինք նույնպես «հասարակաց նախիր», որին ամեն մի ունևոր տարվա մեջ նվիրում է մի կամ երկու հորթ, նայելով, թե աստված որքան է պարգևել իրեն: Այդ նախիրը զնալով հարստանում է և մենք նրանցից լցնում ենք դարձյալ չունևոր ընտանիքների կարոտությունը մեկին մի կամ երկու կով նվիրելով, որ նրանց կաթով յուր երեխաները կերակրե, մյուսի դաշտը ձրիաբար հերկելով, երրորդի խոտն ու խուրձերը հանդից տուն բերելով, չորրորդի կալը կալսելով և այլն:

Ունինք նաև մի փոքրիկ «փոխատու գանձարան», որի հիմնական դրամագլուխը ինքս եմ հոգացել, դարձնելով այն գյուղական հասարակության սեփականություն: Այդ գանձարանից, ահա, հավասարապես օգուտ են քաղում թե այս և թե շրջակա գյուղերի բնակիչները իրենց կարոտության ժամանակ, կարողը մի թեթև տոկոս վճարելով, իսկ աղքատը՝ առանց տոկոսի փոխ առնելով: Այս փոքրիկ ըստ էության աննշան հաստատությունը, որի նմանը հարյուրներով կարող են հիմնել մեր հարուստները գյուղերում, բացի գյուղացու կարիքը ժամանակին լցնելուց և նրա աշխատող ձեռքերին ազատություն տալուց, փրկում է նրան, նաև, վաշխառուների ճանկերից: Վերջինները վաղուց է, ինչ հալածական են այս կողմերից:

Այս ամենը կատարելու հետ միասին, զգալի էր լինում միշտ մի

կարիք, որ լցուցանելու համար, դժբախտաբար, ես բավական պատրաստություն չունեի, այն է սովորեցնել գյուղացուն յուր աշխատությունից առավել շահավոր եղանակով օգտվելու ճանապարհը:

Այդ նպատակին մասամբ հասնելու համար՝ ես բերել տվի գյուղատնտեսական գրքեր, երկրագործության, անասնապահության, հավաբուծության, մեղվապահության և կաթնային տնտեսության վերաբերյալ և շարունակ կարդալով ու ուսումնասիրելով նրանց, սկսա գործադրության հարմար եղածները սովորեցնել գյուղացիներին: Այդ նպատակով ես ձմեռ ժամանակ, դասից ազատ միջոցներին, հրավիրում էի գյուղացիներին ուսումնարանի դահլիճը և գրքերից ուսածներս պատմում և հասկացնում նրանց: Հավաքում էի հաճախ և գեղջկուհիներին և տնային տնտեսության վերաբերյալ հասկանալի դասեր խոսում նրանց: Այս նորությունները բոլորին էլ հավասարապես ուրախություն և գոհություն էին պատճառում:

Շատ անգամ անձամբ ներկա էի լինում տանը գեղջկուհու և հանդում գյուղացու արած փորձերին, նրանց չհասկացածները ես նորեն կրկնում, նորեն բացատրում էի և երբ փորձերից մինն անհաջող էր անցնում, քաջալերում, խրախուսում էի և փորձը նորեն կրկնել տալիս, մինչև ու հաջողությունը ձեռք էինք բերում:

Այսպիսով, ըստ իմովսանն, օգնում էի գյուղացուն յուր դժվարաքիրտն աշխատությունը բարվոք գործադրելու: Եվ որովհետև այստեղի ժողովուրդն ինքն ի բնե ուշիմ և ընդունակ է, ուստի իմ սովորեցրածները յուր ունեցած փորձառության հետ միացնելով կարողանում է հին ժամանակներից ավելի օգուտ քաղել յուր աշխատությունից:

Քաղաքներում ապրող մեր գործողներն, առհասարակ, այն կարծիքի են թե գյուղում գործելու ասպարեզ չկա, թե ձանձրույթն ու պարապությունը կարող են այստեղ մարդուն խեղդել: Մինչդեռ ես, չգիտեմ թե որքան ժամանակ էլ պիտի ապրեմ, որ գյուղական ժողովրդի մեջ կատարելիք կարևորագույն գործերի գեթ մի մասը կարողանամ կատարել: Քաղաքներին կյանք մատակարարողը գյուղն է, ինչպես և ազգի կենդանության ուժ տվողը գյուղացին: Ով որ կամենում է ազգի կենդանությունը զորացնել, նա պիտի գյուղը գործելու, ծառը ջրելու և ուռճացնելու համար նախ նրա արմատները պետք է հագեցնել...

Քույր-Աննան յուր պատմությունը, գրեթե, ավարտել էր: Այժմ ես գիտեի թե՝ այնքան շատ ինձ հետաքրքրող «միանձնուհին», ով էր: Սակայն մնում էր իմանալ էլի մի բան, այսինքն այն թե յուր թված բոլոր այս գեղեցիկ գործերը, որոնցից ավելին ինքս ամեն օր տեսնում էի իմ աչքով, արդյո՞ք նա առանց դժվարության և արգելքների էր սկսել և գլուխ հանել, թե հանդիպել էր նաև խոչընդոտների: Եվ եթե այս վերջինները եղել էին, ապա ինչպես նա, մի տկար կին, կարողացել էր կոպիտ գյուղացու ստեղծած արգելքների դեմ կռվել: Իմ այդ հարցին նա պատասխանեց.

— Աշխարհում ես չգիտեմ դեռ մի գործ, որի կատարելն ազատ լիներ արգելքներից: Գոնե իմ փորձերից սովորած՝ ես կարող եմ ասել, թե նույնիսկ ամենադյուրին կատարված գործը, կապ ունի միշտ մի արգելքի հետ: Սակայն այդ արգելքները կարծում եմ, միշտ էլ վնասակար չեն:

Ընդհակառակը, դրանք սովորեցնում են գործողին՝ յուր գործը դնել հաստատ հիմքի վրա, կամ ապագա չարիքների դեմ՝ դարձնել այն աննկուն ու զորավոր:

Արգելքների մասին եք հարցնում, օ՛, ես նրանց շատ եմ հանդիպել, թեպետ իմ պատմության ընթացքում և ոչ մինը հիշեցի: Եթե իմ նվիրման գործում զգացածս ուրախությունը թունավորվել է երբևիցե, այդ պատահել է հենց արգելքներից հզորագույնին հանդիպածս ժամանակ, մանավանդ, երբ դրանց դեմ կռվելու համար իմ ուժը նվազ և քաջությունն անբավարար եմ գտել: Բայց համբերությունն ու անվհատ աշխատությունը ոչնչացնում են, նույնիսկ, ամենազորավոր արգելքները: Այդ ճշմարտության ես հասու եղա, դժբախտաբար, մի փոքր ուշ, որովհետև համբերությունն էլ սովորեցնում է մարդուն փորձառությունը, որից ես զուրկ էի իմ առաջին ձեռնարկությունների ժամանակ:

Դժվար չէ ձեզ երևակայել, թե ո՛րքան մեծ էր լինում իմ տանջանքը, երբ մի օգտավետ գործ սկսելու համար ամեն ինչ մտածած, կշռած և կարևոր ծրագիրը կազմած, ուրախ ու հուսալիր դիմում էի գյուղացիներին և առաջարկում նրանց օգնել ինձ այդ գործն սկսելու, հանդիպում էի սառն ու անտարբեր ընդունելության: Ճշմարիտ է, նրանք ինձ հարգում էին, ուստի և լսում ինձ հոժարությամբ, շատ անգամ էլ, նույնիսկ, գլուխները շարժում ի նշան համաձայնության, բայց դրանով էլ վերջանում էր նրանց ձեռնտվությունը: Ամեն ոք անտարբեր գնում էր յուր գործին և ես դարձյալ մնում էի միայնակ՝ իմ մտածմունքների և ծրագրերի հետ:

Դրանից հետո, ասենք, ես դիմում էի քահանային, խոսում էի նրա հետ ամբողջ ժամերով: Նա նույնպես ուշադրությամբ լսում էր ինձ և, մինչև անգամ, համոզվում, որ ես հասարակության համար օգտավետ գործ եմ առաջարկում: Սակայն մի բան արգելում էր նրան համաձայնվել ինձ հետ: Ինչ բան էր այդ, չգիտեի, միայն ինձ թվում էր թե՝ նա չէր կամենում այս դեպքում յուր խելքին հավատալ, նա վախենում էր թե՝ մի՞գուցե յուր համաձայնությունից, կամ առաջարկածս գործից մի վնաս հասնե իրեն: Նույն ձևով էր վարվում և տանուտերը, երբ խոսում էի նրա հետ և սկսելիք գործի կարևորությունը բացատրում՝ իրեն մատչելի օրինակներով: Նա ինձ հասկանալով և իմ խոսքերից համոզվելով հանդերձ՝ խնդրում էր թողնել գործը մի ուրիշ անգամի, կամ գալ տարվան: «Մինչև այն ժամանակ գուցե, գյուղացիներին կարողանամ համոզել», — ասում էր նա և սակայն այնուհետև գյուղացիների հետ ոչինչ չէր խոսում, կամ եթե խոսում էր, հարցն այն ձևով էր դնում, որ լսողները ոչ հետաքրքրվում և ոչ էլ ուշադրության էին առնում այն:

Ոչ մի բանից այնքան չէ խորշում գյուղացին, որքան այն նորություններից, որոնք հակառակում են գյուղի նահապետական սովորություններին: Գյուղացու այդ հատկությունը հարգելի է արդարև յուր ունեցած առաքինությունների ու խիստ բարոյականի նկատմամբ, բայց նույն հատկությունն անպայման վնասում է նրան, երբ խնդիրը գալիս է յուր աշխատությունը և արդյունագործելու հին եղանակը բարեփոխելուն, կամ գյուղի մեջ հանրօգուտ մի հաստատություն հիմնելուն: Նա դրանց դեմ էլ, համարյա, նույն ուժովն է կռվում, ինչ ուժով որ կկռվեր, եթե մինը համարձակվեր ձեռնամուխ լինել յուր բարոյականը խախտելուն: Ուղեղի ծուլությունն, առհասարակ, թագավորում է գյուղերում և այդ է պատճառը, որ գյուղացին խորշում է միշտ սկսել այն՝ ինչ որ չեն սկսել յուր հայրը, կամ պապը:

«Այդպիսի դեպքերում ես վերադառնում էի իմ խուցը տխուր և շատ անգամ հուսահատ: — Ինչ պիտի կարողանամ անել այս ժողովրդի համար, քանի որ նա ինքը չէ կամենում յուր բարին, — մտածում էի ես, — մի օր, այո՛, այն կարծիքին էի, թե ամեն ինչ կարող եմ անել, ամեն արգելքների կարող եմ հաղթել, բավական է, որ հաստատ կամք և գործելու եռանդ ունենամ... բայց այժմ, ահա, տեսնում եմ որ բարիք գործելու համար էլ բավական չէ գործողի կամքը, այլ նրան պիտի միանա նաև բարիք ստացողի ցանկությունը: Այսպես էի մտածում, այո՛, բայց հետո տեսնում, որ մտածելով ոչինչ չէր առաջանում, պետք էր գործել: Եվ ես դարձյալ մտնում էի գյուղը, խոսում էի, հորդորում էի, որին էլ պատահում էի և վստահ էին իրենց հառաջադիմության նկատմամբ ունեցածս սիրո վրա: Այնուհետև ես ոչ թե խնդրում, այլ պատվիրում էի, և իմ պատվերները կատարում էին ճշտությամբ:

Ով որ կոչված է գյուղում գործելու, նա պետք է իմանա, որ գործ ունի քմահաճ մի երեխայի հետ: Ինչպես որ հոգատար դաստիարակը համբերությամբ և առանց հուզվելու տանում է երեխայի քմահաճությունները, չհրաժարվելով սակայն շարունակ նրան ուղղելու, անհրաժեշտ միջոցներից և նրա ընդունակության չափով, նրան բարին ու ազնիվը ներշնչելու պարտավորությունից, այդպես էլ պիտի վարվի գյուղի մեջ գործողը: Նա չպետք է նույնիսկ ինքնասիրություն ունենա կամ հուզվի ու վրդովվի, եթե այդ ինքնասիրությունը կոպտությամբ վիրավորեն: Նա ավելի առաքյալի, քան հասարակ գործողի դեր պիտի կատարե: Գյուղում հնձելու ոչինչ չկա, դա մի խորդացած, խոպանապած երկիր է. պետք է հերկել, արորադրել այն, պետք է մշակել, պարարտացնել հողը և ապա թե սեր անել: Այդքանն է միայն մեր ժամանակի մշակների գործը: Իսկ այդ գործի ազնիվ պտղաբերության հունձը ուրիշ և ավելի բախտավոր ժամանակի մշակներ կանեն, օրհնելով, անշուշտ, այն անձնվեր նախորդներին, որոնք հմտությամբ մշակեցին երկիրը և «սերմանեցին զսերմն բարի...»:

— Որովհետև արգելքների մասին է խոսքը, — շարունակեց քույր-Աննան, — ես կարծում եմ, դրանց թվում պետք է դասել և այն արգելքները, որոնք երբեմն հասնում էին ինձ ոչ թե արտաքուստ, այսինքն դիմացի մարդկանցից, այլ նույնիսկ ինձանից: Կարող եք այդպիսի արգելքներ երևակայել:

— Չգիտեմ, չեմ հասկանում ձեր խոսքը, — պատասխանեցի ես:

— Այո, այդպիսի արգելքներ գոյություն ունեին և կարողանում էին երբեմն խանգարել ինձ, — շարունակեց նա: — Միթե կարծում եք, թե հնարավոր է ապրել աշխարհում մոտ քսան տարի, սովորել կյանքի հրապույրներին, ի վերջո ջերմագին սիրել և այս ամենը միանգամից մոռանալ... ով որ չէ փորձել նա գուցե հասարակ աչքով նայե այդ բոլորի վրա: Բայց ես ասում եմ, որ դրանք մարդկային կյանքի ծանրագույն փորձերն են և դրանց բովից անվտանգ անցնելու համար պետք է ունենալ ավելի ուժ, ավելի քաջություն, քան որքան այս դեպքում ենթադրելի է:

Պատահել է շատ անգամ, մանավանդ, արտաքին արգելքների հանդիպածս ժամանակ, որ իմ ուխտը լեռան չափ ծանրացել է սրտիս վրա: Այդպիսի ժամանակները փափագելով փափագել եմ գտնվիլ կրկին իմ նախկին ընկերուհիների շրջանում, այն անհոգ, միշտ ուրախ և միշտ ծիծաղող հասարակության մեջ, ուր տխրությունը չէր կնճռում ճակատս, ուր ամենքը սիրում, զբաղեցնում էին ինձ, ուր կյանքը հրապույրով լի ծիծաղում էր ինձ...

Պատահել է, որ ես անձկությամբ ցանկացել եմ տեսնել իմ ծնողներին, մի անգամ էլ լսել նրանց քաղցր ձայնը, նրանց սիրապատար, անուշ խոսքերը, վայելել նրանց ջերմ գրկախառնությունը, սիրաշունչ համբույրը... Բայց նրանք չկային, այնպես չէ: Գոնե մի անգամ շիրիմները տեսնեի և իմ արտասուքով թրջեի նրանց... Պատահել է, որ ես հիվանդացել եմ. ինձ սիրով այցելել, ինձ համար հոգացել են գյուղացի կանայք, նույնպես և իմ սիրելի աշակերտուհիները: Բայց դրանց բոլորի մեջ հոգիս անձկությամբ պտրել է իմ հարազատ մորը: Ես կամեցել եմ լսել նրա ձայնը, զգալ նրա ձեռքերի շոշափը իմ այրվող ճակատի վրա... Հիշել եմ այն երջանիկ ժամանակները, երբ ես հիվանդանում էի, և նա անհանգիստ, սրտադող և շունչը բռնած, պտտում էր անկողնիս շուրջը, սիրով ու խանդով լի աչքերը դարձնում վրաս, ճակատս քնքշությամբ շփում, ձեռքերս ափերի մեջ ճմլում և անդադար «ինչպե՞ս ես այժմ իմ անուշիկ Աննա...», հարցնում ինձ այնպիսի իմ քնքուշ, խանդակաթ ձայնով, որ այժմ էլ հիշելուց սիրտս թուլանում է...

Իսկ ի՞նչ ասեմ ես նկատմամբ Գարեգնի, որ իմ կյանքի մեջ այս դժվարատար հեղափոխությունը մտցրեց: Միթե կարող էի նրան մոռանալ, նրան, որ իմ բոլոր մտքերի, խորհուրդների և գործերի հեղինակն էր. որին այնքան ուժգին, այնքան ջերմությամբ սիրեցի, բայց որն այժմ հազարավոր մղոն հեռու էր ինձանից: Երբեմն ժամերով նստած մտածում էի նրա համար: Նախկին կրակը բուռն կերպով արծարծվում էր իմ մեջ, փափագում էի տեսնել նրան մի անգամ, լսել նրան մի անգամ... հիշում էի մեր վերջին տեսակցությունը և նրա վերջին հրաժեշտի խոսքերը, «գնա սիրեցյալ քույրիկ, ես օրհնում եմ քեզ, օրհնում եմ քո ճանապարհը, գնա, թող աստված լինի քեզ հետ», ասաց նա: Ես եկա և մարմնացրի նրա ցանկությունը: Բայց ո՞ւր է նա ինքը: Ցանկանում էի, որ նա տեսներ թե ինչպե՛ս հավատարիմ մնացի իմ ուխտին, թե ինչպես, յուր սիրո պատճառով, կնոջ համար ծանրագույն խաչը ես բարձի... բայց նա չկար, չէր կարող տեսնել գոնե իմանայի, թե նա մտածում է իմ մասին, հիշո՞ւմ է նա ինձ, թե մոռացել է իսպառ... Եվ այս վերջին միտքը տանջում էր հոգիս:

Այսպես, ուրեմն, թե՛ այս մտածությունները և թե՛ նորոգվող զգացումները նույնպես արգելքներ էին իմ ձեռնարկած գործին և մինչև իսկ, երբեմն, զորեղ արգելքներ: Հաճախ իմ հոգին թուլանում, ընկճվում էր դրանց ազդեցությունից, իմ աշխույժը նվազում և գործելու եռանդը հանգչում էր, որովհետև աշխարհային կյանքը դեռ ամբողջապես չէր մեռել իմ մեջ. նա օրհասական կռիվ էր մղում այն բարձր ու սրբազան կյանքի դեմ, որ պատրաստվում էր շուտով իմ գոյությանը տիրել:

Սակայն այս հոգեկան կռիվներն իմ մեջ կատարվում էին, իհարկե, իմ նվիրման առաջին տարիներում, երբ մի կողմից էլ, ինչպես ասացի, արտաքին նեղություններն էին պաշարում ինձ: Ես սովորություն ունեի այդպիսի ճգնաժամերում կարդալ իմ հիշատակարանը և գլխավորապես նրա այն էջերը ուր իմ սիրելի ուսուցչի խոսքերն էին գրված: Նրանք ինձ մխիթարում ու քաջալերում էին: Մի անգամ այդպիսի մի հուզված ժամանակ, ես պատահեցի նրա այն խոսքերին, որ ասել էր հորս՝ իմ ձեռքը մերժելու ժամին. «Կա մի ուրիշ մարմին, որ ավելի սիրելի և ավելի պաշտելի է քան մեր սեփականը. այդ մարմինը Հայրենիքն է: Ես ուխտել եմ իմ անձը նրան նվիրել, նրա սիրուց զատ աշխարհում ուրիշ սեր չճանաչել, նրա ցավերից զատ ուրիշ ցավերով չվշտանալ, նրա բախտավորությունից զատ՝ ուրիշ բախտավորություն չխնդրել...»: Եվ այս խոսքերը մեծ-մեծ տառերով տախտակի վրա օրինակելով՝ կախեցի իմ սենյակի ճակատին: Այնուհետև ամեն օր կարդում էի նրանց և հոգեպես կազդուրված իմ գործը շարունակում:

Բայց հետո, իհարկե, տարիները հոլովվելով՝ վաղեմի զգացումներն էլ հետզհետե թուլացան, մանավանդ որ ես շարունակ ճնշում էի նրանց: Իմ սկսած գործը գնալով մեծացավ, բարգավաճեց և իմ բոլոր հոգսերն ու մտածմունքը գրավեց: Այնուհետև շարունակ ես զբաղված էի այդ գործելով և իմ ուժը մինչև անգամ չէր բավում բոլորին: Ես ստիպված էի շատ բան թողնելու մեր քահանային, նախապես նրան գործելու եղանակը սովորեցնելով: Եվ տեր-հայրը, պետք է խոստովանել, ամենահավատարիմ հետևողը դարձավ իմ օրինակին:

Իսկ այժմ, երբ ես դառնում նայում եմ իմ այս քսանամյա գործունեության վրա, տեսնում եմ թե ինչպես մի տկար կնոջ կամքը կարողացել է այսքան գործ կատարել, հրճվում, մխիթարվում եմ և շարունակ օրհնում իմ սիրելի և իմաստուն ուսուցչին, որ յուր հոգեշունչ խոսքերով վառեց, բորբոքեց իմ սիրտը և ուխտել տվավ ինձ այս սրբազան ուխտը: «Հեռացեք աշխարհից, բայց մի մտնեք կուսանոց, — ասաց նա ինձ. — գնացեք հեռու-հեռու, դեպի կորած հայ գյուղերը, դեպի այն ժողովուրդը, որին մոռացել են մեր գործողները, որի մեջ օրըստօրե նվազում, հանգչում է կենդանության ուժը, գնացեք այնտեղ, ուր տգիտությունը բռնացած քանդում, ավերում է ինչ որ պատմական ժամանակներից մնացել է գեղեցիկ և հարգելի: Մտեք այդ ժողովրդի մեջ. նվիրեցեք ձեզ նրա բարօրության և նրա մանկանց կրթության գործին: Սովորեցրեք նրան ճանաչել յուր անցյալը, բարվոքել ներկան և գործել ապագայի համար: Ուսուցեք նրան հարգել իրեն, սիրել ընկերին և պաշտպանել նրան, երբ հարկը պահանջէ...»: Ես լսեցի իմ ուսուցչին և հեռացա աշխարհից, ահա՛ իմ բոլոր պատմությունը...

Սեպտեմբեր 15, X. քաղաք:

Երեք ամիս շարունակ մնացի Ն. գյուղում և անցուցի այդտեղ ամենաքաղցր և հիշատակի արժանի օրեր: Բացի մենավոր և որսորդական զբոսանքներս, որոնք հարուստ բնության ծոցում լինելուն համար մեծ հաճույք էին պատճառում ինձ, ես բախտավոր էի նաև նրանով, որ շարունակ վայելում էի քույր-Աննայի սիրելի և անզուգական ընկերակցությունը: Թեպետ ես արդեն դադարել էի նրա գեղեցիկ ստեղծվածներով հիանալուց, ըստ որում նրանց պատահում էի գրեթե ամեն քայլափոխում, այսուամենայնիվ, դեռ նրա զրույցներն ու կարծիքները լսելու ծարավ էի: Այս պատճառով կցանկայի երկար ապրել այդ գյուղում և երկար վայելել ազնիվ կույսի ընկերակցությունը: Դժբախտաբար օգոստոսը վերջանում էր, և ես պետք է վերադառնայի քաղաք, որովհետև անձնական գործերս չէին ներում ավելի ուշանալ: Գրեթե այս միակ պատճառով իմ հյուրընկալ տեր-Հովսեփը, ցանկանալով արտաքո կարգի մի պատիվ անել ինձ, որոշեց յուր որդու՝ Հակոբի հարսանիքը իմ ներկայությամբ կատարել:

— Գյուղացիներս, առհասարակ, ձմեռն ենք ազատ, — ասաց նա ինձ մի օր, — և մեր հարսանիքները, գլխավորապես, այդ ժամանակն ենք անում: Բայց որովհետև ցանկանում եմ, որ դուք իմ որդու հարսանիքը տեսնեք, այդ պատճառով որոշեցի այս ամսում կատարել:

Ես, իհարկե, շնորհակալություն արի տեր-հորը՝ ինձ արած պատվի համար, որից չէի կարող հրաժարվել, եթե մինչև իսկ կամենայի, որովհետև դրանով վիրավորած կլինեի քահանային: Այդ հարսանիքը տեղի ունեցավ: Հակոբի հյուրերի հետ, որոնք բաղկացած էին գյուղի երիտասարդներից, ես էլ գնացի մոտակա շենը, ուսկից և բերինք նրա նորատի և գեղեցիկ հարսնացուն: Գեղեցիկ եմ ասում նրա համար, որ ճանապարհին հաջողվեց ինձ մի վայրկյան տեսնել նրա երեսը, որ ծածկված էր թանձր, կարմիր քողով: Հարսանիքը, հակառակ իմ սպասածին, կատարվեց շատ պարզ և անպաճույճ ձևով: Ուրիշ գյուղերում տեսել էի, որ նա տևում է երեք կամ չորս օր և այդ բոլոր ժամանակ ամբողջ գյուղն ուրախության և զվարճության մեջ է լինում: Կովեր ու եզներ են մորթում, գինին ու օղին ջրի պես է հոսում, իսկ հրավիրյալները հարսանիքատան ներսն ու դուրսը լցված՝ ուտում, խմում են. մանավանդ, երբ հարսանիքը գյուղի հարստին է պատկանում: Բայց այստեղ տեր-հայրը միայն մի օր ուներ հացկերույթ և այն շատ պարզ պատրաստությամբ:

Իմ հարցին թե ինչու այստեղի գյուղացիք ուրախանալ չգիտեն, քույր-Աննան պատասխանեց,

— Գյուղացիք ամեն տեղ էլ նույնն են: Մանավանդ սյունեցիք ավելի շքեղ տոներ կատարել գիտեն: Իմ նոր եկած տարիները ես այստեղ յոթ օր շարունակ հարսանիք եմ տեսել և սարսափել, որովհետև այդ ուրախության մեջ գյուղացու տան իսկական ավերումն եմ նկատել, մանավանդ, երբ իմացել եմ, որ դրանցից շատերը պարտքերով են այդ ուրախությունը կատարում: Ցույց չնչին փառասիրությունը գոհացնելու համար, գյուղացին քաղաքում պարտք է վերցնում տոկոսով և երկու երեք օրվա մեջ փոխ առածն սպառելով հավիտյան ստրուկ է մնում վաշխառուի ձեռքին: Այնուհետև նրա տունը, տեղը, անասունը, այգին վաշխառուի ստացվածքներն են: Պարտապան գյուղացին դողալով է յուր պարտատիրոջ երեսը ելնում: Նրա տարած ընծաները՝ կաթ, ձու, մածուն, կարագ կամ հավ, որ նա շարունակ յուր երեխաների բերանից է խլում, վաշխառուն ընդունում է իբրև իրեն հասանելի եկամուտ, սակայն առանց գյուղացու պարտքից մի սև փող իջեցնելու: Եվ ինչու համար այս բոլորը — միայն մի քանի օր զվարճանալու և հարևաններին զվարճացնելու՝ համար:

«Սակայն շատ տարիներ են, ինչ այս գյուղում այդ շռայլությունները վերացել են: Գյուղացին, առհասարակ, ինքն էլ ուրախ է լինում, որ այդ ծանրության տակ չմտնե, միայն թե ընկեր-հարևանից է ամաչում: Պետք է մինը լինի, որ ամենքին հավասարապես հորդորե այդ կորստաբեր ճանապարհից հեռանալ: Եվ նրանք կլսեն նրան: Ահա այդ դերն էլ ես հանձն առի, ժամանակին խոսեցի, բացատրեցի, նույնիսկ քահանային քարոզել տվի եկեղեցում, որից հետո գյուղացիներն իրենք արդեն եկան և մեր ներկայությամբ համախոսական ստորագրելով որոշեցին վերացնեն իրենց միջից ամեն ավելորդ ծախք, որը սովորություն ունեին նրանք անելու թե՛ ուրախության և թե՛ տրտմության ժամանակ: Հակառակ վարվողը տուգանք պիտի վճարեր գյուղական գանձարանին: Այդպիսի տուգանք, իհարկե, դեռ մինչև այսօր չէ մտել մեր գանձարանը, որ ապացուցանում է թե գյուղացին ինքը շատ գոհ է այդ որոշումից: Այստեղից օրինակ են վերցրել և հարևան գյուղերը, հույս ունեմ թե՝ ուրիշ հեռու տեղեր էլ կհետևեն այս բարի սովորության:

Կարող էի միթե չհամակերպվել քույր-Աննայի այս մտքերին, որոնք, որքան էլ պարզ և հասարակ երևային, այսուամենայնիվ, ամփոփում էին իրենց մեջ գյուղական ընտանիքի հաստատության պայմանները:

Հակոբի հարսանիքից մի քանի օր հետո քույր-Աննան հայտնեց ինձ որոշ նորություն, այն է թե շուտով պիտի կատարել տա յուր ձեռնասուն վարժուհու և վարժապետի պսակը:

— Եթե տեր-հայրը յուր որդու հարսանիքով կամեցավ պատվել ձեզ, ես էլ իմ որդեգիրների հարսանիքով կպատվեմ, — ասաց քույր-Աննան ժպտալով: — կցանկանայի նաև, որ դուք լինեիք նրանց խաչեղբայրը. այդ մեծ՝ ուրախություն կպատճառեր իմ որդեգիրներին, բայց գյուղական սրբագործված սովորության դեմ չպետք է մեղանչել: Նրանց ծնողներն արդեն ունին իրենց հին կնքահայրը, որի ընտանիքի անդամները, նույնիսկ որդոց որդի, պիտի կատարեն այդ պաշտոնը փոխադարձաբար: Մենք ուրեմն չենք խառնվիլ նրանց իրավունքներին: Դուք կլինիք հարսեղբայր:

Ես ուրախությամբ ընդունեցի քույր-Աննայի առաջարկությունը և հարցրի թե՝ արդյոք վաղուց են նրանք նշանված:

— Նրանք վաղուց սիրում էին միմյանց, — պատասխանեց քույր-Աննան ժպտալով. — այդ ես նկատեցի դեռ մի քանի տարի սրանից առաջ, երբ նրանք տակավին ուսանում էին: Այդ սերն, իհարկե, արտահայտվում էր լոկ քնքուշ, մանկական բարեկամությամբ: Եվ որովհետև երկուսն էլ չափից դուրս ուշիմ երեխաներ էին, ուստի իմ առանձին հոգածության առարկան դարձրի նրանց, նպատակ ունենալով, ինչպես առաջներն էլ ասացի, պատրաստել նրանցից իմ գործը շարունակող հաջորդներ:

«Պետք է հիշեմ նաև, որ Մանիշակը այն երիտասարդ գյուղացու աղջիկն է, որ առաջին անգամ ինձ, իբրև «միանձնուհի» այս գյուղը բերավ: Նա ամուսնացավ իմ գալուց մի քանի տարի հետո և սա նրա առաջին զավակն է: Իսկ Պետրոսը որդի է մի այնպիսի մարդու, որ շարունակ իմ ձեռնարկություններին արգելք էր լինում: Սակայն ես նրա տան միջից պատրաստեցի ինձ համար հավատարիմ օգնական:

Նշանակված օրը երիտասարդ զույգի պսակը կատարվեց: Եկեղեցում ներկա էին քույր-Աննայի հետ միասին և յուր դպրոցի աշակերտներն ու աշակերտուհիները, որոնց առանձին խնամքով հյուրասիրեց Պետրոսի հայրը յուր գեղեցիկ պարտիզում: Քույր-Աննան, պսակված զույգը և ես այդ փոքրիկ հյուրերի հետ էինք, իսկ գյուղացի հրավիրյալները ուրախանում էին մեզանից հեռու գտնվող մի ուրիշ այգում, իրենց գլուխ ունենալով տեր-Հովսեփին: Այսպես էր կարգադրել ինքը, քույր-Աննան, որպեսզի յուր սանիկները հանդիսատես չլինեին մեծերի ազատ զվարճությանը: Այս տոնախմբությունների հետ միասին օգոստոսն էլ վերջացավ: Քույր-Աննայի գուշակության համաձայն ես բոլորովին կազդուրվել էի: Պետք էր այժմ վերադառնալ քաղաք, ուսկից ամբողջ երեք ամիս բացակա էի: Այս վերադարձն, իհարկե, ծանր չէր ինձ համար, բացի անձնական գործով զբաղվելու անհրաժեշտությունը, վաղուց էր ինչ հեռու էի մորիցս ու քույրերիցս, բարեկամ ու ծանոթ չէի տեսել, շատ մի նորություններից զուրկ էի և որքան էլ դեպի քաղաքի կյանքն անհամակիր, այսուամենայնիվ, այժմ փափագում էի վերադառնալ:

Բայց իմ գյուղացի բարեկամների, մանավանդ քույր-Աննայի համար, զգալի էր իմ հեռանալը: Վերջինս, մինչև անգամ, ցավում էր, որ սովորել է իմ ընկերակցության:

— Գոնե չգտնեի ձեր մեջ իմ գաղափարների ու համոզմանց համակիր մեկը, այն ժամանակ ավելի հեշտ կլիներ մոռանալ ձեզ, — ասում էր նա պարզությամբ. — Բայց բախտի բերմունքով դուք էլ նույն դավանությունն ունիք մեր ճակատագրի մասին ինչ որ ես, այդ պատճառով ձեր բաժանումը՝ իբր իմ մխիթարության զրկանք եմ նկատում: Քույր-Աննայի խոստովանությունն անկեղծ էր, սակայն ես պիտի խոնարհեի հարկի առաջ: Սեպտեմբերի 2-ին, կյուրակե առավոտ գնացի նրան իմ հրաժեշտի ողջույնը տալու:

— Ես հեռանում եմ այստեղից, բայց տանում եմ ինձ հետ ամենաթանկագին հիշատակներ՝ ձեր բարեկամության ու գործերի, — ասացի նրան: — Եթե բախտը հաջողե՝ ես կրկին կվերադառնամ այստեղ՝ վայելելու համար բնության և ձեր ձեռքով այս գյուղում պատրաստված բարիքները, որոնք մեծագնի էին ինձ, մանավանդ, ձեր անգուգական բարեկամությամբ համեմված լինելուն համար: Իսկ եթե անկարող լինիմ այդ փափագին հասնել, այն ժամանակ կմխիթարվիմ գեթ այն քաղցր մտածությամբ թե՝ մի անգամ, գոնե, վայելեցի ես այդ բոլորը:

— Բարի ճանապարհ, — ասաց քույր-Աննան, — աշխատեցեք ձեր խոստումը կատարել, իսկ եթե չկարողանաք, գոնե մի մոռանաք մեզ: Աշխատեցեք երբեմն-երբեմն նամակ գրել ինձ և տեղեկություն տալ այն ամենի մասին, ինչ որ գիտեք թե՝ պիտի հետաքրքրե ինձ և ինչ որ լրագրում անկարող եմ կարդալ: Ի վերջո կատարեցեք իմ մի խնդիրը՝ ոչ մի տեղ և ոչ ոքի մոտ մի խոսեք իմ մասին և մի հիշեք իմ գործերից ոչինչ:

— Ինչո՞ւ, — զարմացմամբ հարցրի ես. — չէ որ բարի գործերը արժանի են ամեն տեղ գովությամբ հռչակվելու, և դա ավելի օգուտ, քան չարիք կարող է բերել գործին:

— Ոչ, ես չեմ կամենում, որ իմ գոյությունը հայտնի լինի աշխարհին. անհայտության մեջ ապրել, անհայտության մեջ մեռնել, այդ է իմ ցանկությունը: Եվ դրա համար ես ունիմ հարգելի պատճառներ:

— Արդյոք չէիք կարող խելամուտ անել ինձ այդ պատճառներից մեկին, — հարցրի ես ժպտալով:

— Մի բան միայն կարող եմ ասել: Ով որ գործում է և դրա համար էլ փող փչել տալիս հրապարակում, նա հրավիրում է մարդկանց՝ գալ և քանդել յուր գործը: Թողեք որ ես ցորենի մի հատ լինիմ, այս երկրի մեջ մեռած... իսկ երբ այդ ցորենը կվերընձյուղե, երբ նրա հասկերը կլցվին և մարդիկ պտուղը կվայելեն, այն ժամանակ թող հիշեն նաև մեռած ցորենը, որ կյանք տվավ հասկերին և որին այլևս հափշտակիչ թռչունները չեն կարող փորել և հողից հանել... Իսկ առայժմ կամենում եմ անծանոթ մնալ աշխարհին, քանի դեռ նրա օգտի համար եմ վաստակում: Այո, չեմ կամենում փառավորվիլ մարդկանցից՝ մի բարի և օգտավետ գործ քանդելու գնով: Ահա ինչ որ կարող եմ ասել ձեզ...

«Որքա՛ն սեր դեպի հասարակաց բարին և որքան համեստություն, — մտածեցի ես, — եթե այս հոգվով վառված մի քանի տասնյակ գործիչներ ունենայինք, լեռներ կշարժեինք, գետերի ընթացքը կկասեցնեինք... բայց ուր են այդ գործիչները»:

Ես խոստացա քույր-Աննային ճշտությամբ կատարել յուր պատվերը և ջերմությամբ համբուրելով նրա սուրբ ձեռքը՝ հեռացա:

Տեր-հայրը, յուր որդիները և Պետրոս վարժապետը, որոնք ձի հեծած սպասում էին ինձ գյուղի ծայրում, ճանապարհ ձգեցին ինձ բավական հեռու:

Այնուհետև իջա դեպի Ուզուն-Դարայի կիրճերը, իմ նախկին առաջնորդ Պետոյի հետ: Այս անգամ մեր ճանապարհորդությունն անցավ առանց պատահարների: Երկու օրից հետո ես արդեն քաղաքումն էի:

1887, հունիս 5, Թիֆլիս:

Հայրենի քաղաքիցս հեռանալուց հետո, այսօր առաջին անգամն եմ ձեռք առնում իմ հիշատակարանը, որ ծածկված մնացել էր իմ պահարանի մի անկյունում: Ես նորից կարդացի այն և անցյալի քաղցր հիշատակները հուզեցին հոգիս: Այդ հուզմունքը, սակայն, ուրախություն չէր այլ անդարձ կորուստի կսկիծ և հառաչանք...

Ուղիղ երեք տարի է անցել այն երջանիկ օրից, երբ ես Ն. գյուղում քույր-Աննային ծանոթացա, սակայն այդքան ժամանակի ընթացքում ես դեռ իմ հիշատակարանում նրա անձին վերաբերյալ պատմությունը չավարտեցի: Տխուր ժամանակը և տխրագույն դեպքերը վաղուց իմ գրիչը դատապարտել էին անգործության, և լռությունն ինձ համար դարձել էր հաճելի հիվանդություն: Բայց հիվանդությունն, ինչպիսին էլ որ լինի, անբնական կացություն է և վնասակար, մանավանդ, հոգվո առողջության, հետևապես, պետք է ազատվել նրանից, եթե կամենում ենք դեռ ապրել, մտածեցի ես և նորեն ձեռք առի գրիչս: Ինձ մնում էր ավելացնել իմ հիշատակարանում դարձյալ մի քանի երես և դրանով իմ «խորհրդավոր միանձնուհու» պատմությունը կվերջանար: Այդ էլ ահա անում եմ այժմ, մտածելով թե իրավունք չունիմ անհայտության մեջ թողնելու հիշատակն այն աննման կույսի, որին յուր առանձնության մեջ ճանաչեցի, որի արդյունավոր գործունեությունը տեսա, որի անզուգական առաքինությամբ հիացա: Եթե հարյուր ընթերցողից գեթ մեկը ոգևորվի իմ «միանձնուհու» ուխտով, այդ ոգևորությունն իսկ ապարդյուն չի անցնիլ, նա բարիք կարտադրե, իսկ բարվույն ամեն տեղ կդիմավորեն գրկաբաց:

Ն. գյուղից վերադառնալով, ես աշունն ու ձմեռը անցուցի մեր քաղաքում, իսկ 85 թվականի սկզբում արդեն Թիֆլիսումն էի անձնական գործով: Մինչև այստեղ գալս մի քանի նամակներ ունեի գրած քույր-Աննային և պատասխաններն ստացած իսկ այստեղ հասնելուց հետո, ավելի ևս հաճախ սկսա գրել, որովհետև 85 թվականի առաջին քառորդը մեզ համար հարուստ ու հետաքրքրական էր ընդհանրական մի խնդրի, այն է կաթողիկոսական ընտրության վերաբերյալ տեղեկություններով: Եվ որովհետև հայ խմբագրություններից մեկին մոտ էի ես, ուստի կարողանում էի իմ բարեկամուհուն, գրեթե ամեն շաբաթ, նորանոր տեղեկությունները հաղորդել՝ նկատմամբ այն անձի և նրա հետ կապված խնդրի, որոնք այնքան մոտ ու սիրելի էին յուր սրտին և որոնց մասին մենք գյուղում խոսում էինք շարունակ: Իմ տված տեղեկությունները, նայելով ժամանակի կուսակցական ոգուն և հանգամանքների փոփոխության, լինում էին երբեմն ուրախ և երբեմն տխուր: Սակայն մոտալուտ երջանկության մի հույս թևապարում էր մեր շուրջը: Ամենքս սպասում էինք թե՝ որոշյալ օրն ու ժամին պիտի ավետենք միմյանց «արժանիքի հաղթանակն» ընտրությամբ մի անձի, որի մասին գովությամբ էին խոսում հայոց թերթերը և որի վրա մեծ հույս ու վստահություն ունեին հայրենասերները: Սպասում էին նրան տեսնել բարձրացած վեհապետական այն գահին, դեպի որն ամեն հայ հառում էր յուր աչքը սիրով ու հավատով, ջերմեռանդ անկնածությամբ և որն յուր մեջ ամփոփում է հազար վեց հարյուր տարվա հայության հոգևոր կյանքի իղձերն ու մխիթարությունները: Այդ սրբազան պաշտոնին արժանի համարված անձը, քույր-Աննայի անզուգական ուսուցիչը, հայրենավառ Գարեգինն էր, որը վաղուց արդեն եպիսկոպոսական աստիճանին հասած, այժմ արդեն նշանավոր մի թեմի սիրված ու մեծարված առաջնորդն էր:

Եվ ահա, արդարև, նույն տարվա ապրիլին ես կարողացա մի ավետավոր հեռագիր հասցնել քույր-Աննային, որին մի շաբաթից հետո իբր պատասխան հետևյալ նամակը ստացա.

«Ազնիվ բարեկամ.

«Ձեր հեռագիրը լցրեց իմ սիրտը անսահման բերկրությամբ: Չգիտեմ ինչպես արտահայտեմ իմ շնորհակալությունը Ձեզ, որ այդքան սիրելաբար փութացել եք ինձ ուրախացնելու: Չնայելով Ձեր հավաստիացումներին, ես, այնուամենայնիվ, հույս չէի տածում թե մեր ժամանակակիցները կկարողանան այդպես իմաստաբար գնահատել արժանիքը: Օրհնյալ լինին նրանք, որոնք սուրբ գործի համար միացան ի մի սիրտ և «գործեցին զբարին»: Եթե ճշմարտությունը հաղթանակում է, ուրեմն նրա զինվորները կարող են պարծենալ և քաջալերվիլ: Եվ սա կրկնակի բարիք է մեզ համար: Այսօրվանից արդեն գործելու նոր եռանդ է վառվում իմ մեջ: Ես, որ մինչև այսօր «ի փոքուն եղէ հաւատարիմ», այսուհետև պետք է աշխատությունս կրկնապատկեմ, ըստ որում կա մեկը, որ կարող է մեզ «ի վերայ բազմաց կացուցանել»:

Ողջ եղեք, ազնիվ բարեկամ և ընդունեցեք իմ սրտագին շնորհակալության և անկեղծ հարգանաց հավաստիքը. որով պիտի մնամ միշտ

Ձեր խոնարհ աղախին՝ Աննա Ե...յան»:

Այդ օրից հետո անցան երկու հուսալիր ամիսներ: Ես կրկին նամակներ գրեցի քույր-Աննային, միշտ ուրախ նորություններ հաղորդելով նրան և նույնպիսի պատասխաններ էլ ստացա: Բայց որովհետև հուլիս և օգոստոս ամիսներում Թիֆլիսից ելած՝ ճանապարհորդում էի, ուստի քույր-Աննային նոր նամակ գրելու առիթ չունեցա: Երբ ամռան վերջը վերդարձա քաղաք, այստեղ իմացա, որ ամեն բան արդեն փոխվել էր, և մեր հույսերն ու իղձերը իսպառ ոչնչացել... Այդ նորությունը շատ ծանր ազդեցություն արավ վրաս: Բոլոր առօրյա խնդիրների հետ միասին ես մոռացա նաև քույր-Աննային: Բայց նա ինքը ինձ չէր մոռացել: Անգետ լինելով իմ բացակայության, նա կարծել էր թե՝ ես նամակ չեմ գրում իրեն այն պատճառով, որ վաղուց տեղյակ լինելով տխուր նորությանը, սիրտ չեմ անում այդ բանը իրեն հայտնելու: Ուստի ինքը շտապել էր հետևյալ համառոտ նամակն ինձ ղրկելու.

«Ազնիվ բարեկամ.

Այստեղ հասավ սույն թվականի օգոստոսի 22-ին լույս տեսած «Մեղուն»: Ձեր լռության պատճառը հասկացա, իրավունք ունիք. լռեցեք...

Ձեր վշտահար քույր-Աննա»:

Եվ ես արդարև լռեցի: Ինչ գրեի այնուհետև նրան, ինչ նյութի վրա խոսեի, չէ որ մեր մտերմության շունչ ու հոգի տվող խնդիրը մեռել էր և նրան այլևս հարություն տալու, հույս չկար...

Անցան մի քանի ամիսներ: Ես ոչ մի նամակ չգրեցի իմ բարեկամուհուն, ոչ էլ նրանից ստացա: Սակայն մի օր ինքս ինձ մտածեցի, «Սա արդեն անքաղաքավարություն է: Գոնե մի քանի տող գրությամբ նրա առողջությունից հարցնեմ: Խեղճ կինը առանց այն էլ ճնշված է վշտերի տակ, հետևապես և կարոտ վշտակցության...»:

Եվ իսկույն էլ նստելով ու թե մի քանի տող, այլ շատ երկար մի նամակ գրեցի քույր-Աննային՝ աշխատելով կարելվույն չափ սփոփել նրա սիրտը կամ գեթ ապագայի հուսով պարարել:

Որքան մեծ եղավ իմ զարմանքն ու ապշությունը, երբ երկու շաբաթից հետո, փակած ետ ստացա իմ նամակը, Պետրոս վարժապետի հետևյալ գրության հետ.

«Հարգելի բարեկամ.

Վշտահար սրտով վերադարձնում եմ Ձեզ այն նամակը. որ ուղղել էիք իմ սիրեցյալ ուսուցչուհուն: Նա այլևս չկա... Մի ամիս առաջ փոխվեցավ երկինք, թողնելով մեզ անմխիթար սուգի մեջ... Ներեցեք, որ ինձ է վիճակվել այս տխուր նորությունը Ձեզ հաղորդելու:

Հաճեցեք ընդունել խորին հարգանքը
Ձեր նվաստ ծառա Պետրոս Կովիկյանի»:

Ահա մի անսպաս հարված էր: Միթե քույր-Աննան մեռավ, միթե արդարև այն մեծ, այն հոյակապ կինը այլն չէ ապրում աշխարհում... Ես չէի կարողանում հավատալ, չէի կամենում, որ դա ճշմարտություն լիներ... Բայց ավաղ, վարժապետի գուժաբեր նամակը կատակի համար չէր գրված:

Սակայն ինչն արդյոք սպանեց նրան, մի դաժան հիվանդություն, թե՛ յուր հայտնի վիշտը, չգիտեի, վարդապետն այդ մասին ոչինչ չէր հիշել:

Այսպես թե այնպես այդ գույժն իմ սրտին կսկիծ պատճառեց: Քույր-Աննայի մեռնելով մենք կորցնում էինք մինն այն գերազանց ուժերից, որոնք ծնունդ էին առել վաթսունական թվականներին, որոնց սակայն արժանավոր հետևողներ չգտնվեցին մինչև այսօր: Սա մի անդառնալի կորուստ էր...

86 թվականի ամառը ես վերադարձա իմ հայրենի քաղաքը և ամենից առաջ սրբազան պարտք համարեցի գնալ քույր-Աննայի գերեզմանին այցելության:

Գրեթե միևնույն ամսվա մեջ ես անցա իմ ծանոթ ճանապարհներով. տեսա նույն ժամանակվա հարուստ դաշտերը գեղեցիկ ձորերը, կանաչ բլուրները, գեղազարդ հովիտները, նույն կուսական անտառները, նույն ահավոր լեռներն ու կիրճերը: Բոլորն էլ նույնչափ գեղեցիկ, նույնչափ հրաշալի, որչափ և այն ժամանակ: Սակայն այդ անփոփոխ գեղեցկությունների մեջ ես, կարծես, մի տխրություն էի նշմարում. բնությունն այլևս չէր ժպտում, արևի շողերը չէին ծիծաղում, զեփյուռի շունչը էլ չէր գուրգուրում... ես չէի ականջում ոչ սարյակի երգին, ոչ ջրվեժի շառաչին, սրտիս հետ խոսում էր միայն թփերի մեջ սահող առվակի մրմունջը, որ կարծես յուր տխուր, մեղմաձիգ շշունջով՝ անհայտության մեջ մեռած հերոսուհուն էր ողբում...

Երեկոյան դեմ էր, երբ Ն. գյուղը հասա: Իմ ծանոթներից առաջին անգամ, տեր-Հովսեփին պատահեցի: Նա դիմեց դեպի ինձ. մենք գրկվելով համբուրվեցանք, իբր հայր և որդի: Որքա՜ն էր նա փոխվել երկու տարվա մեջ: Նրա մազերն այժմ ավելի սպիտակ, իսկ դեմքը գունատ էր:

— Էլ ուր ես եկել մեզ մոտ, որդի, — սրտաշարժ ձայնով խոսեց քահանան, — մեր գյուղը որբացավ, անշքացավ, նրա զարդն ու գեղեցկությունը կորավ. Քույր-Աննան էլ չկա, որին ես եկել տեսնելու... — Եվ այս խոսքերի հետ նրա աչքերը լցվեցան: Ես էլ հուզվեցա և արտասվեցի: Եվ ինչպե՜ս չարտասվեի: Ես մտել էի այն գյուղը, որի բնությունն ու մարդիկը սիրելի էին դարձել ինձ քույր-Աննայի շնորհիվ, իսկ նա այժմ չկար, գյուղը կիսով չափ դատարկ, անշքացած և տխրամած էր երևում ինձ:

Հասանք տուն: Մեզ դիմավորեցին քահանայի որդիքը. կինը և հարսները, վերջը եկավ և Պետրոս վարժապետը յուր ամուսնու Մանիշակի հետ: Նրանք բոլորն էլ տխուր, բոլորն էլ կարծես ընկճված էին նույն թախծության ներքո: Ամենքին էլ ողջունեցի ինչպես իմ սիրելի բարեկամներին, հետո սկսանք խոսել քույր-Աննայի մահվան վրա: Խնդրեցի տերհորը պատմել, թե ինչ հիվանդությամբ արդյոք մեռավ խեղճ կինը և միթե չէին կարող բժշկական օգնություն հասցնել:

— Երևի աստծուց այդպես էր վիճակված, որդի, — սկսավ խոսել տեր-հայրը. — նրա հիվանդության պատճառը ոչ ոք չիմացավ: Դեռ անցյալ տարի այս ժամանակ ինչպես նա առողջ էր, ուրախ, զվարթ և հանկարծ օգոստոսի վերջերում փոխվեցավ: Երկու ամիս շարունակ անկողնին ծառայեց: Շատ անգամ կամեցա գնալ քաղաք բժիշկ հրավիրելու, բայց ամեն անգամ էլ նա արգելեց: — Ինչու համար ես բերում բժիշկը, տեր-հայր, — ասում էր նա ինձ. — կյանքն արդեն ինձ համար դարձել է ծանր բեռ, ով որ այն վերցնե, շնորհապարտ կլինեմ նրան... Ինչու համար էր այդպես ասում, չէի կարողանում հասկանալ, որովհետև այդպիսի հուսահատական խոսքեր ես նրանից առաջները բնավ չէի լսել: Եվ սակայն պատճառը չէի համարձակվում հարցնել: Այդպես նա հալվեց, մաշվեց և ճրագի պես հանգավ:

Պետրոս վարժապետն ուրիշ մանրամասնություններ հաղորդեց:

— Անցյալ օգոստոսի 30-ին, ուրբաթ օր, ես լավ հիշում եմ, — ասաց նա, — երեկոյան դեմ քույր-Աննան, Մանիշակը և ես նստած էինք ուսումնարանի բակում և խոսում էինք: Վանքի ծառան բերավ լրագիրները: Քույր-Աննան առավ և սկսավ թերթել: Դրանցից մինի հեռագիրները կարդալիս նա հանկարծ բացականչեց. «օ՛հ, ամեն բան կորավ...» և ձեռքը դեպի ճակատը տանելով՝ բռնեց գլուխը և այդպես, գրեթե քառորդ ժամ, մնաց անշարժ, ընդարմացած:

— Ինչ է պատահել, քույրիկս, ինչու տխրեցիր, — հարցրեց Մանիշակը:

— Ինչ, որ պատահել է, սիրելիս, նրա ցավը դու շատ ուշ պիտի զգաս, — ասաց նա մեղմով և լռեց: Մենք ուրիշ հարցեր չարինք, վասնզի տեսանք, որ նա չէ ուզում խոսել: Եվ այդ օրվանից էլ կարծես դժբախտ հիվանդությունը մտավ նրա մեջ: Վասնզի մյուս առավոտ դասատուն չեկավ և ինձ հանձնեց պարապել յուր դասը, իսկ հետևյալ օրը՝ կյուրակի պատարագին չեկավ և դպրապետությունը ես արի: Երկուշաբթի և երեքշաբթի դարձյալ դասերից բացակա էր: Այդ բոլոր ժամանակ նա կամ փակված էր լինում յուր սենյակում, կամ տխուր ու մտախոհ շրջում էր անտառում: Մի շաբաթից հետո բոլորովին թողեց յուր պարապմունքը և ամեն առավոտ կանչում էր ինձ ու Մանիշակին և պատվիրում, թե ինչպես պիտի մենք յուր դասերը պարապենք:

— Հիվանդ եմ, սիրելիներս, — ասաց նա մի օր, — էլ գործելու սիրտ չունիմ. աշխատեցեք, որ իմ բացակայությունը զգալի չլինի երեխաներին, պարապեցեք նրանց հետ սիրով, եռանդով, դուք արդեն պատրաստված եք դրա համար: Գուցե մի օր ես չլինիմ, ուրեմն այժմյանից գործը կառավարելու հոգսը պիտի առնեք ձեզ վրա:

— Աստված չանե, քույրիկ, ինչու այդպես եք ասում, դուք մեզ անիծում եք, — վշտացած նկատեցինք մենք:

— Չէ, սիրելիներս, մի՛ նեղանաք, իմ սիրտը վկայում է, որ վախճանս հեռու չէ, — ասաց նա հառաչելով, — տխրելու էլ ոչինչ չունիք. ոչ ոք աշխարհում հավիտյան չէ ապրում: Սակայն ես ուրախ եմ, որ ինձանից հետո պիտի թողնեմ ձեզ. վստահ եմ, որ դուք հավատարիմ կմնաք ինձ:

«Այնուհետև նա դարձյալ մի-մի անգամ մտնում էր դասատուն, առաջվա նման քաղցրությամբ խոսում էր աշակերտների ու աշակերտուհիների հետ, ասում էր նրանց, որ այնուհետև միայն մենք պիտի պարապենք իրենց հետ և պատվիրում էր հնազանդ լինել մեզ:

«Մի քանի օրից հետո քույրիկը կանչեց մեզ. այլև անցյալ տարում ավարտողներից իրենց ընդունակությամբ հայտնի մի աշակերտի ու աշակերտուհու. բոլորիս հետ միասին կազմեց դասերի նոր ցուցակ և գլխավոր առարկաները մեզ, իսկ երկրորդականները վերջիններին հանձնելով, պատվիրեց, որ այդ օրից արդեն ուսումնարանի բոլոր հոգսը առնենք մեզ վրա: Այդ միևնույն օրը նա զանգատվում էր գլխացավից, իսկ երեկոյան դողացրեց, ապա սաստիկ ջերմ ուներ և ամբողջ գիշերը, ինչպես Մանիշակն էր ասում, այրվել էր տաքությունից:

«Հետևյալ առավոտ քույրիկի դրությունն ավելի վատթարացավ: Թիկունքում, կրծքում ու կողերում ցավեր էր զգում, շնչառությունը ծանրացել էր, իսկ երեկոյան, ջերմի սաստկությունից մինչև անգամ զառանցում էր: Այդ ամենի վրա ավելացավ նաև հազը, որ գնալով սաստկանում և քունն ու հանգստությունը խանգարում էր: Չնայելով որ տեր-հոր և տանուտերի խնդիրը մերժեց, թույլ չտալով բժիշկ հրավիրել քաղաքից, այսուամենայնիվ մորս աղաչանքը լսեց և թույլ տվավ, որ գյուղի վարսավիրն արյուն առնե թիկունքից: Վերջինի ասելով քույրիկը թոքերի բորբոքումն ուներ և այդ միջոցը կարող էր նրան օգնել: Արդարև արյուն առնելուց հետո կրծքի ու թիկունքի ցավերը հանդարտվեցան և շնչառությունը թեթևացավ: Այնուհետև գործադրեցինք մի քանի տնային միջոցներ էլ գլխացավի ու ջերմի դեմ, որով մի քանի օրից հիվանդությունը մեղմացավ: Բայց ինքը, կարծես, չէր կամենում առողջանալ և խույս էր տալիս օգտավետ միջոցների գործադրությունից Նույնիսկ բավական չափով կերակուր չէր ընդունում, որից հետզհետե մաշվում ու թուլանում էր: Այդ էր պատճառը. որ չնայելով մեր անընդհատ հոգացության, նա, այսուամենայնիվ, անկողնից չելավ և դրսում չերևաց: Գրեթե մեզանից զատ էլ ուրիշ ոչ ոքի չէր ուզում տեսնել, խոսում էր շատ քիչ և այն միայն Մանիշակի հետ, իսկ երբեմն անկողնում գրում էր ինչ որ բան: Ախորժակը հետզհետե փակվում էր և վերջին օրերում, համարյա, ոչինչ չճաշակեց, իսկ բժշկական օգնությունը, ինչպես տեր-հայրն էլ ասաց, նա բացեիբաց մերժել էր:

«Հոկտեմբերի վերջին, — նորեն սկսավ խոսել տեր-հայրը, — նա կանչեց յուր մոտ ինձ, տանուտերին և գյուղի մի քանի նշանավոր մարդկանց և ասաց. «Զգում եմ, որ վախճանս մոտեցել է. ես հեռանում եմ ձեզանից, բայց իմ սիրած գործերը, որոնց արդեն կտակած եմ և իմ մնացորդ կարողությունը, թողնում եմ ձեզ: Իմ ուսումնարանը, իմ սիրելի աշակերտները մնում են ձեր հուսով: Պահեցեք նրանց, պաշտպանեցեք նրանց, խնդրում եմ: Իմ վարժապետներն ու վարժուհիները դեռ երիտասարդ են և կյանքի մեջ անփորձ, օգնեցեք նրանց, թև ու թիկունք եղեք նրանց գործին և այդ երջանկություն կբերե ձեզ...»: Մենք խոստացանք ու երդվեցինք հավատարիմ մնալ նրա պատվիրանին: Նա սրտաշարժ խոսքերով օրհնեց մեզ և մենք արտասվելով դուրս գնացինք նրա մոտից:

— Նրա անկողնի մոտ հսկում էի ես, — խոսել սկսավ այժմ Մանիշակը. — մեռնելուց մի օր առաջ խնդրեց ինձ օգնել իրեն նստել անկողնում և կանչել յուր մոտ Պետրոսին և նորընտիր վարժապետին ու վարժուհուն: — «Իմ սիրելի որդիներս, — ասաց նա մեզ. — ես հեռանում եմ ձեզանից, բայց իմ հոգին թողնում եմ ձեզ հետ, հավատարիմ մնացեք նրան: Գնացեք շարունակ այն շավղով, որը ես ձեզ համար հարթեցի: Ձեզ եմ հանձնում այն գործը, որին նվիրել եմ իմ երիտասարդությունը, իմ հասուն տարիքը, իմ ուրախությունները, իմ ամբողջ կյանքը... սիրեցեք այդ գործը ձեր անձից ավելի, զոհեցեք նրան ձեր հանգստությունը, ձեր զվարճությունները, եթե կարող եք և եթե կամենում եք ինձ ժառանգորդ կոչվիլ: Սիրեցեք միմյանց և միաանական ուժով առաջ տարեք ձեր մոր և վարժուհու սիրած ու պաշտած գործը: Իմ հոգին կիրճվի երկնքում և ոսկերքս գերեզմանի մեջ, եթե դուք արիությամբ ծառայեք ձեր պաշտոնին և հավատարիմ մնաք իմ դավանության, որ է՝ «սիրել ընկերը յուր անձից ավելի»: Խոստացեք ինձ որդու և աշակերտի ազնվագույն խոստումով, որ իմ պատվերները ճշտությամբ կկատարեք և ինչ որ ես ավանդ եմ տալիս ձեզ նույնը և դուք ավանդ կթողնեք ձեր որդիներին կամ հաջորդներին...»:

«Մենք չորսս միասին ծունկ չոքեցինք նրա առաջ և արտասվելով խոստացանք նրա պատվերները ճշտությամբ կատարել: Հետո նա պատվիրեց կանչել յուր մոտ բոլոր աշակերտներին և աշակերտուհիներին: Նա օրհնեց նրանց, խրատեց և պատվիրեց սիրով ու եռանդով սովորել և միշտ հնազանդ լինել ու սիրել մեզ:

Երեկոյան դեմ նա մինչև անգամ մի փոքր ուրախ էր և հենց այդ ժամանակ մի կարևոր հանձնարարություն արավ ինձ, իսկ գիշերը դարձյալ զանգատվում էր սրտի չափազանց անհանգստությունից: Առավոտյան վերջին ժամերը նա հոգեվարքի մեջ անցկացրեց: Տեր-հայրը, որ բոլոր ժամանակ Պետրոսի հետ միասին գտնվում էր մյուս սենյակում, եկավ և սուրբ հաղորդությունը տվավ նրան: Երբ արևի առաջին ճառագայթներն ընկան պատուհանի վրա, նա յուր արդար հոգին ավանդել էր արդեն...

Մանիշակն ավարտեց յուր խոսքը արտասվելով և մենք ամենքս զգացված հետևեցինք նրան:

Երբ տխուր զրույցն ավարտելով, ես առանձնացա ինձ համար պատրաստված սենյակը հանգստանալու, Մանիշակը, որ քիչ առաջ դուրս էր գնացել Պետրոսի հետ, նորեն վերադարձավ և մտնելով ինձ մոտ պարզեց դեպի ինձ մի ծրար և ասաց,

— Այն հանձնարարությունը, որ վերջին երեկոյան արավ ինձ քույր-Աննան, այս էր: Նա պատվիրեց ինձ՝ հանձնել ձեզ այս ծրարը, եթե երբևիցե գալու լինեիք մեր գյուղը՝ յուր գերեզմանին այցելելու: — Այս ասելով նա թողեց ծրարն իմ ձեռքում և դուրս գնաց:

Եվ այնքան արագ կատարեց նա այս, որ ես սկզբում կարծես չհասկացա թե ինչ էր ասում ինձ, որովհետև ուշադրությունս տակավին գրավված էր նորատի կնոջ անսպաս ներս գալովն: Բայց, երբ նա ծրարն իմ ձեռքում թողնելով հեռացավ, այն ժամանակ միայն խելաբերեցի և սկսա դիտել ինձ տրված ավանդն այնպիսի երկյուղած հետաքրքրությամբ, որով միայն ջերմեռանդ հավատավորը կարող էր դիտել հանկարծ ու անսպաս երևան եկած մի սրբի մասունքը... Ծրարի վրա իմ անվան կամ ազգանվան փոխարեն գրված էր միայն՝ «մեր բարեկամին»: Այսքանն արդեն բավական էր, որ իմ հիշողության մեջ նորեն կենդանանար քույր-Աննայի կյանքի ամբողջ պատմությունը կամ իմ առաջ նկարվեր նրա հոյակապ, սրբափայլ պատկերը: Եվ այդ էր արդյոք պատճառը, որ ինձ մի վայրկյան այնպես թվաց թե նա իրոք չէ մեռել, թե դեռ ապրում է և պիտի խոսի ինձ հետ... նրա ձեռքով գրած երկու բառերը այդպիսի մի հավատ ներշնչեցին ինձ առ վայրկյան: Միևնույն ժամանակ, ես դանդաղում էի բանալ ծրարը: Ինձ այնպես էր թվում թե՝ այդ չպիտի անեմ միայնակ, առանց քահանայի, կամ քույր-Աննայի ձեռնասունների ներկայության: Ինչ կար արդյոք ծրարում, կտակ էր դա, թե մասնավոր հաղորդագրություն, չգիտեի և ոչ էլ կարող էի գուշակել. բայց գիտեի այն, որ այդ առաքինի կնոջ գործերը, նրա սիրտն ու հոգին մի մարդու չեն պատկանել, այլ ժողովրդին, ուրեմն և նորա թողած ավանդը հայտնի պիտի լինի շատերին: Այս մտքերն ինձ զբաղեցրին մի քանի վայրկյան: Բայց հետո հիշեցի որ Մանիշակը ծրարը հանձնեց ինձ առանձին և որոշակի ասաց. «Քույր-Աննան պատվիրեց հանձնել ձեզ այս ծրարը, եթե երբևիցե գալու լինեիք մեր գյուղն յուր գերեզմանին այցելելու», ուրեմն միայն ինձ էր տրված այդ շնորհը և ես իրավունք չունեի մասնակից անել նրան ուրիշներին: Այս մտածությամբ բացի ծրարը, որ պարունակում էր յուր մեջ ծայրեիծայր գրված մի քանի թերթիկներ, հետևյալ բովանդակությամբ.

«3 հոկտ. 1885

«Ազնիվ բարեկամ.

«Երկու շաբաթ առաջ ծանր հիվանդացա թոքերի բորբոքումով: Չգիտեմ ինչպե՞ս և ինչու անցավ այն: Ինքս իսկապես չէի ուզում ապաքինվիլ... այժմ փոքր ինչ կազդուրված եմ, թեպետ տակավին չեմ ելած անկողնից: Կարող է պատահել, որ երբեք էլ չելնեմ: Այդպիսի մի նախազգացում պաշարած է այժմ ինձ: Այդ իսկ պատճառով կամենում եմ օգտվել իմ կյանքի մնացորդից և գրել ձեզ մի քանի բան: Ձեզ իմ անցյալի պատմությանը ծանոթացնելուց հետո, ավելորդ չէ հաղորդել և պատմությունն իմ վերջին օրերի, որոնք թվում է, թե չի պիտի երկարեն... Ինչ էի ես ամիսներ առաջ և ինչ եմ այժմ, այդ պարզ տեսնում եմ. ուրեմն իրավունք ունիմ սպասելու վախճանիս... Կար ժամանակ, երբ չէի մտածում դրա համար, մեռնելու հարցով չէր զբաղվում հոգիս, որ տոգորված էր միայն գործելու տենչով: Իսկ ա՛յժմ... Աստված իմ, որքա՛ն շատ եմ փոխվել... Էլ կյանքն ու գործը չեն գրավում ինձ. անհաջողությանց դեմ այնքա՛ն ուժգին մաքառող կամքս էլ չէ վառում իմ եռանդը, որ մոտ է մարելու... Ձեզ հայտնի հարվածից ես այնպես ընկճվեցա, ինչպես փոթորկից բարեբեր ծառը, որ արմատահան լինելով՝ դառնում է անընդունակ ապրելու և գործելու... բայց ինչո՞ւ այս աստիճան: Երբեմն այս մասին մտածում եմ ժամերով և ապա գալիս տխուր հետևանքի. — ինձ համար հետզհետե պարզվում է մի հարց, որի մասին առաջ ես չեմ մտածել, կամ գոնե ինձ թվում է թե՝ չեմ մտածել: Այդ այն է, որ ես այժմ ինձ տեսնում եմ անզոր այլևս արգելքի դեմ մաքառելու և դրա պատճառը համարում եմ այն, որ իմ մեջ տակավին ապրում է կինը, նա, որին մեծ բանաստեղծը իրավամբ է անվանել թուլություն: Որքա՛ն է ուղիղ իմ հայացքը այս խնդրի վրա, չգիտեմ: Ես կպատմեմ ձեզ իմ կրածն ու զգացածը այս վերջին ամիսներում և դուք նրանից ձեր եզրակացությունն արեք: Բայց... ձեռքս հոգնեց, գլուխս պտտում է... խոսենք այս մասին վաղը:

«4 հոկտ.

«Դեռ մի տարի սրանից առաջ որքան ինձ ուժեղ և անընկճելի էի համարում, որքա՛ն մեծ փափագ ունեի ապրելու, որովհետև ընտրածս ասպարեզի վրա տակավին կատարելու գործեր ունեի: Հիշում եմ, նույնիսկ ձեր հեռագրին տված իմ պատասխանում ասում էի թե «այժմ իմ մեջ վառվում է գործելու նոր եռանդ, վասնզի արժանիքն արդեն գնահատվել և ճշմարտությունը հաղթանակել է և թե ուրեմն սրա զինվորները կարող են պարծենալ և քաջալերվիլ: Այդ զինվորների շարքում, հարկավ, թվում էի և ինձ... Բայց ավաղ, չանցավ մի չնչին միջոց և ահա մենք զգացինք, թե որքան վաղաժամ էր մեր ուրախությունը, թե որքան զուրկ էինք մենք ոգևորվելու և նույնիսկ հուսալու իրավունքից... Այսպիսի դեպքում ի՞նչ է անում արդյոք ուրիշ երկրում կինը, այն տկար արարածը, որին ոգևորությունը թևեր է տալիս, իսկ հուսախաբությունը զրկում մինչև անգամ կանգուն մնալու կարողությունից...չգիտեմ: Ինձ համար միայն կարող եմ ասել թե՝ փորձության այս հարվածին դիմադրել չկարողացա, տխուր հայտնության առաջին վայրկյաններն իսկ բավական եղան ինձ ընկճելու և փխատեցնելու: Եվ դրա պատճառը, ինչպես երեկ էլ ասացի, համարում եմ այն, որ իմ մեջ տակավին ապրում է կինը. զգացմունքների և թուլության այն մարմնացումը որ կրում է մի

սիրտ՝ բոլորովին աննման տղամարդու սրտին... Թեպետ իմ անցուցած սահմանափակ կյանքը իրավունք չի տալ ինձ դատել այլ դեպքում կենցաղագետի հավակնությամբ, այսուամենայնիվ, հիմնվելով այն ծանոթությունների վրա, որ այսքան տարիներ ունեցել եմ մարդկանց հետ, և, մանավանդ, այն ծանր փորձերի որոնց իբրև կին ենթարկվել եմ անձամբ, կարող եմ պնդել թե տղամարդը անհատական կյանքով ապրելու համար օժտված է ավելի զորեղ կամքով ու կորովով, քան կինը. հետևապես վերջինս իզուր է աշխատում մրցել նրա հետ այդ ասպարեզում: Տղամարդը, այո, կարող է ապրել միայնակ և ինքն յուր մեջ կենտրոնացած՝ նվիրվել յուր սրտի մեծադրած շահերին (լինին դրանք անձնական, հասարակական, թե գաղափարական) և այդ նվիրման մեջ յուր սրտի հանգիստն ու գոհությունը գտնե, հանդիպեց նա մի գործում անհաջողության, կփորձե երկրորդը, երրորդը և սակայն հուսահատությունը չի ընկճիլ նրան: Մինչդեռ կինն այդպես չէ. նա ծնվել է ոչ թե ուժերի դեմ մաքառելու, այլ նրանց պաշտպանությունը վայելելու, ոչ թե կռվելու կամ հալածվելու, այլ սիրելու և սիրվելու համար, ուստի նա լավ է ապրում և լավապես գործում միայն այն ժամանակ, երբ սերն ու զգվանքը սնունդ են տալիս նրա սրտին և խրախուսում նրա ճիգն ու աշխատանքը: Այդպիսի ժամանակ կինը ընդունակ է նույնիսկ մոռանալ իրեն և նվիրվել բոլորովին սիրած անձի էությանը, նրա մտքերին ու գաղափարներին, նրա մեծադրած շահերին, նրա անվանն ու փառքին... Կինը հաճախ ավելի սիրով դառնում է մի հյուլե կամ ամենաշատը՝ լուսո մի շառավիղ՝ այդ փառքի պատկերը լուսավորելու համար, քան թե փայլփայլում է յուր սեփականը՝ իբրև ուրույն գործող երևալու համար: Եվ այդ անում է ոչ այն պատճառով, որ ինքն ավելի է ընդունակ անձնվիրության, քան տղամարդը, այլ այն որ ավելի է ապրում զգացմունքներով, այսինքն սրտով: Եվ որովհետև կնոջ սիրտը միայնակ մնացած ժամանակ չի ջերմանում ինքն իրեն, ըստ որում նա ստեղծված է մի ուրիշ էակի շնչով ջերմանալու, նրա ազդեցությամբ բաբախելու, նրա զգվանքով զորանալու և, ի վերջո, նրա էության մեջ լուծվելու և այդ լուծման մեջ յուր երանությունը գտնելու համար, այդ պատճառով նա, ձգտելով դեպի յուր ընտրած էակը, ցանկանում է տեսնել նրան կարող ու զորավոր, որպեսզի ինքը՝ նրանից սիրված ժամանակ, սիրվի գերազանցորեն, բուռն և ուժգին... Եվ հենց այդ պատճառով էլ նա սիրով տալիս է այդ էակին ամենը, ինչ որ ունի մեծագին, որպեսզի դրանով ավելի զորանա այն աղբյուրը, որ կյանք պիտի տա իրեն: Այս իսկ է պատճառը, որ կինն ավելի է ուրախանում սիրած անձին հասած մի հաջողությամբ, կամ տխրում նրա կրած մի կորուստով, քան եթե դրանք հասած
լինեին իրեն: Վասնզի հավատում է թե՝ ինքը կարող է մնալ միշտ կանգուն և զորավոր, քանի զորավոր է սիրո առարկան, բայց կընկճվի,

կոչնչանա, երբ այս վերջինը զրկվի յուր ուժից... Եթե տեսնեք մի կին, որ ապրում ու գործում է միայնության մեջ, օ՛, այդտեղ էլ պտրեցեք այն աներևույթ ոգին, որ նրան ընկերանում, շունչ ու կյանք է տալիս, հուր ու կորով է ներշնչում... այո, կնոջ սիրտը մենակ ապրել չէ կարող, միայնության մեջ նա կսառչի, կընդարմանա և այդ է պատճառը, որ նա սրտագին ձգտում է դեպի ջերմացնող ճառագայթները: Թող նրանց աղբյուրը գտնվի թեկուզ հեռվում, անհունության մեջ, բավական է, որ նրանց լույսն ու ջերմությունը հասնում են իրեն, նա գոհ է լինում և այդքանով... Բայց երբ այդ լույսը մարում, երբ ճառագայթների աղբյուրը ցամաքում է, օ՛, այն ժամանակ մի պտրեք կնոջը կենդանիների մեջ... ա՛խ, որքան թույլ եմ... աչքերս խառնվում են, չեմ կարող շարունակել...

«5 հոկտ.

«Իզուր չէ ասում լատինական առածը «առողջ հոգին առողջ մարմնի մեջ»: Ինձ թվում է թե հուսահատությունն այսքան չէր ընկճիլ հոգիս, եթե ես չհիվանդանայի, բայց այդ պատահեց անսպաս: Ձեր հեռագիրը ստանալուց հետո ինձ այնպես լավ էի զգում, այնպես երջանիկ, որ կարծես նորեն երիտասարդացել էի: Ես, որ իմ գործունեության երկար շրջանում ոչ ցնորել էի և ոչ երազել, այժմ այդ անում էի ինչպես կյանքի զարունը նոր ողջունող մի պատանեկուհի: Գրեթե օրերով մտորում էի այն մասին թե՝ ահա, ուր որ է «ընտրյալը» կգա, կողջունե կարոտով սիրած հայրենիքը, կբազմի հինավուրց աթոռի վրա և շուրջը խմբելով արժանյաց տեր անձինք, կսկսե վերաշինել խաթարյալ տունը, կմաքրե նրան փտությունից ու փոշուց և միջից հանելով հիվանդն ու օտարամուտը, տեղը կհաստատե առողջն ու հարազատը: Նա կվանե, ասում էի, այդ տան դռներից սեղանավորներին, հացկատակներին, բանսարկու խռովարարներին, գայթակղություն սերմ անողներին և դրանց փոխարեն կկարգե գետ և խնամակալ անկաշառ, ուղղամիտ և արդարադատ անձանց, որոնք չարի փոխարեն՝ կհաստատեն բարին, խռովությունը կփոխարինեն խաղաղությամբ, ատելությունը սիրով, գայթակղությունը՝ ուղիղ հավատով: Նա կընդլայնե, մտածում էի, լուսավորության ասպարեզը, գործի հրավիրելով անձնվեր սրտերին, արժանավոր մշակներին և քաջալերելով շնորհին ու առաքինությունը՝ կհաստատե մեր մեջ միայն բարձրին ու արժանավորին երկրպագելու պաշտամունքը: Այդպիսով հետզհետե մեր հոգևոր աշխարհից կհալածվին տգիտությունը և այն շահագործող պաշտոնյաները, որոնց շնորհիվ շատ ջերմ սրտեր են սառել, շատ վեհ հոգիներ վշտացել, բարձրախոհ մտքեր ընկճվել, հույսեր և ակնկալություններ մարել:

Եվ երբ այսպիսով կմաքրվի վեհավայրը շրջապատող մթնոլորտը, երբ սևաթույր ամպերը հորիզոնից կանհետանան և արդարության արևը սուրբ խորանը կողողե, այն ժամանակ այդ արևից կջերմանան նաև սառած սրտերը, կամրքվին, ուժ կառնեն վշտացած հոգիները, նորեն կվերածնվին և վեհ մտքերը, և մեծ հույսերը... Եվ ամենքը միահամուռ, մի սիրտ և մի հոգի՝ կփարին իրենց լուսածին մորը, կտան նրան սիրո կաթոգին համբույր և նրանից կառնեն լույս, ջերմություն և կենդանություն. ... Այս ոգևորված մտորումների ժամանակ, մի հանդուգն զգացմունք խտտղում էր սիրտս և լցնում այն անբացատրելի երանությամբ: — Ես մտածում էի թե ինչպիսի հոգեկան հրճվանքով պիտի զգվեմ այն միտքը, թե այս մեծ անձը որ այնքան առաքինաբար յուր նվիրման ընթացքը կատարեց և որքան զոր շնորհներով զարդարվելով ազգի միահամուռ ընտրության արժանացավ, այս վեհ անձը, որ այսօր մեր հոգևոր կյանքի նավը վարում է այսքան իմաստնաբար և հմտորեն հեռացնելով խարակներից ու խութերից՝ ուղղում է դեպի հուսո, սիրո և հավատո անգութ նավահանգիստը, այս անձը, որին սիրում է ամեն ազնիվ հայի սիրտ և որի մեջ նա յուր լավագույն իղձերն ու հույսերն է ամփոփում. սա նա է, որին իմ սիրտը սիրեց, որին իմ հոգին փարեց ջերմագին...: Ապա այս քաղցր ցնորքներին հաջորդում էր մի ուրիշը, առավել քաղցրագույնը. — Ես մտածում էի, թե կհասնե և այն օրը, երբ վեհը կելնե յուր վիճակը պտտելու, յուր ժողովուրդն ու նրա չարն ու բարին տեսնելու: Եվ այդ ժամանակ նա կմտնե նաև հին Սյունյաց աշխարհը, կայցելե նրա լեռներին ու հովիտներին, նրա հեռավոր, բայց սիրազվարճ գյուղերին, նա կհանդիպե նաև մեր այս ավանը, ուր կգտնե ինձ յուր նախկին աշակերտուհուն... Նա կտեսնե նրան՝ աշխարհից հեռացած սև սքեմ հագած և յուր իմաստուն խորհրդով ժողովրդին նվիրված... Կտեսնե նաև այդ նվիրման արդյունքը — իմ ստեղծած գործերը, իմ աշխատությանց պտուղները և դրանց արժեքը արդարությամբ գնահատելով, կօրհնե ինձ, կօրհնե իմ գործերը և այն վայրկյանը, երբ յուր սիրո կայծը վառեց իմ հոգին և պատճառ եղավ այսքան բարիքների... O, կարող եք զգալ չափն այն բերկրանքի, որ լցնում էր սիրտս նման վայրկյաններում և մոռացնել տալիս ինձ այն բոլոր վշտերն ու նեղությունները, որ երբևիցե կրել եմ իմ կյանքում. Եվ ինչ կանվանեիք դուք այս զգացմունքը, եասիրություն, թե սնափառություն, ինձ թվում է թե՝ ոչ մեկն է և ոչ մյուսը:

Այս զգացմունքը, նույնիսկ, անուն չուներ յուր համար: Որովհետև նա չէր արտահայտվում հրապարակով, աղմուկ չէր հանում, մտքեր չէր հուզում, նա միայն թաքուն սնունդ էր տալիս կնոջ զգայուն սրտին և ընդունակ դարձնում նրան անվերջ նվիրվելու, հավիտյան զոհվելու... Եվ սակայն, ավաղ, այս բոլոր երազները անցան իբր ստվեր, իմ քաղցր հույսերը մեռան անհարիր մեռցնելով իրենց հետ իմ սիրտն ու հոգին»

«6 հոկտեմբեր

«Երեկ կամենում էի խոսել այն մասին թե՝ ինչպես հիվանդ մարմինը հիվանդացնում է հոգին, բայց զգացմունքների հոսանքը տարավ ինձ այլ կողմ, ուստի մտադրյալ նյութից հեռացա: Այժմ արդեն կխոսեմ այդ հիվանդության համար, որ ինձ պատահեց գրեթե անսպաս, կամ ավելի ճիշտն ասած, ինքնամոռացությունից: — Տխուր նորության իրազեկ լինելուց և մեր կորուստի չափն ըմբռնելուց հետո, արդեն աշխարհը մթնել էր ինձ համար: Առաջին վայրկյանից իսկ, ինչպես անցյալներն էլ ասացի, զգացի ծանր շունչը մի ճնշող վիատության, որ ապա հետզհետե իմ էությանը տիրեց: Այդ իսկ պատճառով գործ ու պարապմունք մի կողմը թողած, անձնատուր էի եղել տխուր մտածությունների: Ոչ միայն գյուղն ու ժողովուրդը, որոնց կարծես մոռացել էի, այլև իմ դպրոցն ու սիրած սաները համարյա այլևս չէին գրավում ինձ: Ես որ ամեն առավոտ նրանց տեսնելով թարմանում ու զվարթանում էի, այժմ ընդհակառակն, աշխատում էի հեռանալ նրանցից, որպեսզի կարողանամ ազատորեն նվիրվել իմ մենավոր մտածությանց, որոնք որքան էլ ծանր ու հոգեմաշ, այսուամենայնիվ, գրավում էին ինձ ավելի քան որևէ ուրիշ զբաղմունք: Այդ իսկ նպատակով առավոտից արդեն հարկ եղածը կարգադրելով ինքս փակվում էի իմ առանձնարանում կամ դպրոցից հեռանալով անտառի մեջ թափառում, որպեսզի կարողանամ ցնորքների աշխարհում գտնել այն սփոփանքը, որ զլանում էր տալ ինձ իրական աշխարհը: Ահա այդպիսի մի օր, երկար թափառելուց հետո, վերադառնում էի տուն: Հասնելով անտառի եզերքին, կամեցա քիչ հանգստանալ, որովհետև թե հոգնած և թե քրտնած էի: Երեկոյան դեմ լինելով՝ հովը փչում էր խիստ անուշ և թռչունները ճռվողում էին ծառերի մեջ: Նստելով առվի մոտ ընկած մամռապատ ու հանգիստ ժայռերից մեկի վրա, աչքերս սևեռեցի հեզասահ ալիքներին, որոնց մեջ իրոք տեսնում էի մտքերիս հարազատ պատկերը: Դրանք երկուսն էլ հարաշարժ ու հեղհեղուկ, միշտ միմյանց հրելով և միմյանց թեակոխելով՝ շարունակ դիմում էին առաջ, առանց գիտենալու թե՝ ո՞ւր են գնում, ուր է իրենց հանգիստը և ուր վախճանը... Չգիտեմ անուշ հովը, թե հոգնածությունը քիչ հետո մի տեսակ թմրություն բերին վրաս, ուստի գլուխս ժայռին դնելով կամեցա մի փոքր նիրհել և սակայն շուտով քաղցր քուն մտա: Մի քանի ժամ անցավ, չգիտեմ, միայն թե երբ արթնացա շուրջս արդեն մութ էր, աստղերը փայլում էին և լուսնի սկավառակը հուշիկ բարձրանում էր լեռների ետևից: Տեղիցս բարձրանալու ժամանակ զգացի, որ մրսել եմ, որովհետև մեջքս ու թիկունքս սառել էին տախտակի պես: Վերադառնալով տուն, անհանգիստ դրության մեջ գտա սպասուհուս, որ իմ վերադարձը զբոսանքից չէր տեսած այդքան ուշ: Ես նրան հայտնեցի, թե քնով էի անցել առվի ափին, սառը ժայռերի վրա: Բարի կինը վախեցավ և գուշակեց, որ անշուշտ ցուրտ առած պիտի լինիմ, ուստի խորհուրդ տվավ շտապել, կարելվույն չափ շուտ պառկել և քրտնել: Բայց ես զանց արի նրա խորհուրդը: Կյանքն այլևս ինձ համար գրավիչ ոչինչ չուներ: Ուրեմն, հարկ էլ չկար նրա պահպանության համար հոգալ: Հետևյալ առավոտ շատ թույլ էի տեսնում ինձ. մարմինս կարծես ջարդված էր: Իսկ երրորդ օրը, սաստիկ գլխացավն ու ջերմախտի նշանները համոզեցին ինձ, որ արդեն վտանգավոր հիվանդության բռան մեջ եմ... Սակայն այդ համոզմունքն ինձ չտխրեցրեց: Ընդհակառակը, մի թաքուն ուրախություն զգացի, մտածելով թե գուցե այս նորաբաց ճանապարհով ազատվիմ իմ հոգեկան բազմաթիվ վշտերից: — Դուք, իհարկե, այս տողերը կարդալով նախատում եք ինձ իմ փոքրոգի մտածությանց համար, բայց ես արդեն ձեզ ասել եմ թե՝ անկեղծորեն պիտի խոստովանիմ իմ կրածն ու զգացածը: — Եվ ահա այսպես, ես հիվանդացա թոքերի սաստիկ բորբոքումով: Քահանան, իմ սաներն ու նրանց ծնողները շրջապատեցին ինձ իրենց կարեկից հոգատարությամբ, բայց և այնպես չգիտեին թե՝ ինչով իսկապես կարող են առաջն առնել իմ հիվանդության, որ հետզհետե սուր կերպարանք էր առնում: Նրանք, ամենից առաջ աշխատեցին համոզել ինձ բժիշկ բերել տալ քաղաքից, բայց ես չկամեցա և հավատացնում էի թե՝ շուտով պիտի առողջանամ: Տասնևհինգ օր շարունակ ճգնաժամի մեջ էի և այժմ, գուցե, պառկած լինեի հողի տակ, եթե մի հասարակ միջոց — եղջյուրով արյուն առնելը, որի բարերար ներգործության ես չէի հավատում թեթևացրած չլինեին իմ ցավերը: Բայց և այնպես, այսօր արդեն ամիսը լրանում է և ես դեռ անկողնումն եմ: Թեպետ կրծքումս ու թիկունքումս այլևս ցավեր չեմ զգում, բայց հազս սաստկացել է. հաճախ ջերմում և գիշերները քրտնում եմ. մարմինս հետզհետե մաշվում է և մի քանի որ կա, ինչ տանջող հազիս հետևում է արյուն... ինձ թվում է թե իմ հիվանդությունն արդեն փոխվեցավ և շուտով էլ ինձ գերեզման կտանե. մանավանդ որ տխուր մտածմունքները հանգիստ չեն տալիս ինձ... Այս պատճառով էր, որ ասում էի թե՝ հիվանդ մարմինը հիվանդացնում է և հոգին: Եթե մարմինս առողջ լիներ, գուցե հոգիս չընկճվեր այս աստիճան կամ հուսահատությունը չհաղթահարեր նրան... Օհ, եթե իմանաք թե որքան ուժ եմ գործ դնում ամեն անգամ մի քանի տող գրելու համար և թե հետո այդ լարումից որպիսի անկումն ու թուլություն է հաջորդում... բավական է. էլ գրիչ շարժել չեմ կարող...

«12 հոկտ.

«Հինգ օր շարունակ ոչինչ չգրեցի: Չէի կարող, սաստիկ թուլացել եմ. հազս, մանավանդ, հանգիստ չէր տալիս, բայց այսօր կամեցա շարունակել... գեղեցիկ եղանակը գրավեց ինձ: Արևի շողերը լցրել են սենյակս կենդանարար ջերմությամբ. իսկ դուրսը հրաշալի է... Հիշո՞ւմ եք դուք իմ պատուհանի առաջ բացվող տեսարանը — լեռնալանջի թավուտը, ժայռերի սպառվածը և ապա երկուստեք ուռիներով ծածկված ջրաղացի առուն, որ ժայռերին հասնելուց՝ զորեղ շառաչով թափվում է դեպի ձորը... Այդ բոլորն այժմ ողողված է արևի լուսով: Սակայն կանաչը դեղնել է արդեն, ծառերը հետզհետե մերկանում են տերևը: Բնությունն էլ, կարծես, թուլացել, կորցրել է յուր առույգությունը... բայց ինչու նրա այդ տկարության մեջ մենք դարձյալ գրավիչ մի բան ենք տեսնում. ինչու այնքան սիրով նայում ենք նրա հանգչող կենդանության վրա... Ինձ թվում է, թե այն պատճառով, որ հավատացած ենք թե՝ նա չի մեռնելու, թե նրա կենդանությունը ոչ թե սպառում, այլ հանգստանում է՝ նորեն ուժ առնելու, նորեն վերածնելու, նորեն ստեղծագործելու համար... Հավատացած ենք, թե ամեն ինչ սառեցնող և մահացնող ձմեռը չի կարող սպանել բնության գեղեցկությունը. թե ցրտաշունչ եղանակին կհաջորդե գարունը յուր ջերմացնող արևով, յուր քաղցրաայուք հովերով, յուր վարսազեղ կանաչով, յուր վառվռուն ծաղիկներով, որ առատորեն ամեն կողմ սփռելով կպճնե, կզարդարե մարգն ու մարմանդը, դաշտն ու բլուրը, լեռն ու քարափը և... մոռացնել կտա մարդկանց ժանտ ձմռան գոյությունը, նրա ցուրտն ու սառույցը, նրա մահաշունչ բռնությունը... Իսկ այդ գարունը, օհ, աստված իմ, ես էլ չեմ տեսնելու... նրա արևն ու հովերը, նրա կանաչն ու ծաղիկները, էլ իմ աչքերը չեն պարաբելու... Բայց, ախ, ինչպես կկամենայի ապրել, նորեն ուժ առնել, նորեն առույգանալ, նորեն աշխատել, տքնել և գարնան բարիքներով իմ ջանքերը պսակել... Ինչո՞ւ, ինչու բնությունից դասեր չենք առնում. ինչու նրա հարազատ ծնունդները լինելով նրա ցույց տված օրինակներով չենք ոգևորվում և թույլ ենք տալիս, որ վհատությունը տիրե մեր հոգուն, զերե մեր սրտերը, սպանե թանկագին տենչերն ու իղձերը... Չէ որ գիտենք, թե՝ մահաշունչ ձմռան հաջորդում է միշտ կենսաբեր գարունը, չէ որ սա արդեն հավիտենական ճշմարտություն է... Եվ սակայն, ավաղ, սխալ գործեցի, մոռացա մի վայրկյան մեծ ճշմարտությունը և այժմ արդեն ուշ է...Չպետք է մոռանալ և ոչ իսկ մի վայրկյան...

«14 հոկտ.

«Կամեցա դարձյալ գրել, բայց տեսնում եմ, որ ուժ չունիմ. ինքս չկարողացա նստել անկողնում. Մանիշակն օգնեց... Ախ, այս հրեշտակը, այս բարի և ազնիվ հոգին... մի վայրկյան չի հեռանում ինձանից, իսկ Պետրոսը շարունակ պտտում է մյուս սենյակում: Ինչպե՛ս տխուր ու ճնշված են նրանց մատաղ սրտերը... Իմ ցավերը չեն տանջում ինձ այնքան, սրանց արտասուքն է, որ մորմոքեցնում է սիրտս... Օհ, այժմ, այժմ միայն կցանկանայի ապրել, որ սրբեի սրանց արցունքը և սովորեցնեի լալ, երբեք լալ, այլ արիանալ և գործել... ավաղ, այդ դասը ես չտվի նրանց, որովհետև չգիտեի թե՝ հարկ կլինի լալ... այժմ տեսնում եմ, որ անհրաժեշտ դասը մնացել է առանց խոսելու... Ի՞նչ անեմ, ես այլևս անկարող եմ... մնում է օրհնել այն բերանները, որոնք այդ դասը կխոսեն ոգևորությամբ...

«15 հոկտեմբեր

«Գրել այլևս անհնար է... գրիչս ընկնում է... նրա փոխարեն զորանում է արտասուքս... ծրարեմ այս թերթերը, եթե առողջացա, դարձյալ կգրեմ, եթե ոչ, խոսածս էլ բավ է... արդեն գիտեք թե ինչու մարեց կրակը... ընդունեցեք իմ ջերմագին ողջույնը... Եթե երբևիցե պատահեք իմ սիրելի ուսուցչին, պատմեցեք նրան իմ մասին մի քանի բան... Ասացեք, որ յուր քաղցր պատվերի համաձայն՝ մեռավ ցորեանն, զի բազում արդիւնս արասցէ...»:

Ձեր քույր-Աննա»:

Այս ամենը կարդալու ժամանակ՝ ես շատ անգամ հուզվեցա և երբեմն հազիվ էի ինձ զսպում, որ բարձրաձայն չհեկեկամ: Իսկ երբ աննման կույսի վերջին խոսքերը կարդացի, արտասուքս սկսավ աղբյուրի պես հոսել և ես գլուխս ձեռքերիս մեջ առած՝ երկար լաց էի լինում, ինչպես թանկագին հարազատը կորցրած մի մարդ:

Հետևյալ առավոտ, շատ վաղ գնացի քույր-Աննայի գերեզմանը համբուրելու: Նա գտնվում էր եկեղեցու արևելյան կողմը, փոքրիկ անտառի եզերքին, գեղեցիկ ու նորաստեղծ բարձրավանդակի վրա: Մի պարզ, սպիտակ տապանաքար ծածկում էր այդ սուրբ գերեզմանը, որի վրա սավառնում էին նորատունկ ուռիներ: Բարձրավանդակն ամբողջապես զարդարված էր ծաղկանց տունկերով, և նրանց շուրջը պատելով խոխոջում էր փոքրիկ, ականակիտ առվակ, որ յուր մշտամռունչ մրմունջը ուռիների սոսափյունին խառնելով՝ ասես թե հավիտենական մեղեդիներ էր երգում անզուգական կույսի հանգստյան համար:

Մենավոր շիրիմի շուրջը տիրում էր վսեմ, խորհրդավոր լռություն, որ մարդուն ակամա դարձնում էր ջերմեռանդ: Ես խորին ակնածությամբ մոտեցա շիրիմին և երկյուղածությամբ համբուրեցի այն: Տապանի վրա, հանգուցյալի ցանկությամբ փորագրված էր միայն երեք բառ. «Քույր-Աննայի հանգիստը»: Բայց որքա՜ն մտքեր, որքա՜ն պատմություններ կային այդ պարզ բառերի մեջ... Այդտեղ ամփոփված էր գողտրիկ զգացմունքների, սուրբ գաղափարների և ազնվագույն ոգևորության մի ամբողջ աշխարհ... Այդ կանաչազարդ շիրիմի մեջ հանգչում էր հայրենիքի սուրբ սիրո նահատակը — մարմնացյալ անձնվիրությունը, որ սրի դեմ չէր գնացել, վառոդի դեմ չէր խիզախել, բայց մղել էր նույն կռիվը, ինչ որ ամեն մի մեծ հերոս... Ո՞ր ճշմարիտ հայրենասերը չէր խոնարհիլ յուր գլուխը այդ սրբազան շիրիմի առաջ և որ երիտասարդի սրտին՝ սեր ու եռանդ չէր ներշնչի «Քույր-Աննայի հանգիստը»...

Համբուրելով այդ շիրիմը, ես չոքեցի նրա առաջ՝ աղոթեցի սրտահույզ: Իմ աղոթքը մի ջերմ ցանկություն էր, տեսնել մեր մեջ, գոնե այսուհետև, քույր-Աննային և նրա ուսուցչին արժանավոր հետևողներ:

ՅԱՆԿ

www.ingramcontent.com/pod-product-compliance
Lightning Source LLC
Chambersburg PA
CBHW030528020726
47494CB00004B/1265
9781604447903